岩波現代文庫／学術 386

沖縄の淵

伊波普猷とその時代

鹿野政直

岩波書店

序

深く掘れ、己《など》の胸中の泉　余所たよて水や汲まぬごとに（一九一一年）

こう詠んだ伊波普猷《いはふゆう》（一八七六―一九四七年）という存在に心をめぐらすとき、時代はその矛盾の体現者、それゆえに表現者を生むものだ、との念に駆りたてられずにはいない。彼は、まるでクリオの召命を受けたかのように出現して、沖縄にとっての古典中の古典たる『おもろさうし』の検討に没頭し、沖縄学という範疇を打ちたてた。

浦添《うらそえ》城址内にはいま、伊波霊園が設けられ、「おもろと沖縄学の父伊波普猷」顕彰碑が建っている。沖縄学における伊波の雁行者ともいうべき東恩納寛惇《ひがしおんなかんじゅん》が、その碑文を撰した。それはさすがに伊波の核心をみごとに押えている。「彼ほど沖縄を識った人はいない　彼ほど沖縄を愛した人はいない　彼ほど沖縄を憂えた人はいない　彼は識った為めに愛し　愛した為めに憂えた　彼は学者であり愛郷者であり予言者でもあった」。

その伊波普猷の名は、沖縄では、故郷を代表する知識人としてつとに高かった。とはいえ、それが、状況との関わりのなかで喧伝されまた批判もされるに至ったのは、ほぼ一九七〇年代である。服部四郎・仲宗根《なかそね》政善《せいぜん》・外間《ほかま》守善《しゅぜん》編『伊波普猷全集』全一一巻(平凡社、一九七四―七六年)の刊行と、一九七六年に沖縄全域にわたって繰りひろげられた生誕百年記念事業が、そうした気運をかもしだした(事業の全貌は、伊波普猷生誕百年記念会『伊波普猷生誕百年記念事業報告集　沖縄学を民衆のなかへ』〈同事務局、一九七七年〉にまとめられている)。いやむしろ、この企画自体、伊波を蘇らせることへの人心の流れの所産であった、というべきかもしれない。

戦後の沖縄で、沖縄近代史上の偉人としてまず顕彰の対象となったのは、謝花昇《じゃはなのぼる》であった。知事奈良原繁の県政への抵抗者として名高い彼は、すでに一九三五年、出生地東風平《こちんだ》村(現・八重瀬町)に銅像を建てられていた。その銅像は、十五年戦争の激化とともに「応召」したのち、アメリカ軍政下で彼が、沖縄民権の先駆者、自治への闘争者として蘇るとともに、六四年に再建されている。

伊波普猷への関心の高まりは、それにつづく時期に起きた。墓と顕彰碑の建立こそ一九六一年であったとはいえ、*墓前で、業績を記念して彼の雅号を冠した物外忌《ぶつがいき》が、命日に当る八月一三日に挙行されるようになったのは、六八年からである(もっとも遺族は、霊園が、旧王城の、それも英祖《えいそ》王の墓の上に設けられたことに、少なからず違和感をもっている)。そうして一九七二年の日本復帰につづく七〇年代に、伊波認識の波がくる。

＊　この計画は、伊波の十三回忌に当る一九五九年に、遺骨を故山に迎えようとの趣旨で発起され、沖縄全域はもとよりヤマト、ハワイ在住の人びとの醵金をえて達成された(『伊波普猷先生顕彰会事業報告書』一九六一年)。

「唐世《からゆー》」→「大和世《やまとゆー》」→「アメリカ世《ゆー》」を経て、ふたたび「大和世」へという世替りは、沖縄の人びとにとって、自己認識の試煉を伴わずにはいなかった。そのなかで伊波は、最初の世替りにさいし、沖縄の人びとが自己をいかに構築するかの課題を、いわばみずからの天命と受けとめ、それを追求しつつ、生涯を送った人物であった。その意味で彼への関心の高まりは、沖縄における人心の焦点が、復帰運動という政治の次元から、復帰不安という心理や文化の次元に移行したことに照応していた。

現在の伊波普猷評価をかたちづくる論考は、この時期に出揃った。金城正篤《せいとく》・高良倉吉『伊波普猷　沖縄史像とその思想』(清水書院、一九七二年)は、伊波に「反骨者の顔と妥協者の顔」をみた。新川明《あらかわあきら》『異族と天皇の国家』(二月社、一九七三年)は、彼を日琉同祖論の提唱者としての角度から照しだした。外間守善『伊波普猷論』(沖縄タイムス社、一九七九年)、および「伊波普猷　おもろ研究」(外間守善・藤本英夫『伊波普猷　金田一京助』日本民俗文化大系12、講談社、一九七八年、所収)は、『おもろさうし』研究に力点をおいて、彼を論じた。もっとも詳細な研究としての比屋根《ひやね》照夫『近代日本と伊波普猷』(三一書房、一九八一年、所収論考はほとんど七〇年代)は、彼を、「地方」「周辺」からの異議申し立て者であると同時に、大正デモクラシーの一翼をなす思想家と主張した。

また生誕百年を記念する刊行物も、相ついだ。伊波普猷生誕百年記念会編『沖縄学の黎明』(沖縄文化協会、一九七六年)が刊行された。『新沖縄文学』第三一号(同年二月)は、「総特集・伊波普猷の世界」として編まれた。『養秀』第二号(社団法人養秀同窓会、同年八月、伊波の出身校である旧沖縄県尋常中学校→沖縄県立第一中学校→首里高等学校の同窓会誌)は、「伊波普猷生誕百年記念特集」と銘打たれた。さらに、全集完結を記念して、外間守善編『伊波普猷　人と思想』(平凡社、一九七六年)が、世に問われた。

それらの仕事に示されているのは、伊波の思想のもつ一見両義的な性格である。だが、そのこと自体、沖縄の近代のもつ重層的な矛盾の反映にほかならなかった。ヤマト(いわゆる「本土」を、それを相対化する意味を込めて、沖縄でよく用いられる称呼にしたがい、このように称することとする)の外に立ちたいとの志向と、ヤマトの内に加わりたいとの志向とが、また、独自性保持への志向と、「他府県」並みへの志向とが、さまざまの濃淡や角度をもって、人びとの胸中にせめぎあっていた。琉球処分によって沖縄が、名実ともに日本の一部分を構成するに至った以上、その葛藤は不可避的に、いかなるかたちでの日本への参加をめざすべきかとの、たえざる自問となった。伊波普猷は、琉球・沖縄の文化の特質や様態を凝視することによって、その問題を考え抜いた人物であった。彼の思索は、一貫して、背反するもののなかでのもがきの深さを露呈している。

伊波普猷へのわたくしの関心は、代表的な著書と目される『古琉球』(一九一一年)を読んでの驚きに始まっている。こんなにもひだの深く多い文脈を、近代日本はほとんどもつことがなかった。みずからをボーリングすることの深い思想である。それは、全人格的な怒りと悲しみの岩盤に到達し、そこから噴きあげてくるがゆえに、諦観と楽観を基調に一種の澄明さに満たされた思想となっている。近代日本ではそれなりに多彩な思想が乱舞したとはいえ、そのように岩盤へと掘りさげた思想家は、幾人もいなかった。

同時に、伊波の思想はたえずヤマトへの問いをはらむとも思わざるをえなかった。ヤマトはこれでいいのかとの問いにほかならない。字面でいえば彼は、ほぼ一貫して、沖縄がいかにあるべきかについてしか語っていない。しかしそれを追うとき、ヤマトは否応なく、沖縄という鏡に照しだされた自分の顔に直面する。しかもヤマトのがわでの、史的対象としての伊波普猷認識は、森田俊男の、「伊波普猷論」*(『国民教育研究』第三一号、一九六六年三月)を初めとする一連の先駆的研究があるとはいえ、そうじて貧しい。国史大辞典編集委員会編『国史大辞典』全一五巻(吉川弘文館、一九七九―九七年)には、「謝花昇」の項目はあっても「伊波普猷」のそれはない(補遺で採録)。

＊ この号は、「沖縄教育」特集とされており、森田は伊波を、「日本人の国民的統一への主体的な参加」を説いた人物との角度から論じた。森田のその後の伊波研究は、河上肇《はじめ》や柳田国男の日本認識との関連を中心として、『個性としての地域・沖縄』(平和文化、一九八八年)にまとめられている。

一方、沖縄では、一九七〇年代が過ぎると、伊波への関心は潮の引くように薄れた。八〇年代に入って沖縄は、沖縄を中心にぐるりと大きな円を描くかたちでの文化像を打ちたてはじめたごとくみえる。その場合朝鮮・中国や東南アジア、西太平洋、また西アジア一帯が、一つの文化圏をかたちづくると認識され、ヤマトもその環に連なる一つとなる。そのように東アジア全体のなかにみずからを位置づけようとするとき、ヤマトへのこだわりに終始したとの観を呈する伊波は、もはや旧いと意識されるようになったのであろう。それが、沖縄の自信の回復の結果であるならば、むしろ嬉しい。しかしそうした〝大航海時代〟的な夢と、進行するヤマト化の現実とは、内面でどのように結びあい、ないしせめぎあっているのだろうか。

わたくしのなかのこの問いは、復帰一五周年に当る一九八七年と二〇周年に当る九二年との状況の違いへの戸惑いに発している。

復帰一五周年は、沖縄にとって重苦しい課題をのしかからせた年となった。この年の秋に予定されていた国民体育大会への、天皇の来沖が焦点となったからである。そのこと自体は、天皇の発病のため実現しなかった。けれどもそれに向けての地ならしは、二年前の八五年、文部省の各都道府県教育長あての「日の丸」「君が代」徹底通知として始まっていた。それは、学校の公式行事で「日の丸」掲揚率、「君が代」斉唱率のいちじるしく低い沖縄を炙りだした。当時、沖縄の有力二紙『沖縄タイムス』と『琉球新報』は、「踏み絵」という表現を用いて、大々的に報道している。それから二年間、心のなかでの「日本」と「沖縄」のせめぎあいは苛烈に進行したであろうが、沖縄が、全国有数の「日の丸」掲揚県、「君が代」斉唱県となることで結末をつげた。

二〇周年に当る今年(一九九二年)、新聞紙上では沖縄問題は終ったかとの論議がみられた。それは多角的に論議すべき問題で、まだ終っていないばかりでなくあらたに生起しつつある面をもつともいえようが、少なくとも国家のがわは、〝画龍点睛〟を欠いたとはいえ、一五周年で沖縄問題にケリをつけたとの認識をもったであろう。

うって変って復帰二〇周年の沖縄は、〝琉球晴れ〟の雰囲気に沸いているごとく遠望される。首里城の復元を初めとするかずかずの催しが企画されているばかりでなく、ヤマトへのこだわりを軸とする歴史意識に替って、前述のように沖縄を中心に同心円を描こうとする歴史への展望が、確実に深まり広まっている。とすれば二〇周年のこの琉球謳歌は、一五周年のヤマト化ゆえにあるのだろうか、あるいはヤマト化にもかかわらずあるのだろうか、それともヤマト化を逃れてあるのだろうか、それがみえにくいとの問いである。

伊波があれほどこだわり抜いた「傷痕」が、もしまだ沖縄の未来にとって顧みるに足るのであれば、彼を復活させよう。もしそれが遺物と化したのであれば、沖縄の未来への人柱として彼を葬ろう、ただそのまえに、彼のために小さな紙碑をたてよう。沖縄思想史とヤマト思想史へのそんな想いが、わたくしを伊波普猷への旅に向わせた。

凡　例

一　伊波普猷の著述で、今日遺っているとみられる作品はおおむね、服部四郎・仲宗根政善・外間守善編『伊波普猷全集』全一一巻(平凡社、一九七四―七六年)に網羅されている。この全集は、資料の博捜度、校訂の正確さおよび編者やその協力者たちによる「年譜」「著作目録」「解題」の点で、真に労作といいうべく、わたくしは、それらのお蔭で初めて伊波の輪郭を摑むことができた。学恩に感謝する。

ただし、伊波をそれぞれの時点に即して追おうとするとき、この全集には、一つの不備がある。伊波は生涯を通して、一度できた論考を、二度三度と修筆して用いるのを例とした。が、この全集では、原則的に最終稿を底本とし、他を省いているため、初出論考と二次・三次稿との相違を辿ることはできない。補訂が表現技術上に止まる場合も少なくないが(厳密にいえば、それも考察の対象になりうるが)、認識や評価の変化に及ぶ場合が、かなり目立つ。それがもっとも端的にあらわれているのは、『古琉球』である。『古琉球』には、初版(沖縄公論社、一九一一年)、再版(糖業研究会出版部、一九一六年)、三版(郷土研究社、一九二二年)、改版＝改訂初版(青磁社、一九四二年)と、所収論考の差し替え、改題、修筆という点で四通りの版があり、さらにそれぞれの所収論考の初出との相違も考察の対象とならざるをえないが、全集収録は改版のみである。

ここでは、能《あた》うかぎり初出に遡って、それらが書かれた時点での伊波の思想を対象とすることに努め、同時に重要な変化については、そうした変化の思想的意味をも考えることにした。もっとも全集に拠らざるをえなかった作品も、若干ある。感謝の意を込め、参照の便を考慮して、各引用作品の初出の部分に、「全1」のように全集の収録巻を略号で示すことにしたが、底本の相違により、引用の字句が全集と異なっている場合がある。

一　引用文の仮名づかいは原文通りとし、漢字は常用漢字に変えた。ただし変体仮名などは改めた。

一　引用文には、原文で句読点を欠く文章、読点のみの文章が少なくないが、適宜、句読点をつけた。

一　引用の原文にある振り仮名はおおむね省略し、「独立研究《インデペンデントスタデー》」のように、外国語をあてた場合を中心に、ごく少数を残した。それに引きかえ、ヤマト(いわゆる「本土」)からみて難読と思われる固有名詞には、幾つか振り仮名をつけた。原文のままの振り仮名が、検討に当って意味をもつ場合は、「ルビ原文のまま」と注記して残した。そのほか、あらたに振り仮名をつけた場合がある。

一　引用文中での引用者の注は、〔　〕で示した。

一　明らかな誤植は訂正した。『古琉球』初版には誤植が多く、巻末に「正誤表」がついているが、それ以外にもかなりの誤植があり、それらは一々断らないで訂正してある。

一　年齢は数え年を用いた。

一　頻出する出典には、初出の場合をのぞき、つぎの略号を用いた。

『新報』＝『琉球新報』　『タイムス』＝『沖縄タイムス』
『沖朝』＝『沖縄朝日新聞』　『沖毎』＝『沖縄毎日新聞』
『県史』＝『沖縄県史』　『大百科』＝『沖縄大百科事典』
『新沖文』＝『新沖縄文学』　東恩納＝『東恩納寛惇全集』
比嘉＝『比嘉春潮全集』

そのほか書名など、それぞれの箇所で、注記のうえフルネームを省略した場合がある。

なお新聞記事は、『新報』『沖毎』のマイクロフィルム版、沖縄県議会史編さん室収集のコピー版、および沖縄県立図書館蔵「東恩納文庫」(東恩納寛惇作成)と「琉球学集説」(大野鉄夫作成)の新聞記事切抜によった。そのなかには、『県史』の「新聞集成」や『那覇市史』の「資料篇」などに収録されている記事も少なくないが、一々注記しなかった。

一　『鹿野政直思想史論集』第四巻への収録にさいし、その後の研究動向を踏まえ、「追記」としていくつかを補い、本文中に組みこんだが、今回も同様に「補記」を追加し、巻末にまとめて置いた。

目次

一　世替りを受けとめて

誕生から幼少の頃

伊波普猷は、一八七六年旧暦二月二〇日、琉球藩那覇西村一四六番地(現在は那覇市西一―一二―一二)に、父普済、母マツルの長男として生を享《う》けた。七二年における琉球国の廃止と琉球藩の設置から、七九年における琉球藩の廃止と沖縄県の設置へとつづく、いわゆる琉球処分のさなかであった。

比屋根照夫の作成にかかるもっとも詳細な「伊波普猷年譜*」によると、「伊波の生家は祖父普薫**の代に財をなした那覇の素封家」とある。祖先についての伊波の、唯一のまとまった記録である「追遠記」(一九一六年、『古琉球』再版所収、同年、四二年に改稿、全集第一巻所収、以下全1のように略記)では、「蒙古と西蔵《チベット》との間にある甘粛省の渭水に沿うた天水といふ所の魚氏の子孫」と、中国出自を自認し、その一人が医師として日本へ渡りさらに琉球へきた、とのべている。普薫はその七世に当る。伊波自身、魚培元という唐名を普薫からつけられている。

＊　前掲『近代日本と伊波普猷』所収。もと外間守善との共編として『伊波普猷年譜・著書論文目録』(伊波普猷生誕百年記念会、一九七六年)のために作成され、増補改訂ののち、『伊波普猷全集』第一一巻(一九七六年)に、「年譜」として収録された。伊波の動静を伝える新聞記事や戸籍などを精査した結果の労作である。伝記的事項はおおむねこの「年譜」によった。記して感謝する。

＊＊　もっとも普済は普薫の実子ではない。普薫には嗣子がなかったため、兄普建の長男普達の次男普済を嗣子とした。

父についてほとんど語ることなかったのと対照的に、伊波は、この祖父についてはいささか多弁である。少年期を回想した作品「私の子供時分」(稲垣国三郎編・刊『龍文』沖縄県師範学校附属小学校創立四〇周年記念、一九二一年、全10)で、普薫の発心と活躍ぶりは、「十七の時、家の系図を見て、自分の祖先に出世した人が一人も居ないのを悲しみ、奮発して支那貿易を始め、六七回も福州に渡つた人」と記されている。

こうして、普薫は、末期の首里王府のなかで、たぶんその経済力により、急速に地位を向上させていったようである。普薫の父にあたる普本は、「進貢船、即ち冊封使《さくほうし》をつれてゆく唐船の船頭となり、支那へ行き、琉球へ帰ると士族とな」った人物らしいから

（「沖縄の午後――開会の辞・伊波氏挨拶・座談」『民俗座談』第二回日本民俗学講習座談会記録、民間伝承の会、一九三六年、全11）、貿易に従事する背景も素地もあったとみられる。比屋根照夫・高良倉吉ら執筆の『生誕百年記念アルバム伊波普猷』（伊波普猷生誕百年記念会、一九七六年）には、『古琉球』三版（郷土研究社、一九二二年）の口絵よりの転載とみられる辞令書の写真版が掲げられているが、そこにはこうみえる。「首里之御詔／美里間切《まぎり》伊波里主所者魚氏次男許田《きょだ》筑《ちく》親雲上《ぺーちん》普薫給之／同治十二年（一八七三年）癸酉九月十四日」。さらに同書のその左頁には、魚姓家譜の普薫の項が収められており、同治七年＝御用銀調達につき賞賜、八年＝西村学校所主取《ぬしどり》、同年＝那覇湊主取とある。士族であったものの、富裕な商家の性格を色濃くもつ家であったといえよう。

そんな家に生れた伊波普猷は、四歳のとき、琉球の廃藩置県に遭遇する。琉球社会を襲ったこの激震は、上昇過程を辿っていたであろう伊波家にも、深甚の影響をもたらした。「私の子供時分」を読むと、琉球処分は、つぎの三つの出来事として伊波家を揺さぶったと理解される。つとに指摘されているとはいえ、一応略述する。

第一は、普薫の落胆と懊悩であった。彼は、「この政治上の変動で全然前途の希望がなくなつて、心身共に俄《にわ》かに弱」り、まもなく中風にかかり、「全身が不随になつて」、「目ばかりぱち〳〵させて私の顔を見てゐた」、「この恐ろしい世の中で、其《そ》の最愛の孫の行末がどうなるだらうといふことばかり考へてゐたらしい」。祖父のこの変貌こそ、幼い普猷にとって、降りかかってきた世替りのもっとも鮮明な印象であった。

第二は、「大仮屋《おおかいや》に出勤していた私の叔父で、当時十五になる利口の青年が、相談なしに東京に連れて行かれた」ことであった。「大仮屋」とは、西村にあった薩摩藩の在番奉行所を指すのであろう。とすれば、それは、一八七二年の琉球藩設置とともに廃止され、外務省出張所を経て内務省出張所となっていた(七九年の廃藩置県で廃止され、八一年、そのあとに県庁が建つ)。いわばヤマトの橋頭堡であった。若い心は、それがもたらす新文明に動かされ、当局者もまた、彼に「新しい教育を受けさせる積りであった」のであろう。ともかくこうしてこの青年許田普益《ふえき》は、「沖縄から東京にいつた最初の遊学者で、しかも沖縄人で断髪した者の嚆矢」となったのだが、彼の突然の出京は、身内にとっては「盗まれた」と意識された。「私は彼の盗まれた日、親戚の者が大勢本家に集まつて、人が死んだ時のやうに、声を立てゝ泣いたのを覚えてゐる」*。

* 普益は、一八八二年、その長兄によって連れ戻され、「新文明の鼓吹者」としての姿を故郷にあらわすが、翌年、腸チフスで急死する。

この事件は、伊波の親戚一統に、新しい文明への恐怖感を育てた。「私の家なぞは少し広すぎたに拘はらず、内地人には一切間を貸さないことにした。そして私の家では私達が言ふことを聞かない場合には「アレ日本人《ヤマトンチュー》ドー」といつて、私達を威すのであつた」。

第三は父の放縦であった。「祖父さんがなくなり、又引続いて祖母さんもなくなつたので、血気盛な私の父はだんだん放縦になつて、酒色に耽るやうになつた。そして家庭の平和は破れて、私は子供心に悲哀を感じた」。沖縄では、遊廓に兄弟のいる家が少なくないと前置きして、彼は、自分にも二人の異母弟妹があるとのべている(「沖縄の午後」)。

伊波家にとっての琉球処分とは、ほぼこうしたものであった。それは、琉球士族としての上昇の希望を断ち切って家長の死を早め、一族の一人をヤマトへさらってゆき、さらに後継の家長の放縦を招いた。それらはいずれも、幼い伊波の心を痛める事件であった。が、それでいて伊波家は没落しなかった。伊波は、窮迫とは無縁の少年期を過している。

伊波の家が、「西町の一等地にあった石垣囲いの大邸宅」であったとは、往時を知る人びとの異口同音に語るところである(引用句は、金城芳子《きんじょうよしこ》「安けく師よねむりませ」全集月報6、一九七五年)。*首里の小学校に通学するため寄宿していたさい、彼は、土曜日の昼過ぎには、伊波家の使用人の駕籠で自宅へ帰り、月曜日の朝にはまたその駕籠で首里へと送られるのであった。三年間ほどの寄宿生活ののち自宅からの通学となったさい、彼の回想によれば、「家では弟〔普成、号月城、のち『沖縄毎日新聞』記者、文芸評論家〕の乳母の子で私と同歳になる仁王といふ小僧を私に付けてやつた」という。そうして帰宅すると、城嶽《ぐすくだけ》の前の別荘へいって勉強するのがつねであった。伊波は、三一歳で東京帝国大学を卒業するまで長い学生時代を過すことになるが、その間、経済上の困難をなめた様子はない。＊＊

＊ 島袋全幸《しまぶくろぜんこう》も、つぎのようにのべている。「那覇四町(西・東・若狭町・泉崎)の中でも西、東は枢要な地で、東は市場があって殷賑をきわめたのに対し、西は県庁所在地(大正九年美栄橋《みえばし》に移転するまで)として閑静であり、重厚な石垣かこみの旧家、素封家の屋敷が多かった。(中略)伊波普猷の家もその一つ」(「出生地・那覇の西村」『生誕百年記念アルバム伊波普猷』)。

＊＊ 金城芳子の前掲「安けく師よねむりませ」によると、伊波家は、一九一〇年代の半ば過ぎてから傾きはじめたようである。「女性達は儀式用のお菓子の注文を請けたり、大座敷を貸して家賃を収入にして生活を維持」するようになった、とある。

当主の放縦にもかかわらず、伊波家が揺るがなかったのは、その妻、つまり普猷にとっての母であるマツルの手腕によるところが大きかった。伊波が「私の子供時分」に記すつぎのエピソードは、事を処するに当ってのマツルの見識と決断力を示して余すところがない。それによると、当時の沖縄で子どもの教育のことを考える人間は皆無に近かったにもかかわらず、彼女は、息子をこのままにしておくのは将来のためによくないと気づき、夫の不賛成を押しきって独断で一八八六年三月、師範学校の附属小学校に入学願を出し、人員超過で後廻しにされたと知るや、附属主事の戸川という教師が部屋を借りにきたのをさいわい、普猷を附属に入れてくれるなら部屋を貸そうと交換条件を出し、素志を遂げたというのである。しかも内地人には部屋を貸さないとの方針をたてていたのに、必要とみるとそれを捨てて顧みないこの果断さが、彼女の特色であった。

　マツルのこの果断さには、彼女が一種の霊力《せじ》の持主であったことも働いていたとみられる。沖縄は女性の霊力が尊敬されてきた土地であるが、彼女もそういうつよい霊力をもつ一人であった。その点を伊波は、つぎのようにのべている。「母は私が六歳頃から八、九歳頃までに大病に罹りました。里方のこで〔戸婦＝一族の祖霊神に仕える神役〕になれとの神の命であると巫女《みこ》が申しましたので、之をうけるとすぐ治つたのであります。母はこれからこでとして里方の祭祀に携はりまして、いつも私を祭りにつれて歩きました。（中略）母は年に二、三度神がかりをしました」*（「沖縄の午後」）。そこから、精神の集中力・決断力が培われたのであろう。

＊　夫の放蕩に由来する苦悩の深まりが、往々にして、女性をこうした飛躍に導いた。「沖縄

では夫が女狂ひをすると妻は神事に関係をもつ様になるのであります。母もさうであつたのでありませう」(「沖縄の午後」)。東恩納寛惇は、彼女を「神人《かみんちゅ》」であったとのべている(「本居宣長に比す伊波氏の研究」一九三六年、琉球新報社編『東恩納寛惇全集』第九巻、第一書房、一九八一年、所収)。

夫が世替りに適応しかねているのをみつつ、マツルは、新しい時代での生き残りの方途を、あるいは本能的にであったかもしれないにせよ、把握しており、息子を、到来しつつある時代の申し子たらしむべく押しだしたのである。* それ以前普猷は漢学塾に通っていたが、『大舜』(『二十四孝』)から『小学』を経て、『論語』の素読に移ろうとしたころ、「一日外出してゐた母が、帰つて来るや否や、「みせゞる」(神託)でも受けたかのやうに、これからの人間は、さういふ本ばかり読んでゐては間に合はないから、学校に這入《はい》るやうにしなければいけないといつた」(「チエムバレン先生と琉球語」『国語と国文学』第一二巻第四号、一九三五年三月、全8)。そうして息子をむりやり師範学校附属小学校へ押しこんだのである。

＊ こうした母親像は、沖縄では例外でなく、むしろ逆に文化的特色の一つと認識されている。伊波の中学時代の同級生でのち海軍少将になる漢那《かんな》憲和《けんわ》の母オトも、その一人であったらしい。「「漢那小《ぐわー》の阿母」と云へば郷党間では誰れ知らぬ人もない女丈夫であり、また賢母」(東

恩納寛惇「漢那さん」一九五〇年、東恩納第九巻、所収)とある。マツルはオトらの仲間であった。のちに伊波が、『沖縄女性史』(小沢書店、一九一九年、全7)で、「男子がヤケ酒を飲んでゐる間に、無学なる那覇婦人が夙《つと》に新時代の到来を直覚して、その子供を学校におくつて、新教育を受けさせた」と記しているのは、自分の往時を思い浮べての指摘であろう。

母親のこの決断は、それまで甘やかされていただけらしい普猷少年を、新しい精神空間へ導く端緒となった。伊波の学校生活は、前述のように、一八八六年、沖縄県師範学校附属小学校への入学に始まり、同校の首里への移転とともに寄宿通学となり(同級生たちが、那覇所在の学校へ「分配」されたなかで、彼だけは教師の奨めで首里へゆくことになったという)、五年後の九一年には、沖縄県尋常中学校に入学と推移する。

小学校は、伊波にとって「大和口《やまとぐち》」との出会いの場となった。「初めて大和口(日本語)を習つて喜んだ」。教科書は沖縄県学務課編纂の『沖縄対話』であった。「貴方ハ、東京ノ言葉デ、御話ガ、出来マスカ(ウンジヤウ。トウキヤウヌクトバシヤーイ。ウハナシ。ウナミセービーミ)」、「東京ノ言葉ハ、広ク通ジマスカ(トウキヤウヌクトバー。ヒルクツウジーガシヤビーラ)」という具合で、大和口は何よりも「東京ノ言葉」として習得を鼓舞された。それを、「丁髷《ちょんまげ》の教生が節を附けて、全級の生徒に謡《うた》はせるやうにして教へてゐた*」(「チェムバレン先生と琉球語」および「小緑《おろく》の目白」『大阪球陽新報』一九三九年八月二〇日、全10)。

＊それでも伊波には、自分の「大和口」は琉球色を脱しえていないとの自覚がのちまで残った。「琉球と大和口」(『文藝春秋』一九三〇年三月号、全8)に、「二十一歳の時、初めて上京して、自分たちが使つてゐる大和口が、借り物であることをしみ〴〵と感ぜざるを得なかつた。(中略)上京早々沖縄の書記官をしてゐた川路利恭《としあつ》氏を訪問した時分、東京に来て、何が一番珍らしいかときかれて、車夫の日本語のうまいことだと答へた」とあり、『琉球戯曲辞典』(郷土研究社、一九三八年、全8)の「凡例」に、「先年啓明会の琉球講演会の時の私の講演の速記を見て驚いたことだが、固有名詞中のoは大方uになつてゐた」と記している。

さらに首里は、伊波にとって最初の異文化体験の場であった。「生徒の言葉遣ひや風習が那覇に異なつてゐる」のを味わい、「階級制度の余風」を感じ、「那覇人《ナーファー》々々」と冷かされた。それらは、彼にとってはあまり愉快な体験ではなかった。が、同時に小学時代、ある教師から「はじめて沖縄史を教へられた」のは、現在にたいしての過去への眼を開かせ、後年の彼をかたちづくる一礎石となった。心の激動期となる中学時代は、それにつづいて到来する。

中学時代――日本・世界へのめざめ

伊波の中学時代については、「中学時代の思出――この一篇を恩師下国《しもぐに》先生に捧ぐ」(一九二四年稿、『琉球古今記』刀江書院、一九二六年、所収、全7、以下「思出」と略称)があり、彼に関心をもつ人びとには、つとに知られている。伊波の足跡を窺うに止まらず、世替りを経つつあった沖縄の教育や社会をみる資料としても、不可欠の作品である。

入学後まもなく、一年生は、教師たちと上級生たちによって、強制的に結髪《かたかしら》を切りおとされ、断髪させられる。当日、指揮をとった教頭下国良之助《りょうのすけ》の演説に、「亜米利加《アメリカ》印度人《インデアン》の学校の写真を見たが生徒は何れも断髪をして洋服を着てゐる」のに、「日本帝国の中学の中で、まだ結髪をして、だらしのない風をしてゐる所があるのは、実に歎かはしい」とあったという。「窓から飛んで逃げ」る者もあり、「簪《かんざし》を武器にして手ひどく抵抗」する者もあり、「あちこちで啜泣《すすりな》きの声」が聞えるなかで、この断髪作業は完了する。沖縄の未来の指導者にたいしての、有無をいわせぬヤマト化、近代化政策の発現であった。

帝国大学農科大学を卒業して帰郷し、沖縄最初の学士というので名声嘖々の謝花昇と、歓談の機会をえたのも、中学時代のことであった。「学士は私たちに東京の学校の話などをして聞かせた後で、大に一同を鼓舞して、たうとう私たちの仲間に這入つて、「君ベルリンを出づる時、駒に打乗り言ひけらく、成ると成らぬのふた道ぞ、そのひと道は死ぬるのみ云々」と福島中佐歓迎の歌をうたつた」。この「階級打破の象徴《シンボル》」との接触は、若い心を燃えたたせずには措かなかったであろう。*

＊ただし後年における伊波の謝花評価は、それほど高くない。一九三四年、沖縄新聞界の草分けの一人佐々木笑受郎を囲む座談会で、つぎのように語っている。「故人に失礼になるかも知れぬが、謝花氏の農商課長時代にその下にゐた仲吉朝助《なかよしちょうじょ》氏がむしろ秀でてゐた様に思ひます。(中略)然し謝花氏の熱誠は確に買ふてもよいと思ひます云々」(「佐々木笑受郎翁に日清戦役前後の沖縄の話を聴く」『沖縄日報』一九三四年七月二一日—?、全10)。

なお仲吉の足跡は、西原文雄「仲吉朝助について」(『沖縄史料編集所紀要』第四号、一九七九年三月)に詳しい。県庁吏員、実業家、政治家、沖縄経済史研究者で首里市長をも務めた。

中学生たちは、沖縄社会の改良を考える機会を与えられもした。あるとき下国は、全校生徒に向い、「目下沖縄に於て風習改良を要する件三以上を選定して各自の意見を附記せよ」との問題を出した、と伊波は「思出」に書きとめている。答案提出者の挙げた三十六、七条項のうち、男子の結髪の廃止、女子の手背の入墨の廃止、早婚の弊の矯正が群を抜いて多く、就学の奨励、男逸女労の弊の矯正、言語の改良、青年の酒色への耽溺の矯正などが、それにつづいたとある。伊波自身は、何と答えたか記憶しないというが、沖縄をいかにすべきかは、「次の時代を引受く可《べ》き中学生」にとって、離れえぬ課題であった。

さらに中学校は、県内の修学旅行に加えて、生徒たちにヤマト＝「他府県」を実見する機会を与えた。一八九四年四月、那覇で九州沖縄八県聯合共進会が開かれ、人びとが「沖縄を他県に比較するの機会に遭遇し」て、「漸《よう》く《や》自家の短所を自覚し始めた」直後の五月、二年生以上の京阪地方修学旅行が実現したのが、それである。「私たちは目の廻るほど多くの物質的文明を見せられた。ことに京阪地方には下国先生の知人が多かつた為に、学校でもその他の所でも非常な歓迎を受けた。京都の第三高等学校の歓迎会はすばらしいものであつた」、「そして私たちは、リバイバルにかゝつたやうに、高等教育熱にかゝつて了《しま》つた」との記述に、伊波たちの受けた刺戟の強さがなまなましい。かつ、その副産物の一つとして学友会の機関誌刊行の議が起り、『学友会雑誌』の創刊となったという(現物は発見されていない)。

それは、伊波にとって、那覇・首里におおむね局限されていた視野が、みるみる日本に、そうして世界にひろがってゆくという、心の体験であった。東京への遊学者たちが休暇などで帰省したさい、「世界の大勢だの琉球人の境遇だのと大風呂敷をひろげてゐた」のに感化され、彼は、稲垣満次郎の『東方策』を取り寄せて読んでいる。「そして私は卒業後は高等商業に這入つて、外交官か領事になる気でゐた。私の友だちは私のことを伊波の公使といった」。それだけでなく彼は、生徒の控室に置かれていた教師たちの読み古しの雑誌によって、当時の大きな論争であった「教育と宗教の衝突」、いいかえれば国家主義とキリスト教の衝突に、関心を寄せてもいる。さらに彼は四年のとき、当時、沖縄師範学校教諭であった黒岩恒＊所蔵の『ペルリ提督日本遠征記』をみて、「尠《すくな》からぬ感興を起し」たりした(神田精輝訳『ペルリ提督琉球訪問記』私刊、一九二六年、への序。初稿の執筆は二四年、全10)。

＊　のち沖縄県立農学校校長。土佐の出身で沖縄における動植物学・地学の開拓者。同書への関心ゆえに伊波は、出京後、帝国図書館でこの書をひもとき、後年、師範学校図書室に一本を備えつけてもらい、さらに県立図書館の館長となってからは、初版本を図書館に購入している。

一八九一年に活世界社から刊行の『東方策』は、その内容・文体ばかりでなく、成りたちの点でも、人びとを発奮させるに足る書物であった。「序」によれば、一八六一年生れの著者がロンドン滞在中、「東洋の世界に対する過去現在の関係と。日本の列国に対する現在将来の地歩とを研究査察して」著した二冊の書物、*Japan and the Pacific: A Japanese View of the Eastern Question.* と *A History of the Migration of Centers of Commercial and Industrial Energies of the World.* のうち、「前者を礎として補述したる者」とある。原著への欧米濠の著名人たちや新聞雑誌の讃辞に飾られた本書は、東方の白面の一青年が、英京で欧米人に果敢に経綸を開陳したばかりでなく、敬意をさえかちえた証しとして、人目を引くに十分の要素を備えていた。

『東方策』著述の趣旨は、「原序」につぎのように語られている。「一は。以て我日本帝国は第廿世紀に及んで。宇内大勢の局面に当て、大に有為の国たることを。我同胞の兄弟をして覚知せしめ。(中略)。一は。以て我日本は地理人和の勝。以て東方に於ける英国の国勢国利を、他日左右するの国たることを。英国の上下人民をして知得せしめんとするに在り矣」。本文での論議は、たとえば、シベリア鉄道をいたずらに恐れるよりも積極的に利用すべしという論議、日本と中国が同盟し対馬・琉球・台湾の線を確保するならば、英露仏も北緯二〇度以北の太平洋には、一歩も権勢を張ることができないだろうという論議などは、〝気宇壮大〟性において、極東に跼蹐《きょくせき》する現状とは異なる日本像を示し、人びとの心を触発せずには措かなかったであろう。若い伊波も、その使徒の列に加わったことになる。*

＊　このようにみてくると、いかにも武張った少年像が浮上するが、身体が弱く体操や教練は苦手だったらしい。中学時代、運動場でさかんに活動する一派とは対照的に、「心臓の悪かつた」という伊波は、「木の下で遊」ぶ「木の下党」に属していた(「真境名《まじきな》君の思出」『琉球

新報』一九三四年一月二〇―二二日、全10)。

断髪の強制にうろたえた一年生は、急速に日本や世界の〝大勢〟にめざめていった。もとより伊波ひとりにあらわれた心の現象ではなかったであろう。同時にそれは、沖縄の命運への関心とも連なっていた。沖縄の将来の担い手という自負心と、それにも増して沖縄社会の激動は、時勢への彼らの関心を駆りたててやまなかったであろう。

一八九三年九月には、沖縄最初の言論機関としての『琉球新報』が発行されている。翌九四年の八月に勃発した日清戦争は、沖縄の人心に、ヤマトとは異質の動揺をもたらした。一つは、琉球処分以後尾を曳いていた清国派＝「頑固党」と日本派＝「開化党」との対立が、人心の一部で清国勝利への期待を込めて再燃したことであり、いま一つは、清国ことに台湾に近いため、清国艦隊による襲撃の噂が立ったことである。前者については、「思出」に、頑固党は、毎月、一日と一五日に古琉球の大礼服をつけて、園《その》比屋武御嶽《ひやんうたき》、観音堂等に参詣し、旧藩主の健康と清国の勝利とを祈ったとある〔追記〕。後者については、中学師範の生徒はそれぞれ義勇団を組織し、伊波たちも、炎天下で射撃をしたり、練兵をしたりしたという。その意味で日清戦争における日本の勝利は、「頑固党」を事実上終熄させ、世替りの実体化を招来した。戦争が終結したのちの九五年夏、日本艦隊の旗艦であった松島艦が那覇沖にあらわれると、伊波たち五年生は、さっそく学校のボートで、松島艦訪問を敢行した。

追記 佐藤冬樹は、当時の諸史料を突きあわせつつ、伊波の「思出」などを拠り所としての、日清開戦とともに「頑固党」と「開化党」との対立が再燃したという通説に、再考を促した。「頑固党」は対立するほどの力をもはやもたなかったというのである(「「日清戦争と沖縄社会」再考」『あめく通信』第三号、二〇〇六年二月)。

〝国士〟の気概をもつ新世代が成長しつつあった。そんな人間にとって、沖縄の現状は慨嘆にたえなかったに違いない。中学の四年下級で、伊波たち声望ある上級生についで歩いた東恩納寛惇は、当時の彼の風貌を、こんなふうに伝えている。「慷慨家の仇名で通つてゐた。慶長の薩摩入、それが遠因となつて、次々に現れた郷土の悩みについて常に悲憤慷慨し、卓を叩いて斗酒なほ辞せざるものであつた」(「伊波君の想出」一九四九年、東恩納第九巻)。伊波は「思出」のなかで、「中学師範の先生には国士の風を備へた人が頗《すこぶ》る多かつた」と回想しているが、〝国士〟をもって任じる中学生たちであっただけに、教師たちのそうした姿勢に、心の琴線に触れるものを感じとったのであろう。「思出」からは、師弟の間柄はそうじて親密で、折々小宴を張り、泡盛を酌みかわして論じあったらしく読みとれる。おのずと英雄崇拝となり、ナポレオンや豊臣秀吉にあこがれた(「伊波文学士の講話」『沖毎』一九一一年七月一七日)。

二人の教師

だがよく知られているように、伊波の中学時代はそれだけでは終らなかった。二人の教師、下国良之助、田島利三郎と、校長児玉喜八が、それぞれのしかたで、彼の運命に決定的というべき影響を与えた。

下国良之助は秋田県の出身、当時、沖縄県中学校の教頭であった。「思出」には、すでにのべたように、断髪強制の指揮者、「風習改良」意見という問題の提出者、京阪地方修学旅行の斡旋者として登場していた。が、そのほか、慶良間《けらま》島への鹿狩り旅行という「冒険」の企画者・引率者として、また「体操中心主義を唱へて、校風の振興を計つた」人間として、教練にはいつも「一分隊長」となった人間として、上級学校への進学に尽力し、卒業生の第五高等学校(熊本)と第七高等学校造士館(鹿児島)への無試験入学をかちとった人間としても活写されている。「絶えず社会のことに注意を払ひつつ、青年を薫陶」したと総括されている。

鹿狩りという破天荒なこころみは、「沖縄人の柔弱な風を矯正する」ための「荒療治」であった、と伊波はいう。〝旧弊〟を打破しつつ、沖縄の将来を切り拓くべき人物の育成に、全力投球している姿が、そこからは立ちのぼる。伊波が教師たちの「国士」的風格に言及するとき、もっとも強く念頭においていた人物であったろう。

下国の方法は、問答無用式に結髪を切ったり、鹿狩りや体操や教練へと率先して生徒を駆りたてるなど、ワンマン的でもあれば武張ったものでもあった。しかしそれらをつうじて彼は、萎縮しがちとみえた沖縄の〝元気〟を培おうとしたのである。その信念は、彼の無私の姿勢によって沖縄の人びとに受けいれられたようにみえる。「先生秋田ノ霜雪ニ生レテ南島ノ炎熱ニ浴シ深ク沖縄ノ将来ヲ慮リテ大ニ県下教育ニ力ヲ竭セラル」、「生等ハ朝ニ先生ノ智ヲ分チ夕ニ先生ノ徳ニ倣《なら》ヒ漸クニシテ愚痴ノ境域ヲ脱スル事ヲ得タリ」(傍点は引用者)。これは、下国が沖縄を去るさい、旧五年生惣代照屋宏によってものされた「送辞」の一部であるが(『養秀』第二号、社団法人養秀同窓会、一九七六年八月)、人びとの彼への想いの一端が示されている。伊波は、そのように下国によって〝元気〟を鼓舞された沖縄の若いエリートの一人であった。

下国良之助が伊波に、沖縄の将来への覚醒を説いたとすれば、田島利三郎は、沖縄の過去に開眼することを教えた。

「随々菴《まにまにあん》」との雅号のとおり、漂泊に近い人生を送り、それゆえ不明の点を少なからず遺していた田島利三郎の全貌が甦ったのは、山下重一の探究のおかげである。それまで、田島の生涯は、沖縄時代以外は霧に包まれているに近かった。*山下によって生いたちを初め、沖縄を去って以後の死に至るまでの人生が、明瞭となった。山下の田島探究の成果は、まず「田島利三郎の生涯」(『沖縄文化』通巻六九号、同編集所、一九八七年一〇月)として、ついで彼の編集した増補版『琉球文学研究』(第一書房、一九八八年)への「解題」として発表されている。

＊ 伊波の「思出」と、伊波が編んだ田島の著書『琉球文学研究』(青山書店、一九二四年)と、同書に寄せた伊波の巻頭の辞「田島先生の旧稿『琉球語研究資料』を出版するにあたつて」(全10)と、伊波の同級生にして盟友である真境名《まじきな》安興《あんこう》の同じく巻頭の辞「『琉球文学研究』発刊に際し沖縄研究家の著作を回想して」と跋「琉球語研究資料を読みて」が、おもな材料であった。

それらによれば、新潟県人田島利三郎の沖縄への姿勢*は、皇典講究所(国学院大学の前身)で培われた古典学の素養を引っさげて、沖縄びとの精神生活に深く入りこもうとするにあった、と総括できる。「思出」のつぎの一節が、田島と生徒たちとの関係を映しだしている。「先生の『土佐日記』の講義を聴いて、すつかり感服して了つた。先生は忽《たちま》ち全校生徒の気に入つた。先生の宅には各級の生徒が絶えず出入りしてゐた。そして先生が外出する時には、いつでも二三人の生徒がついて歩いた。下国先生は、いつぞや私たちに「君等の書風が近来著しく田島風になつた」と言はれたことがあつた」。

＊ 折口信夫《おりくちしのぶ》が「万葉びと」との表現を造りだしたのに倣って、伊波普猷は「おもろびと」との呼称を用いるようになった(後述)。さらにそれに倣ってわたくしは、この稿では、「沖縄的精神世界を生きている人びと」との意味を込めて、「沖縄びと」との表現を折々使おうと思う。出自で割りきった「沖縄人《じん》」では消されてしまうニュアンスを込めたつもりである。「沖縄人」で統一したほうがいいのではと再三思いつつも、過渡的な手法として、こんな呼称を試みた。

田島の沖縄渡航の発心は、彼自身によれば、「彼の地には五十巻ばかりの琉球語もて記されたる文書あり」と、学友から聞いたのに由来すると語られている。それだけに彼は、「其の事念頭を去ら」ずして沖縄へ赴任するや、ただちにその探究つまり『おもろさうし』の探索に着手している(以上、『琉球文学研究』所載「琉球語研究資料」の「緒言」、一九〇〇年)。彼は、沖縄の文化遺産に正面から立ち向おうとした。彼はある土地を研究するには、まずその言語に精通しなければならないと考え、到着早々から琉球語の研究に没頭した結果、一年足らずで「方言」をあやつれるようになった。同様に歌謡や組踊《くみおどり》の研究にも腐心して古語に通じた。こうして彼は「沖縄人の内部生活に触れる」に至った(以上「思出」)。

研究者としての田島の営為は、今日、琉球大学附属図書館所蔵の伊波文庫中の、田島文書＊に窺うことができる。それを精査した池宮正治「田島利三郎と伊波普猷」(『琉球文学論の方法』三一書房、一九八二年)、「オモロ研究史」(『琉球文学論』沖縄タイムス社、一九七六年)と、山下重一前掲論文の成果を借用すれば、おもな部分は、琉球の古典の書写であり、組踊、おもろさうし、混効験集、女官御双紙、中山《ちゅうざん》伝信録所載字母及琉球語、小橋川朝昇大歌集抜、諸間切のろくもいのおもり(以上「琉球語学材料」第何と題する)、中山王府相卿伝職年譜、宮古島の歌、中山世鑑、宮古島旧記、琉球国由来記集などに及び、ほかに研究ノートから成る。なかでも『おもろさうし』全巻の写本は、「はじめての本格的なテキスト・クリティーク」としての価値をもつばかりでなく、多くの書入れによって彼独自の研究のあとを示すものとして、「圧巻」とされる。『琉球文学研究』所収の諸論考は、こうした基礎作業のうえに生みだされた。

＊ のち伊波が東京帝国大学に入って、言語学を専攻しはじめてから、田島が彼に贈ったもので(後述)、伊波没後の一九五〇年、伊波文庫の一部として琉球大学附属図書館に納められた。正式の名称はなく、「田島資料」とも呼ばれる。

田島は、言語という、この地の人びとの自己表現の探究をとおして、沖縄の過去へと眼を開いていっただけではない。沖縄社会の〃貶《おとし》められた部分〃へもすすんで接触しようとした。伊波は、「田島先生の旧稿『琉球語研究資料』を出版するにあたつて」のなかで、こういっている。「沖縄では役者は非常に軽蔑されてゐたが、先生はいつも芝居小屋へ出入して、役者を教育して居られた」、「時としては品位を落しはしないかと思はれる位いかゞはしい連中ともつきあつてゐた。先生はひまさへあれば、田舎や離島に旅行ばかりしてゐた」。身分的にも地域的にも階層意識のつよかったこの地で、彼は好んで、〝貶められた〟人びとや地域に身を投じた。それだけに、下国が沖縄の人びとに「敬慕」されていたのと対照的に(「金城紀光《かなぐすくきこう》氏の思出ばなし」『新報』一九三二年五月八日、総務部市史編集室編『那覇市史』資料篇第二巻中の2、那覇市役所、一九六九年)、田島は「生徒になづかれたのだ。生徒にばかりではない、民間の人々にもかわいがられた」(「田島先生の旧稿『琉球語研究資料』を出版するにあたつて」)。下国が新生・沖縄への途を示したとすれば、田島は、過去の琉球の文化を開いてみせたといえよう。

ストライキ事件と退学処分

けれども少なくとも半ば以上は彼らのこうした姿勢ゆえに、日清戦争が終ったのちの一八九五年一〇月、校長児玉喜八によって、下国は休職、田島は辞職を命じられる。児玉は、鹿児島県人で、沖縄県学務課長、尋常師範学校長、尋常中学校長を兼ね、前年には、「普通語」の習得を優先させるためとの理由で、中学校の正規科目から英語科を廃止すると言明し、生徒たちの憤激を買っていた人間であった。英語科廃止問題は、ストライキ寸前にまで進展したのち、随意科目として残すことで決着をみるが(一八九八年に正規科目として復活)、それに加えての下国、田島への休職・免職の発令は、沖縄近代史上に逸することのできない事件としての、いわゆる尋常中学校のストライキを激発させることになる。五年生だった伊波は、首謀者の一人として活躍し、そのため一一月、漢那憲和、照屋宏、真境名安興、屋比久《やびく》孟昌《もうしょう》とともに退学を命じられるに至る。

この間の経緯は、「思出」その他によってつとに有名であるが、かいつまんでのべれば、つぎのようになる。

両教師への処分の直後、同級生の漢那憲和、西銘《にしめ》五郎《ごろう》から児玉排斥運動への参加を求められて、伊波は参加を決意、自宅を提供して作戦会議を開き、その会議は、全員退学して校長の辞職を勧告し、世論を喚起することを決める。そうして彼らは、知事奈良原繁から呼びだされ、「軽挙暴動」をいましめられたのを押しきって、まずくじに当った西銘五郎、照屋宏、金城紀光の三人が退学届を提出(西銘と金城は除籍処分)、ついで三年生以上、そのあと一・二年生と退学届を提出、あわせて校長他二教諭に辞職勧告を行った。伊波ら五人が退学を命じられたのは、その結果であった。が、生徒たちは屈せず、漢那が立案し真境名が執筆した宣言集「退学願につきて」を、漢那、照屋、真境名、伊波、屋比久外百五十名の名で『新報』に掲載し、また同趣旨の建白書を文相あてに提出する一方、同志倶楽部を組織した。地域社会からの寄金が相つぎ、同志倶楽部はその資金で家を借り、沖縄本島内各地へ遊説班を派遣したほか、上級生が下級生を対象に、英数漢三科目の授業を行った。また彼らと県下の有志は、それぞれ別個に下国一家への盛大な送別会をもよおした。* こうした闘いの結果、翌一八九六年三月、児玉は校長の任を解かれて、新しい植民地台湾に転任となり(台湾総督府民政局参事官)、伊波ら首謀者五人をのぞく中学生は、復校を許される。児玉は、このようなかたちで伊波の前途に立ちふさがった。

＊　下国への思慕は、そののちも長くつづいた。また沖縄への下国の想いも、終生変らなかったようにみえる。沖縄を去って神戸で実業に従事していた一九〇一年、彼は、失意から精神に異常をきたした謝花昇を、いったん自宅に引き取り、療養させたのち、沖縄へ送り届けている。さらに朝鮮在任中の一九二三年末から翌年一月にかけてちょうど一カ月間、旧生徒たちに招かれて沖縄を訪れ、熱烈な歓迎を受けた。その体験を下国は、『南島再遊記』(私刊、一九二四年)としてまとめ、謝辞とした。伊波は、歓迎役の中心人物の一人となり、下国に送った寄せ書の記念帖に、「只有感激耳」と記している(同上所収)。「中学時代の思出」は「恩師下国先生に捧ぐ」との副題が示すように、彼の沖縄再訪を記念して起草された。

ストライキ事件の背景と意味については、比屋根照夫の詳細な研究がある(前掲『近代日本と伊波普猷』)。英語科の廃止は、沖縄びとに高等教育への途を閉ざすことを意味するが、比屋根によれば、それは、児玉の個人的な方針に止まらず、「国家的思想・忠誠の喚起と同化・皇化を焦慮する沖縄県当局と学校当局が、普通語、国語の完全な普及を目指し、この至上課題の達成に障害となる他学科排除として打ち出した政策」であるという。沖縄の教育者たちの組織である沖縄県私立教育会(のち社団法人沖縄教育会→沖縄教育会→沖縄県教育会)は、当時、会長児玉喜八、副会長下国良之助という陣容であったが、そこに二つの路線の相剋をみることもできよう。

そうしてちょうどこの事件が起きる一八九五年一〇月、同会は機関誌『琉球教育』を創刊する。同誌の基調が、沖縄県尋常師範学校教諭で皇民化の有力なイデオローグであった新田義尊の長大論文「沖縄は沖縄なり琉球にあらず」(第二、四、八—一二、一四、一七号、一八九五年一二月—九七年五月)のようなものであったことは、これまた比屋根の指摘によってよく知られるところとなった。そこで新田は、「両属」の痕跡を留める「琉球」の名称を放逐して「沖縄といへる忠貞無二の淑女」の意識に徹し、「日本魂を磨き上げて、我が国体を失はざることに汲々孜々せずばなるまい」と主張している。その意味でストライキ事件は、ヤマト化のなかでの自己喪失への抵抗であった。

どんな論理を組みたてて若者たちが、児玉喜八を弾劾したかは、前掲の「退学願につきて」(前掲「金城紀光氏の思出ばなし」所収)にみることができる。みずからが侮辱されていることへの怒りを秘めて、校長が国家の教育方針をないがしろにしてきたことを指摘するという、かたちをとっている。いわく、「余輩以為《おもへ》らく苟《いやし》も一校に長たるものは宜《よろ》しく其《その》属僚を指揮し校務を監督し生徒の風紀を矯《た》め教授の状況を察し徐《おもむろ》に其企《くはだて》んとする所を行はざる可らず。而して其之《これ》をなさんとするには親しく其校に臨み其生徒に接するにあり。況《いは》んや教育者の最も重んずべき三大節及勅語奉読式に於いてをや。然るに校長は令節を蔑如し校務を軽侮し(中略)之を教頭に代理せしめたり」、「斯《こ》の校長斯の管理教授の下にあるは余輩の精神を腐敗せしむるを如何《いか》にかせん」。

そこには、皇民化教育への校長の不忠実さの指摘というかたちをとりつつ、完全な中等教育への切望と、なおざりにされた教育下での精神の腐敗への怖れとが浮び上っている。伊波は、そうした若者たちの中枢に位置する一人であった。

沖縄がいかにあるべきかは、解きがたい問いであるとともに、だれもがおのがじし解かねばならぬ問いであった。廃藩置県後十数年を経て、日清戦争後の沖縄社会が、どんな問題を抱えつつあり、またどんな様相を呈しつつあったかは、当時唯一の新聞『琉球新報』の紙面に、同紙の立場ゆえのプリズム反射をもちながらも、もっとも総体的にみることができよう。

一八九三年創刊の同紙は、不幸にも九八年四月一日発行の七九二号以後しか現存しない。仮りにその号から一年間の記事によって指摘すれば、九八年制定・施行の民法関係の記事、この年より沖縄に施行された徴兵令関係の記事、さらに土地整理関係の記事を別にすれば、一貫して紙面の首座を占めるのは、教育記事であった。「明治卅年本県学事の状況」(七月一九日—一〇月二五日)、「本県私立教育会」(八月一五—一九日)、貧血生「教育会駄評(傍観傍聴)」(八月二一—二五日、貧血生=社友桃原《とうばる》良得)、「教育制度調査の模様」(九月二五日)、「首里中頭小学生徒思想一斑」(一二月一—二五日)、「中頭校長会議の決議事項」(一二月一三—一七日)、琉球樽金「琉球教育第卅三号の時々片々に就て」(一二月一七—二三日)、「人民の向学心」(一八九九年一月一一日)などが、それである。これに、人民の気風の一新や誘導をめざす貧血生「尚武会の設置を望む」(六月二九日)、同「綱引と勇気」(七月二三日)や、一〇、一一月に行われた「天長節奉祝」のキャンペーン、さらに「首里女生徒和装の噂に就きて」(一二月一五—一九日)などを加えるならば、隔日発行、毎号四頁、各頁四段の新聞としては、いかに教育問題に力点を置いていたかが知られよう。

人びとに知識を与えるとともに、その価値意識の陶治をめざす教育の中心課題が、この時期、「向学の思想」の「啓発」と天皇制観念の注入にあったことは、推測するに難くない。大連載の「明治卅年本県学事の状況」は、「昨明治三十年の本県学事の状況を見るに其事項の重要なる者は初等教育に関してハ新設公立小学校に　両陛下御真影の複写及教育に関する　勅語謄本を拝戴せしめ各郡区小学校設置区域を改正して就学児童の通学に便ならしめ」と始まっていた。

とはいえ、教育関係記事に噴出するいま一つの特徴は、県民の〝因循〟性の指摘とそれへのつよい批判であった。教育会の総会の傍聴記である「教育会駄評」は、それを代表する。筆者は、報告者の一人渡嘉敷唯功《とかしきいこう》が、せっかく、福岡での九州沖縄八県聯合教育会への出席の所感として、「本県一般に対する九州地方人士の感情如何を見るに恰《あたか》も台湾の生蕃若《も》しくは阿仏利加《アフリカ》の蛮人の如く見做し」ていたこと、「聯合教育会さへも同感情を懐き(中略)今回同会に於ける議決の有様は殆《ほとん》ど本県を度外に置くの傾きありし事」を痛論したにもかかわらず、「満場の人は恰も之を対岸の火災視するの状ありし」ことを、口をきわめて指弾している。

そこには、ヤマトからの差別にたいする悲憤と、同時にそうした状態に晏然としているようにみえる同県人への、それに劣らぬ憤慨があった。そうしてその意識は、ままよ「本県」と「他府県」との比較へと赴いたり、あるいは「因循」を破るための「尚武の気風」の振興へと奔ったりしたが、根柢には、沖縄の自前の気力造成への希求が渦まいていた。ストライキ事件の首謀者の一人として退学処分を受け、のち復学を許された真境名安興の投書「中学同窓会員の猛省を促す」(一八九八年一二月九—一五日)は、そんな立場から、青年の奮起を促す叫びであった。そこで彼は、「疇昔に於て、沖縄の原動力を以て自任」した彼らが、「夙に青年の活気を鎖磨し、老成人と融化し、一の未来なく一の抱負なき」状態に陥っていることを痛撃している。

こうしてかつてのストライキの指導者たちは、沖縄の新世代として、郷土の将来を見据えつつ、おのがじしみずからの進路を選びとってゆくことになる。漢那憲和は、一旦退学させられたものの、知事奈良原繁の計らいで卒業証書をえて、海軍兵学校に進んだ(のち海軍少将、退役後、衆議院議員)。金城紀光は、復校を許されて卒業、第五高等学校を経て東京帝国大学医科大学に進んだ(のち沖縄県立沖縄病院院長、衆議院議員、那覇市長などを歴任)。照屋宏は、退学処分後出京し、明治義会中学に編入、卒業ののち、第一高等学校を経て京都帝国大学工科大学土木工学科に進んだ(のち台湾総督府鉄道部技師を経て那覇市長)。西銘五郎は、除籍処分ののち出京、一時、明治法律専門学校に学んだのち渡米した(北米初の沖縄県人会を組織するなど、アメリカ本国移民の先駆者の一人となる)。真境名安興は、復校を許されて卒業、『琉球新報』の記者となった(のち沖縄で各紙記者、県庁勤務のかたわら、沖縄の文学・芸能・民俗・歴史について研鑽を重ね、伊波の盟友となる)。

それぞれが、新生沖縄のパイオニアとしての途を選びとっていったなかで、伊波普猷だけは、志望もはっきりと定まらないままの、数年を送るはめとなる。みずからの「慷慨」に、どのように途をつければよいのかに思い惑う二〇歳代前半であった。

出京――懊悩の中の自己形成

のちいよいよ学問の旗揚げというべき『古琉球』(沖縄公論社、一九一一年)を刊行するに当って、伊波はその「自序」に、みずからの足跡を顧みて、つぎのように記している。

明治二十八年の秋に、沖縄の中学で、未曽有のストライキが起つた。私は漢那君(今は海軍少佐になつてゐる)外三名の同級生と共に、その犠牲になつて、二十九年の夏、東京に遊学することになつた。その時私は余程愚図々々した青年であつたが、それでも他日政治家になつて、侮辱された同胞の為に奮闘する決心をした。そして二、三度高等学校の競争試験に応じて、可なり苦い経験を嘗めた。其間に、私は自分の性質や境遇が、政治的生活を送るに適せないといふことを覚《さと》つて、断然年来の志望を抛《なげう》つた。三十三年に、*京都の高等学校に入学した頃には、言語学を修めて、琉球の古語を研究してみようといふ気になつてゐた。二、三の友人は私が目的を変更したのを惜んで、幾度となく忠告をして呉《く》れた。三十六年には、愈々《いよいよ》文科大学

〔東京帝国大学の〕で、言語学の講義を聴くやうになつた。
＊　一九四二年に出した「改版」では、「史学を修めて、琉球の古代史を研究してみよう」と変更されている。

「伊波の公使」から「言語学」へという軌道の変更が語られてはいるものの、志望が定まりしかもその最初の結実を生みだすまでになったとの状況を反映して、そこでは、経歴がよほど整理され、直線化されている。実際には、はるかにジグザグの行程であった。

退学届の提出という戦術は、伊波にとって心の葛藤を不可避とした。それは、下国良之助の拓いてくれた途に添うて、第五高等学校に入ろうと決めていた彼の前途を、閉ざすものであった。「思出」には、漢那と西銘が彼を訪ね、「県のために犠牲になつて児玉校長を排斥しようと思ふが、君も仲間に這入つて呉れないか」と参加を求めたさい、「私は心の中で、高等学校に入学する特権を失ふことを歎きつゝ、涙を呑んで二人の申出でに同意した」とある。退学を命ぜられ、ストライキが終ってみると、「私は自分の前途のことを心配し出した」。

結局、一八九六年、西銘、照屋の二人と出京するが、すでに数え年で二一歳となっていた。「私はもう官立学校に行く希望を全く放棄して、慶応義塾に這入る気になつてゐた」。だが、工手学校の規則書をもらってきていた照屋が、その一両日後、赤門辺を闊歩する帝大生をみて、「心的革命」を起し、大学入学の決意を表明するに及んで、彼もまた「心的革命」を起す。そこへのコースに必要な中学校の卒業資格をえるため、出京してきた沖縄県尋常中学校校長和田規矩夫(児玉の後任)に依頼して、百方交渉してもらった結果、そろって明治義会中学校に編入できた。

けれども、卒業のうえ受けた第一高等学校の入学試験には、照屋と異なって失敗し、伊波は、三度目の挑戦で、一九〇〇年、京都の第三高等学校に入学することになる。そうして一九〇三年、そこを卒業して東京帝国大学文科大学言語学科専修に入学する。志望の変更は、「年譜」には、「高校卒業の謝恩会の席上、梵語教授榊亮三郎の勧めにより日本言語学界の情勢と琉球語研究の必要を悟」った結果とある。

そこに至る間も、伊波の精神的彷徨はつづいた。明治義会中学に編入するころには、「強度の恋郷病《ノスタルジヤ》」にかかり、三高に入ってからは、「極度の神経衰弱」にかかったほか、「年譜」によれば、「西本願寺派の仏教青年会に行き、『維摩経』の講義を聞き、かたわらキリスト教会に出入りし、オールドリッチ女史のバイブル・クラスに入会したと伝えられる」とある。(追記)仏教青年会やキリスト教は、当時の煩悶する青年が、少なくとも半ば不可避的につき当る対象であった。ことにキリスト教は、のちまで伊波の精神に深い痕跡を遺すことになる。

＊　もっとも一九〇三年ごろ、友人の照屋宏と日光往復百里の徒歩旅行に興じたりしてもいる（談「青葉の蔭——名士の銷夏法」『新報』一九一七年六月二一日、全10）。

追記　オルドリッチについては、平安女学院にいたことが、高良倉吉によって確認されていただけで（『沖縄歴史への視点』沖縄タイムス社、一九八一年）、それ以外の事実は不明であったが、一九九七年になって、真栄平房昭・末次智・中根学の調査によって、彼女がフルネームをマルサ・オルドリッチという米国人であり、一八九五年から一年間、平安女学院の音楽講師として赴任していたこと、そののち同学院の学外施設としての布教所で働いていたことなどが明らかにされ、肖像写真も発見された。しかし同学院の教会の教籍簿には伊波普猷の名前はなく、彼が洗礼を受けたかどうかは確認できなかったよしである（中根学『人間・普猷　思索の流れと啓蒙家の夢』沖縄タイムス社、一九九九年）。

伊波のそうした悩みと彷徨は、やや後年の彼自身による整理をも援用するかたちで考えると、三つの点をめぐってなされたと考えられる。

第一は、「侮辱された同胞の為に」という観念であった。沖縄の地に入ってきたヤマトが、いかに新しい支配者・簒奪者然とふるまったかは、ヤマト的価値の宣布者である児玉喜八や新田義尊に、人格的に体現されているとして、批判の対象になった。

伊波は、児玉について、「一種の愛国者で、琉球人《ジキジン》に高等教育を受けさせるのは国家の為にならないといふ意見を有つてゐた」とのべている（『古琉球』「自序」）。「愛国者」を自認する人物による沖縄の貶視を衝いており、「愛国者」という表現と「琉球人」という呼称に、ヤマトへの屈折した心情が表白されている。また新田は、田島の最初に繙いた『おもろさうし』を借りだしたまま取りこんでしまった人物として指弾され、またその論文「沖縄は沖縄なり琉球に非ざる也」（正確には二六頁掲載の通り。「非ざる也」としたのは伊波の記憶違いか）が、田島から、「名称の如きは誰がつけようがかまひやしない、支那人がつけた琉球がお嫌ひなら、等しく支那人がつけた日本の名称はどうする」と冷やかされたとのかたちでも言及されている（「田島先生の旧稿『琉球語研究資料』を出版するにあたつて」）。彼らの言動は、沖縄へのヤマトの支配の文化的表現であったが、そのように蹂躙されていることへの憤怒や屈辱感が、伊波の心中で不断のバネとなっていた。みずからを「愛国者」に対峙させようとする姿勢であり、ストライキのさい彼が、友人からの、「県のために犠牲に」との一言に抗しきれなかった所以でもあった。

それでは伊波は、その結果として、みずからを、ヤマトへの敵対者・抵抗者、文化的にはヤマト的価値の拒絶者として位置づけていっただろうか。そうではなかった。また、そうできなかった。これが第二の点となる。

沖縄を日本の全面的な支配下へ組みいれた琉球処分については、伊波には、「琉球処分は一種の奴隷解放也」との有名な言葉があり、それが、沖縄の日本への統合にたいする彼の基本的な立場となっている。この言葉は、琉球最後の王尚泰《しょうたい》の側近喜舎場朝賢《きしゃばちょうけん》の『琉球見聞録』(一八七九年執筆)が、一九一四年に刊行されるさい、伊波の寄せた「序に代へて」(全1)の副題として掲げられたものである。『琉球見聞録』は、琉球処分の過程を琉球がわから記録した書物であるから、伊波の右の言は、琉球処分への評価を、そのものずばりと示したものにほかならない。*

* この観念がかりそめのものでなかったことは、それがまず、談話「廃藩置県は一種の奴隷解放なり」として、『新報』一九一四年一月五日に発表され、二月の前記の序文を経て、のち著書『古琉球』再版(糖業研究会出版部、一九一六年)と同三版(郷土研究社、一九二二年)に、「琉球処分は一種の奴隷解放なり」と表記を変えて収録、さらに「琉球人の解放」と改題して、『古琉球の政治』(郷土研究社、一九二二年、全1)附録に収録されていることでも、理解できる。

一九一四年という、ここで対象とする時期からすれば、ややのちに定形化されたとはいえ、琉球処分についての肯定的評価は、そののち長くこの問題にたいする伊波の基本姿勢となった。その点については、なぜ一九一四年にとの問いを含めて、あらためてのべなければならない。が、差当りここで必要なかぎりで関説すれば、彼のこうした姿勢は三つの視角に支えられていたといえる。

その一は、琉球処分が、薩摩藩支配下での一種の奴隷制度からの解放を意味したことであった。「序に代へて」のなかでいう。「実に島津氏は琉球の人民よりもヨリ多く琉球の土地を愛した。これやがて殖民政策である。奴隷制度である」。それだけに廃藩置県は、そうした苛酷な奴隷制度からの解放を意味した。

その二は、そのような「奴隷制度」のもとで培われたドレイ精神からの解放を意味したことであった。いやこの点は、すでに達成された事実としてでなく、まさに達成されねばならぬ当為の問題として意識されている。「序に代へて」のなかの、「奴隷の境遇に馴致されるにつれて、遂にはそれを生き甲斐のある生活と思ふやうにな」ったとの指摘が、それである。その結果として、彼らは、日本の維新変革がみずからの運命にどう波及するかとの、当然起らなければならぬ「大問題には至つて無頓着であつた」ばかりでなく、往々にして、「破壊された「王国のかざり」を夢みて泣叫び」さえした。が、いまや、「自己」によつて自己」を維持して行くといふ独立自営の精神」を復活させなければならぬ、と伊波は力説する。

その三は、琉球処分が、琉球王国下での奴隷状態から庶民をともかくも解放したとの視点であった。前述の佐々木笑受郎を囲む座談会に出席した伊波は、佐々木の、「農民には夫役が除かれたのが何より一番嬉しかつたと見えます」との発言を受けて、「佐々木さんの話の通り、一般農民は夫役が廃せられた丈《だ》け大和世を有難がつてゐたと考へられます。廃藩前は、夫役に徴発されて駕籠を担がされたりした時、担ぎ方が悪いと鞭で打つたものです」とのべている(「佐々木笑受郎翁に日清戦役前後の沖縄の話を聴く」)。

伊波にとって琉球処分は、これら三つの点で「解放」であった。

若い伊波の懊悩は、「侮辱された同胞の為に」と「琉球処分は一種の奴隷解放」という、相対立する命題のもとでの呻吟に由来した。これが第三となる。前者は、ヤマトへの批判・憤怒と沖縄の擁護に立ち、他方、後者は、ヤマトの相対的進歩性を認めつつ、沖縄への自己批判を含んでいた。どうすれば、後者を克服しつつ、前者の境涯を乗り越えうるか、伊波は、そんな課題をみずからに抱えこんだことになる。

これまでのべてきた第一、第二、第三はいずれも、そうした思念を発酵させている人間を、経世家の意識へと導く。沖縄社会のエリート候補生の一人として、沖縄がいかにあるべきかを考えざるをえなかった伊波は、当然、そのような経世家意識を抱いた。「伊波の公使」といわれ、「慷慨家」の渾名をもち、「他日政治家になつて」との往時の決心は、それを端的に示していた。

しかし結局、伊波は、経世家意識を、政治世界に発露させてゆく途を執らなかった。

彼が終局的に選んだのは、史学から言語学つまり文化科学への途であった。滔々としたヤマト化のなかで、彼は、貶められた沖縄の内部へと眼を向けてゆき、その基底から沖縄の〝元気〟回復への希望をつかみだそうとしたことになる。一八九六年に出京してからのしばらくの時期、もっとも長くみて一九〇三年に東京帝国大学文科大学文学科言語学科入学までの数年間は、その進路模索に費やされることになる。志望の、政治世界から文化科学への転移は、彼において、現世的価値への突進の断念を意味する。彼は、現世を一歩しりぞくかたちで、経世家としての素志を貫こうとするに至ったといえよう。

そのような心境の変化は、いかにしてもたらされただろうか。これまでよく指摘されてきているように、基本的には伊波が、自分の性格を政治向きでなく文化科学向き、と判断したことによるのであろう。だがそれとともにわたくしには、彼が一方で沖縄人への侮辱に憤りつつ、他方で沖縄人からのドレイ意識の払拭をめざすという、二重の課題意識をもったことが、その一因になったと思われる。

もし「侮辱」に憤るのみであれば、それを告発しそれと闘い平等性の獲得に至る途、つまり政治の分野における活動がめざされたであろう。しかしそれに加えて、みずからの内なるドレイ意識の同時的な克服を課題とするに至ったとき、その心は、政治の分野に止まらず、文化の問題に突入せざるをえなくなる。前者であれば、自己の内部での葛藤は、少なくとも差当りは問題とされない。ヤマトとの落差と目されるものを、制度上心理上消滅させることを、ヤマトに向って要求すれば足りる。しかし後者においては、自己点検が不可避となり、それをとおして内部に価値を発見することが、必要となる。「侮辱」に押しひしがれての「劣等感」の克服が、その結果として追求されてゆき、「侮辱」を撥ねかえす心理構造が準備される。こうして後者では、前者と異なり、ヤマトとは異なる独自の価値の定立が必須となる。それは、進行しつつあったヤマト的な近代化、その沖縄における発現としてのヤマト化への問いをはらむものであった。

出京以来の、異文化に等しい環境のもと、身分も志望も定まらぬ暮しは、伊波の懊悩をつよめずにはいなかったであろう。前述の、「車夫」までが日本語が上手という驚きに集約されるような、言葉の問題もあったかもしれない。そのなかで彼は「強度の恋郷病《ノスタルジヤ》」や「極度の神経衰弱」を経つつ、沖縄びととして生きてゆく自覚を深めるとともに、政治という現世への突進とは異なる世界で生きることをめざすようになる。

今日遺されている伊波の文章は、まだ三高に入るまえ、一九〇〇年一月、雑誌『文庫』に発表した、(一)「琉球だより」(全10)に始まり、(二)「琉球の歴史と其言語と」(一九〇一年、全11)、(三)「琉球史の瞥見」(同年、全1)、(四)「眠れる巨人*」(同年、全10)、(五)「「琉球」なる名称に就いて」(同年、全10)、(六)「琉球に於ける三種の民」(一九〇二年、全10)へとつづく。表題にみられるとおり、彼の関心は、「琉球」の歴史と文化に焦点を結びつつあった。とくにその筆名を、(一)では「はまのや」、(二)(三)(五)では「蕉陰生」としていることは、琉球人として生きてゆこうとの覚悟を、また(四)(六)では「物外楼主人」としていることは、この号が「程順則《ていじゅんそく》詩の「物外楼上物外人」に取ったもの」である以上(東恩納寛惇「伊波君の思出」一九四九年、東恩納第九巻)、現世外の価値への彼の心の傾斜を、それぞれ示していた。それは、世替りのもとでの沖縄びとの、自己形成の一つの方向の具象化であった。**

* これは、中国からの渡来人であるいわゆる三十六姓について記した文章である。

** 伊波普猷の思想形成については、前掲の比屋根照夫『近代日本と伊波普猷』が、ずばぬけて精細である。わたくしの叙述の特徴は、伊波における沖縄びとみずからのドレイ意識からの解放という主題を、いくらか強調したことであろうか。

二　新知識人の誕生と帰郷

東京帝国大学言語学科での学び

琉球の歴史と文化へと焦点をあわせた伊波普猷の精進が、最初の大きな結実をみせるのは、一九一一年の暮、一二月一〇日付で刊行の著書『古琉球』においてである。「沖縄学の父」という、後年、彼に与えられる讃辞は、この書物を原動力としている。その『古琉球』までの一〇年間に、伊波自身にも、また沖縄社会にも、激動をともなうさまざまの経過があった。

伊波自身の経歴は、前掲の比屋根照夫「伊波普猷年譜」にほぼ尽きている。基本的にはそれに依拠しつつ、彼の思想展開に不可欠と目される最小限の事実を、沖縄社会の動向とからめつつ摘記すれば、つぎのようになる。

伊波は、一九〇三年七月、第三高等学校第一部文科を卒業、同年九月、東京帝国大学文科大学言語学科に入学、〇六年七月、そこを卒業する。

言語学科は、一八八六年の帝国大学の発足とともに博言学科として置かれた学科である。バジル・H・チェンバレン Basil Hall Chamberlain 主宰の草創期を経たのち、一九〇〇年、言語学科と改称され、伊波の入学当時は、上田万年《かずとし》が教授として運営の任に当っていた。学科科目をみるに、基礎科目としての言語学、音声学のほか、ギリシア語、ラテン語、ドイツ語、フランス語、中国語、朝鮮語、梵語、ロシア語等々、諸言語を学ぶ仕組みとなっており、言語の比較研究を主としたと窺われる。在学中の一九〇五年、藤岡勝二が助教授として着任し、金澤庄三郎が講師としてアイヌ語と朝鮮語を教えていた。また伊波は、国語国文学科の講師(ついで助教授)新村出《しんむらいずる》の講義も聴いている。同級生には橋本進吉、小倉進平らがおり、一年後には金田一京助が入学する。

若い彼らの課題意識は、のち金田一によってつぎのようにのべられている。「同じ志望の友人たちと、だん〳〵話し合っておりますうちに、どうしても、日本語をとりまく周囲の言語を、まず日本語と比較して、それらと日本語が、一々どういう関係に立つかを、手始めに、明らかにすることが必要であるが、一人でもって、諸国語と国語との比較研究をすることは、浅い程度の研究しかできないから、銘々専門を分かとうじゃないか、ということになって、国語と琉球語との関係、国語と朝鮮語との関係、国語と南洋語との関係というように、手を分けました」(「「心の小道」をめぐって」一九五九年、『金田一京助随筆選集』第一巻、三省堂、一九六四年、所収)。橋本の国語、小倉の朝鮮語、金田一のアイヌ語、そうして伊波の琉球語が選ばれていったのは、日本の言語学がそれまでの移植・草創の時期を抜けだし、精密な個別実証研究へと乗りだそうとするという雰囲気のなかにおいてであった。

伊波にとっての琉球語は、選択の対象であるというよりは、運命づけられたものであったが、彼を含めてその学友たちはひとしなみに、開拓者たろうとする抱負に燃え、それゆえそれぞれの分野で揺るぎない足跡を遺すに至る。ただそのなかで伊波の特性は、選択が沖縄人としての文化的出自と不可分であったため、語学に終始する域に止まることができず、文化の考察へと大きくはみだしてゆくことであった。

周囲の眼も、沖縄からきた学生との印象をもって注がれ、おのずからにして伊波は、沖縄を負うものとしての役割を期待されることとなった。大学に入った年のこととして、彼は、こんなエピソードをのちに紹介している。初めて人類学会に出席すると、何か琉球の話をせよといわれ、歌人恩納《おんな》なべの、「波の声もとまれ/風の声もとまれ/首里天《しゆゆいてん》加那志《がなし》/みおんき拝《をが》ま」を紹介した、というのである。「これは調の高い歌だ、と賞讃するのを聞いて、韻文の律美は、全くその国語を知らず、しかも音楽家でない人間の耳にも、等しく感ぜられるといふことを知つた」(「鶏肋集三――笑古《しようこ》兄にさゝぐ――恩納なべ考」『新報』一九三三年八月二九日―?、全9)。こうした経験は、彼をして、ヤマトを視野に入れたうえで、沖縄の文化への自覚的な探究にいっそう向わせたであろう。

在学中の最大の事件は、旧師の田島利三郎から、採集の「琉球語学材料」を贈られたことであった。沖縄学史上に有名なその情景を、伊波は『古琉球』の「自序」で、こう描いている。「その頃、田島氏も上京して、日本女学校に教鞭を執つて居られたが、私が言語学を修めると聞いて、大さう喜ばれた。そして私の家にしバらく厄介になつてゐた返礼として、数年間苦心して集めた「琉球語学材料」を悉《ことごと》く私に譲り、他日其研究を大成して呉《く》れといふことになつた。私は氏と一緒に本郷西片町で自炊するやうになつたのを幸、琉球研究の手始めとして少しづゝオモロの講釈を聴いた」*。

＊　のち田島の『琉球文学研究』を刊行するさいの巻頭の辞、「田島先生の旧稿『琉球語研究資料』を出版するにあたつて」のなかにも、それを幾らか敷衍した文章がみえる。

それをきっかけに伊波のおもろ研究は、本格的に始動する。彼はつづけてのべる。

「二、三枚位も進んだかと思ふ頃、氏は突然東都を去つて、台湾へ行かれたので、私は大に失望した。そこで已《や》むを得ず、オモロの独立研究《インデペンデントスタデー》を企てたが、宛然《さながら》外国の文学を研究するやうで、一時は研究を中止せうと思つた位であつた、しかしオモロが如何に解し難い韻文だと言つても、もと〱自分等の祖先が遺した文学であつて見れば、研究法さへ良ければ、解せないことも無いと思つて根気よく研究を続けた。(中略)それから琉球古語の唯一の辞書『混効験集』の助けによつて、オモロを読み始めた。一年も経たない中に、半分位は解せるやうになつた、それでいけない所は田舎や離島の方言の助けによつて読んだ。二年も経たない中に、七、八分通り解せるやうになつた」。『おもろさうし』という嶮岨な高峰に、独りよじのぼりはじめたことになる。

それは、伊波にとって、学問の世界への参入にほかならなかったであろう。そういう学問的環境のもと、一九〇四年夏の帰郷のさい伊波は、人類学者で当時(東京帝国大学理科大学助手の鳥居龍蔵を誘ってその沖縄調査に同行し、自宅を、彼の那覇滞在中の宿所としたばかりでなく、彼を案内して沖縄本島を一周し、いたるところで祝女《のろ》殿内《どんち》を訪れたりしている(以上「年譜」、東京帝国大学編・刊『東京帝国大学五十年史』下、一九三二年、東京大学百年史編集委員会編『東京大学百年史』資料二、一九八五年、同部局史一、一九八六年、いずれも東京大学、伊波「火の神考」『沖縄日報』一九三六年二月一六日、のち『日本文化の南漸』楽浪書院、一九三九年、所収、全5による)。*

＊ 鳥居は早くから沖縄に関心をもっており、この沖縄行は、一八九六年、台湾調査の帰途に数日間、沖縄本島に滞在したのにつづく二回目のものである。宮古・石垣はもとより、与那国島にまで渡り、各地で石器や土器を採集し、それらが沖縄本島(ヤマトと同質)と八重山で

は異なる系統との説を発表したりする。鳥居の沖縄関係の論文は、一八九四年にまで遡ることができる(以上、『鳥居龍蔵全集』第一、四、一二巻、朝日新聞社、一九七五―七六年)。

といっても、『おもろさうし』ないし琉球の古典のみに沈潜していたのではなかった。ひろくヤマトの古典を読み、また言語学を中心に欧文文献にも眼をとおしていたことは、やがてまとめられてゆく論考の引用文献によって知られる。また隣接科学の摂取にも努めた。鳥居は伊波を、理科大学教授の人類学者坪井正五郎の教えを受けた一人に数えている(「日本人類学の発達」一九二七年、『鳥居龍蔵全集』第一巻)。それだけに伊波は、来沖中の鳥居が「男女学生の皮膚の色を調査」したさい、「助手としてこれに尽力」したりもした(「沖縄人の皮膚の色に就て」一九〇四年、同上第四巻)。

三高時代を引きつぐかたちで始まった琉球の過去への研鑽は、はやくも一九〇四年ことに〇五年に、幾篇もの論考となって稔った。『古琉球』初版に収録されるそれに限っても、発表順に、「琉球文にて記せる最後の金石文」(『考古界』第四巻第六号、一九〇四年一一月)、「琉球の神話」(『史学界』第七巻第一号、一九〇五年一月、つづいて『新報』にも転載)、「八重山乙女の抒情詩」(『史学界』第七巻第六号、一九〇五年六月)、「阿麻和利《あまわり》考」(『新報』同年七月九―一二日)、「浦添考」(『新報』同年九月一五―二三日)、「島尻《しまじり》といへる名称」(『新報』同年同月二七日)、「琉球に発見せる倭寇碑」(『史学界』第七巻第九号、同年同月、以上全1)とつづく。文科大学生伊波普猷は、中央の学界誌にも、故郷の新聞にも、有力な書き手として登場したとの観がある。

同時に、ヤマトに暮して伊波は、沖縄また沖縄人とは何かについて考えをめぐらさずにはいなかった。一九〇五年、「それがし」の筆名で『新報』に断続的に連載した断想「その折り〳〵」、「閑日月」(全10)に、そうした思念の片鱗が窺われる。

そのなかで伊波は、たとえばこんなふうに、沖縄の教育家のドレイ根性を衝いた。かつて伊波たちのストライキ事件の〝元凶〟となり、台湾へと追われた県立中学校校長児玉喜八が、沖縄県視学官に任命されて再赴任するとの報に接しての、彼らの反応は、最初聞いたときには「悪魔は巣窟を脱しぬ」と絶叫、それが鹿児島出発と聞いて「児玉」と変化、大島到着と知って「児玉様」となり、彼を波止場に迎えるに及んでは「師の君」に至ったというのである。苦い想いを抑えがたかった。

それだけに伊波は、選ばれた一人として沖縄の未来をつくるために、みずからを奮いたたせようとする。そのときまず連想されるのは、中学校の玄関に掲げられている「海邦養秀」の額であった。「こはかの校に残れる我が古き友の一なり」。そうして彼は、それを揮毫した青年国王尚温の抱負を語り、「記憶せよ中学生諸君!」と呼びかけた。

またそれだけに伊波は、教育家たちを尖兵とするヤマトの同化政策を批判しつつ、沖縄を沖縄ならしめている文化的な根の尊重を説かずにはいられなかった。いわく、「これらの麗しき説話は実に沖縄を飾る花である」、「然るに小学校教員中には一種の愛国心から割り出してこれらの貴重なる説話をかたツぱしからぶちこはさうとする人がある」、「小学校の教員は神話伝説俚歌童謡の熱心なる保存者で又忠実なる伝承者でなければならぬ」。

もっとも同時にその底には、沖縄の文化をヤマトの文化と類似のものとする認識があった。こうして沖縄の文化を根こそぎする行為や政策は、一方で大和民族とアマミク族との連鎖を切断するとともに、他方で沖縄人の、「台湾の生蕃や北海道のアイヌ」との違いを消去するものと考えられた。その意味では、沖縄とは何かの自覚の高まりとともに、後年の日琉同祖論への芽生えも、そこに看取することができる。

沖縄をめぐるこのような思念は、伊波をそのつどあらたな決意をもって、専門研究へと向わせることになったであろう。

この東大在学期は、日露戦争の時期にも当っている。同時にそれは、非戦を軸として社会主義が世の視聴を浴びた時期でもあった。こうした時世にたいする伊波の考えを知るに足る材料は、多くはない。とはいえ、彼がそれに無関心でなかったことは、「閑日月」所載のつぎの感想から窺える。そこで彼は、蟻社会との類比で人間社会と戦争と夢想家たちを諷刺した。「蟻も亦《また》平和を愛する動物ではない。其兵士蟻なるものは彼の常備軍のやうなもので、（中略）一旦緩急あらば、挙《こぞ》つて戦場に赴き母国の為に奮闘する」、「その隣村を攻撃して食物を奪ひ卵を掠めて凱旋する時には、全村狂喜して之を歓迎する」、「ア、人類社会に於て日露の大戦争を起さしめ、蟻の社会に於てさういふ大激戦を演ぜしめた造物者の真意を誰か知るものがあらう？」、「所謂《いはゆる》ユートピヤを夢想しつゝある世の社会主義者共産主義者はこの小さい蟻に学ぶ所がなければならぬ」。

文学士の帰郷

一九〇六年七月、伊波は東大を卒業し帰郷する（四一七頁「補記1」参照）。この沖縄最初の文学士の帰郷は、沖縄社会にとって一つの〝事件〟であった。『琉球新報』七月二六日の「多方多面」欄は、「黒幕で掩はれて居た既往の琉球が、君の手に依つて隠れたる事実が段々闡明《せんめい》せられて、真面目を見ることを得るは、吾々が期待して疑はない所」と論じた。また当時、東大で国史学を専攻していた東恩納寛惇は、「K・H生」の筆名で、「伊波普猷君と「おもろ」」という一文を、『新報』八月七日に寄せた。そのなかでいう。「物外伊波君、業成り任を治めて去る。現代琉球を知り、其社会文運の発達を攷へ、其由来する所を究めんと欲せば、古代琉球を知らざる可からず。古代琉球を知らんと欲せば、古代琉球人思想の発現たる「おもろ」を研究せざる可からず。彼れは斯《か》くして「おもろ」の研究を以て琉球研究の第一歩とし、最近数年を全くこれに傾注した。(中略)彼れは今や、かくのごとき成効とかくのごとき抱負とを以て、実地に其研究の歩を進めんが為めに、幾多栄達の道に背いて漂然故山に入つた。賢明なる郷里の諸君子は、このけなげなる篤学の士を待つに相当の礼と感謝とを以てすべきは、吾人が信せんと欲するところである」。

壮行の辞というべき東恩納の文章の、末尾の一句は、この新学士が故郷の地で巻き起すであろう波瀾への、一抹の危惧を含んでいる。期待とともに、とくに県当局のがわの警戒も少なくなかったらしいことは、後年、伊波にもっとも親炙した比嘉春潮の、つぎの言によって推察できる。「沖縄に帰ると当然県庁の高官になるか、中等学校の首長となるものと人々は期待していました。しかしいろいろの事情でそのことがありませんでした」(「伊波先生の思い出」一九五八年、『比嘉春潮全集』第五巻「日誌・他」、沖縄タイムス社、一九七三年、所収)。のちに伊波は、県の内務部長が数回、彼に県外に出るよう慫慂し、あるときなどわざわざ彼を訪ねて、外務省に就職口をみつけたからぜひ出てゆくように注意したとのべている(『沖縄女性史』)。

琉球処分にともなうヤマト化の第一期を、中国への親密性の除去、日本の制度の導入と特徴づけるならば、前者は日清戦争によってほぼ達成され、後者は、一八八〇年開設の小学校(ついで八六年の小学校令で義務教育制となる)、九八年の徴兵令、同年の臨時沖縄県土地整理事務局の開設と翌年の沖縄県土地整理法に始まり一九〇三年に及ぶ土地整理によって、〝義務〟の面で骨格ができた。日本が突きささってきて、沖縄社会を切開した時期であった。日本への帰属を拒みとおし、「脱清人」として客死した義村朝明《よしむらちょうめい》、杣山《そまやま》開墾をめぐって知事奈良原繁と対立し、狂気に追いこまれた謝花昇らは、この時期のヤマトと沖縄のあいだの鋭い軋みを示している。

伊波を迎えたころの沖縄社会は、そうした第一期を過ぎ、日本のなかでの沖縄がいかにあるべきかを模索するつぎの時期にかかっていた。沖縄からヤマトを眺めるとき、もっともつよく意識されるのは、もはや日本か中国かではなく、「他府県」並みかどうか、また「他府県」人がどうみているか、となった。二〇世紀初頭の『新報』にとって、他府県人の沖縄観は、もっとも関心の高い主題の一つをかたちづくっている。『沖縄県史』一九資料編9「新聞集成社会文化」所収の分だけでも、「他府県人の沖縄観」(一九〇一年八月に七回連載)、同上(同年一〇月に四回連載)、同上(一九〇四年一月に二回連載)、「県外名士の沖縄観」(一九〇六年二月に三回連載)と、辿ることができる。

そうして沖縄には、「他府県」にこだわり抜く理由があった。一九〇三年には、大阪で開催の第五回勧業博覧会のさい、会場周辺の「学術人類館」と称した小屋で、沖縄から連れてこられた遊女《じゅり》二人が、「琉球の貴婦人」と銘打って見世物にされ、それが沖縄で激烈な憤激を巻き起すという、いわゆる人類館事件が発生した*(「同胞に対する侮辱」『新報』一九〇三年四月七日、ほか)。また、沖縄に府県制特例が布かれ、間接選挙による県会が発足したのは、ヤマトに遅れること三一年の一九〇九年、参政権を行使できるようになったのは、ヤマトに遅れること二二年の一九一二年からとなる(定員二名で、宮古・八重山を除く。全域での行使は一九二〇年から)。謝花昇を初めとする人びとの運動の成果であったが、その問題のキャンペーンを張った『新報』一九一一年七月一二―一八日所載の論説「我れに参政権を与へよ」の口吻を藉りれば、「之を遇するに祖国人民を以てし、憲法治下の人民を以てする以上、我等をして参政権を得せしめ、代議員を出さしむる底のこと、夙に其の腹案なかるべからず」、かつ「其の代議員割当標準を、内地各府県と同等たらしめんことを要求せん」との主張をもっていた。そうして一九一一年四月には、来沖した京大助教授河上肇が、「新時代来る」と題する講演で、沖縄の歴史と文化の日本歴史にたいする独自性を強調し、その非国家主義的性格を称讃したことから、嗷嗷の非難に包まれた。このいわゆる河上肇舌禍事件も、「他府県」並みへの熾烈な意識に根ざして惹き起された**。

＊　このとき彼女らとともに、朝鮮人・北海道アイヌ・台湾高山族・インドキリン族・ジャワ人・トルコ人・アフリカ人らが見世物とされた。沖縄での激しい抗議運動により、興行主がわがまもなく二人の女性を沖縄へ帰したため、事件は一応おさまったという(太田良博「人類館事件」『沖縄大百科事典』)。

＊＊　河上の沖縄社会への登場は、このときが最初ではない。『新報』一九〇九年二月二二日には、彼の「青年の煩悶は此安心なきに起因す」が載っている。

だが同時に舌禍事件は、すでに比屋根照夫が指摘しているように(『近代日本と伊波普猷』)、ヤマトへの同化、ヤマトとの同等を基調とする「他府県」並み志向を超える思想が、沖縄の地に芽ばえていることをも顕在化する契機をかたちづくった。その声をあげたのは、首里の旧支配層の子弟たちの発起にかかる『琉球新報』に対抗しつつ、一九〇九年、〝平民派〟の機関紙として創刊されたと称される『沖縄毎日新聞』に拠る若い知識人たちであった。普猷の弟、月城伊波普成もその一人に数えられている。＊一言でいえば、『新報』が、河上を「非国民的精神の鼓吹者」と罵ったのにたいし(「非国民的精神の鼓吹者再び演壇に顕れんとす」一九一一年四月八日)、「琉球記者の頭の中にある忠君愛国家たらんよりも国家思想に乏しいといはれるのを喜ぶ」といい切る人びとの出現であった(摩天樫「沖縄青年同志倶楽部を設立しては如何」『沖毎』同年四月一一日)。この思想的な対立は、拠って立つ基盤の亀裂であるとともに、世代的な亀裂をも示していた。新思潮の暗流が渦まきはじめていたのである。**

* 伊波月城については、比屋根照夫「月城伊波普成小論」(『近代日本と伊波普猷』所収)が、先駆的作品であり、そののち仲程昌徳《なかほどまさのり》『伊波月城　琉球の文芸復興を夢みた熱情家』(リブロポート、一九八八年)がある。月城の神髄は、彼自身の表現を藉りれば、「琉球固有のものはすつかりぶちころさなくてはならないと云ふ浅薄なる国家主義の為めに一時大打撃を蒙つてゐた琉球文芸は今春になつて復活して」という「文芸復興」の気運を、代弁するところにあった(「嶽色潮声」『沖毎』一九〇九年四月一六日)。なお月城は、一九三一年九月一五日、本名の普成を普信と改め、沖縄戦さなかの四五年旧三月一三日、国頭《くにがみ》郡東村有銘で死去している(伊波稲了氏の御示教による)。

** だからといって『新報』を守旧派と決めつけてしまうことはできない。同紙もまた、沖縄の生きる途を求めて、何らかの変革の必要性を唱えつづけていた。社説欄「琉球新報」から一例を挙げれば、一九〇九年一〇月一二日のそれは「革新の呼び声」と題され、「旧き時代の旧き生活に飽きたる県民の為す所を見ざるか、而して彼等の哀求する所を聴かざるや」としつつ、「県下に革新を叫び起すべき源因の甚だ沢なるを知る」と結んでいた。そうした沖縄革新の方向を、同紙は「大日本の大琉球」(一九一〇年三月二一日付社説欄)に求めていたことになる。

伊波普猷が帰郷したのは、こうした沖縄にであった。彼の沖縄社会に向けての抱負と、彼への沖縄社会からの期待は、この「文学士」を活発な発言者たらしめずには措かなかった。文化界で否応なく注目を集める存在となり、各方面の活動へと乗りだしてゆく。『新報』の紙面を追うと、彼が一躍して時の人となるとの観がある。沖縄教育会の会員となって、足場をつくるとともにその活動は三つの分野にわたって開始される。

資料収集・講演活動

第一は資料収集活動であった。「年譜」一九〇六年の項には、「帰郷後、琉球研究不振の現状を省みて、言語研究に先立ち文献収集の必要性を痛感、旧家を歴訪、古文書の借覧と筆写をするかたわら、古老の回想談を採録する」とある。こうした採訪は、八重山・宮古や国頭への旅としても実行された。前者へは、講演をかねてだが、一九〇七年春*と一九一一年一二月―一二年一月の二回、また後者へは一九一〇年一二月―一一年一月に、それぞれ赴いている。また河上の来沖時には、彼を案内して、地割制度の調査に糸満へいっている。

＊　「年譜」には、一九〇七年か〇八年とあるが、伊波の「「銅鑼の憂鬱」への言葉」(『沖縄朝日新聞』一九三〇年一一月一七―一八日)の書きだしに、「明治四十年の春、初めて八重山□島中の石垣島を訪れた時」とあるので、一応このように推定する。

そういう活動をつうじて、琉球の基本資料への開眼もあった。『歴代宝案』は琉球王朝の外交文書集成であるが、それが伊波の視野に入ってきたいきさつについて、のちに「おもろ研究の草分けとおもろ双紙の異本　宝案の図書館移管を喜び『おもろさうし』原本の移管を切望す」(『沖縄日報』一九三四年一月一―九日、全6)で、こんなふうに記している。「宝案という古記録の名を知つたのは、たしか学校を出て帰省した、明治三十九年の中夏の頃であつた」、「丸岡〔莞爾〕知事所輯の琉球史料六十余冊を県庁から借りて来て、披《ひら》いてゐると、其中の『久米村例寄帳』の所々に、「宝案に見えたり」とあつて王家の儀式典礼に関する記事の引用されてゐるのを見て初めてこの貴重な文献の在ることがわか」った。以後、探しつづけて久米の旧家に保存されていたところまでは確めたが、として、その県立図書館への移管を歓迎しているのである。そのように彼は、琉球の過去を復元するための基礎作業を開始した。

第二は講演活動であった。それは、一九〇六年一〇月二八日の第一回琉球史講演に始まった。当初、十四、五人の来聴者を予想して、伊波宅を会場としていたところ、六、七十人もの聴講者が押しかけ、急遽、会場を変更する羽目となった。これは、『新報』が二六日の紙上で、「興味ある琉球史を知らんと欲するものは、之を聴かざるべからざる也」と報道し、また二七日には「多方多面」欄で、重ねて、「伊波文学士の琉球史講演は本県の発達に貢献すること実に大」と宣伝したせいでもあった。

そのさいの『新報』の論点は、つぎのとおりであった。「元来本県人は、自家の人種的価値を自覚しないから、此小島に生れたものと大国に生れたるものとは、天賦の価値に於て高下があるものと誤認して(中略)卑屈になる」、「琉球史を小学校の教科に入れることは、〔教育会で〕辛ふして可決はしたもの丶、之を編纂するものがない為め、今に至るまで実行はされてない。本県の少年は依然歴史なき県民である」。沖縄びとのこだわりを衝くこの論説は、日本のなかの沖縄社会が、そうしたコムプレックスを直視し自覚すべき時期の到来を告げていた。『新報』のこの直前の記事のみに限定しても、一〇月一九日「琉球史の位置」(社説欄)、二三―二四日「日本民族の故郷/琉球と内地との関係」(久米邦武の所説の紹介)、二七日「民俗の敗頽」(社説欄)とつづいている。伊波は、そうした気運に点火する役目を担ったことになる。それだけに『新報』は、三一日の社説欄を「琉球史の研究と伊波氏」と題して、その講演を称揚し、「嘗《かっ》て学校の教科書中より沖縄県史を取去りに《ママ》して県民を死牛、木馬の後裔たらしめんとしたる為政家の愚挙」=「歴史堙滅策」を葬り、「将来に於ける県民の自覚を喚起する」に足る快挙と祝福した。

伊波の講演活動は、それをきっかけに開始される。琉球史講座は、第二回以後、会場を那覇尋常小学校に移して、翌一九〇七年一月二〇日の第六回までつづき、それと並行して、学校当局の要請にもとづき、沖縄県師範学校で琉球史講演を、一一月以降翌年二月まで計七回行っている。さらに、沖縄教育会や幾つかの郡での隣校研究会*でも、琉球史の講演を行った。

＊隣校研究会とは、二〇世紀の初頭以降、「郡を数区域に分け、各区域の小学校教員参加のもとにおこなわれた研究会」であり、「小学校教員の実践研究および交流の場として一定の役割を果たしたもの」とされる(川井勇「隣校研究会」『大百科』)。

しかも伊波の講演は、琉球史の分野のみに止まらなかった。キリスト教講演、声音学講演もさかんに行った。

キリスト教への伊波の関心は、すでに触れたように京都での三高時代に胚胎している。それは、学生時代をつうじて持続したものとみえ、帰郷後、沖縄メソジスト教会と関わりをもつことになる。近代沖縄でのキリスト教の伝道は、一八九〇年代にヤマトから、バプテスト、メソジストやカトリックなどの諸派の伝道師が派遣されたのに始まり、一九一八年までに約五千人の信者をえたという(金城重明「キリスト教」『大百科』)。そうした状況のもと教会は、彼にとって宗教演説や聖書講義を行う場となった。普通語を解さない聴衆のために、うちなあぐちを使用しての講演をも行ったと伝えられ、一九〇九年には、十誡、山上の垂訓、ルカ伝十五章、ヨハネ伝三章などや讃美歌を、琉球語に訳してローマナイズした小冊子『琉球文基督教教役者必携』を編集した(日本メソジスト沖縄中央教会の英語聖書担当ヘンリー・B・シュワルツ Henry B. Schwartz により刊行)。* さらに彼は、教会関係者らとともに沖縄正則英語研究会を結成して、英語指導に当ったり、また沖縄基督教青年会の会長に推薦されたりした。伊波のキリスト教への関わりは、一九一〇年代をとおして持続することになる。〔追記〕

＊　讃美歌の琉球語訳には、教会に出入りしていた弟の普成と、牧師浦添朝長の援助をえている。この讃美歌は長く唱われつづけたとみえ、一九五九年、伊波の遺骨が冬子夫人に抱かれて帰郷したさい、かつての女性の弟子たちが集まって、それを唱っている(『新報』同年八月一四日夕刊)。

追記　伊波の沖縄でのキリスト教活動、ことにメソジスト教会でのそれについては、前掲『人間・普猷』に、より詳しい記述がある。

そのように伊波は、沖縄におけるキリスト教の積極的な活動家の一人となった。ただ外形的な足跡が伝えられるほどには、その神観念などは明らかでない。伊波がはたして受洗を経ての信仰に達していたのか、近代日本の知識人に少なくなかったように、倫理としての、あるいは思想としてのキリスト教への傾倒であったのかは、確定できない。

いえるのは、彼が、聖書の世界に立脚点の一つを求めていたことである。大胆に臆測すればそれは、彼の、神の観念をとおして、(一)世界・普遍・人類などの価値に眼を開いてゆこうとの意志、(二)現世のみでなく世俗外の価値をも重視してゆずらない姿勢を示している。(一)は、伊波が、沖縄を深く凝視しながらも、そのなかにみずからを閉じこめたのではなかったこと、およびヤマトに盛んないわゆる国家主義への違和感をあらわしており、また(二)は、世俗的な栄達や流行のトピックにでなく、あえてもっとも〝はやらなそうな〟琉球・沖縄という主題に突きすすむさいの、不退転性を強めたであろう(さらに後述する)。

いま一つの分野としての声音学の講演は、「年譜」によれば、一九〇八年六月二八日から七月一四日にかけて五回にわたり、甲辰尋常小学校講堂で開いたのが手始めとされている。声音学とは、字義的には、琉球語の発音上の法則性の解明・提示を意味する。「年譜」は、この声音学の講演を(「年譜」では「音声学」と称す)、「伊波の自発的な意思によるもので、その目的は沖縄方言と標準語との音声上の差異を比較研究し、沖縄人特有の訛音を矯正することにあった」とし、また、「琉球語・日本語・朝鮮語・清漢語・英語・仏語・独語などから例証を求め」るものであったとしている。前者が、教育の場でつよく要請されていた「方言」矯正にたいして、両者の差異を言語学的に納得させたうえでの指針を示そうとしたとすれば、後者は、琉球語の特色を比較言語学的に説明しようとしたといえる。

伊波自身による「声音学大意」という文章が発表されていて(『沖縄教育』第六九号、一九一二年一月、全8)、彼のこの講演がどんなものであったかを伝える。それは大略「主要なる声音機関の説明――声音学の学習に要する諸種の注意――声音の一般性質――声音分類の大体――国語の声音組織――琉球語の声音組織」から成り、すこぶる体系的であるとともに実用的でもある。たとえば声音の分類については、「声帯のハタラクもの―有声音(こゑ)」と「声帯のハタラカザルもの―無声音(いき)」とに分れるとし、ついで有声音には母音、濁音、流音、鼻音があると説明してゆくなど、原理を説きあかすかたちで、声音とは何かへ人びとを導いてゆき、琉球語の母音に及んで、「琉球語にはエ、オの短音なきが故にエ列の代りにイ列を用ひオ列の代りにウ列を用ふ。(中略)沖縄県人がエ列オ列の音の続きたる語を発音するに困難を感ずる理由は右にて明白」とのべて、「セラレテ」「ケレドモ」「コ、ロ」などの例を挙げている。

同時に伊波の、国語教育への視角は、方言に一顧だにせず「標準語」の単語を児童の頭につめこもうとするものではなかった。まず彼は、「国語教授をして有効ならしめむにはその地方の方言を熟知するに如くはない」とした。その理由は、「その地方の方言の知識なくして国語教授をなさんとするは、なほその地方の地理を知らずして敵地に入るが如し」というにあった。つぎに彼は、単語を単位とせず文章を単位とする教授法を勧めた。そうすれば、「今日のやうに直訳的の普通語を濫造する恐れもない」という理由からである(「琉球語の掛結に就きて」『沖縄教育』第五三号、一九一〇年九月、この論考は『古琉球』に収められたが、収録にさいして、主題と直接に関係しないこの部分は削除された)。琉球語との相関性に注目しつつ、また文意に重点をおきつつ、「標準語」の普及をはかってゆこうとの方針であった。

これらは、「標準語」への尖兵としての役割を担いつつ、みずからも発音の矯正に苦しんでいたに違いない教員たちにとって、まごうかたなく福音であった。それだけに教員のあいだに大きな反響を呼んだとみえ、一九一一年秋以降、伊波にはめっきり、声音学講演のための出張の日がふえる。しかも内容の性質上、数日間の連続講演が多かった。一一年中には、一一月七―一九日にかけて八回にわたり久茂地《くもじ》女学校、同月二八日には松山尋常小学校とつづいたあと、一二年には、数えただけで合計五三日を、声音学講演のための出張についやし、その足跡は、那覇、首里を初めとして、沖縄本島の中部南部を主としつつ、山原《やんばる》に及んでいる。赴いた先では当然、資料の収集や聴き取りを怠らなかったと思われる。

著述活動

資料収集・講演とならぶ第三は、著述活動であった。すでに学生時代から開始されていたそれは、帰郷後いっそう活発となり、また精密ともなり、さらに「談」というかたちでの意見の表明ともなった。一九一一年三月には、小冊ながら最初の単行本としての『琉球人種論』(小沢博愛堂)*を、つづいて七月には、やはり小冊の『琉球史の趨勢』(同上)を、それぞれ刊行する。前者は「琉球人の祖先に就いて」と改題のうえ、また後者は表題はそのままで改稿して、『古琉球』の第一、第二論文を構成することになる。その間、友人の真境名安興との琉歌集刊行や、東恩納寛惇との琉球史編纂の計画のあったことが、『新報』紙上に報道されている。

＊　茨城県人の小沢朝蔵が、一九〇三年、那覇の久茂地に創業した書店で、こののちも伊波の『沖縄女性史』や『琉球の五偉人』などを出版している(比嘉晴二郎「小沢書店」『大百科』)。

伊波の執筆活動は、郷里の人びとに影響を与えたばかりでなく、ハワイ在住の沖縄出身者の耳目にも届いたようである。ハワイ島ヒロ新報社の大城亀は、「伊波文学士足下」と呼びかけつつ、ここでは日本移民のあいだで「オイ沖縄」と軽蔑されているので、それに由来する劣等感を一掃するような沖縄の歴史を寄稿してほしい、と依頼してきた

（『新報』一九〇九年三月九日、ただし伊波が執筆したかどうかは不明）。

同時に執筆者としての伊波を特徴づけるのは、口語体というその文体であった。彼の口語体使用は、すでに早く今日遺されている最初の活字化された文章「琉球だより」（一九〇〇年）に始まるが、そののち文語体の一時期を経て、一九〇五年の「頌徳碑解」以後は、おおむね口語文を用いることになる。『新報』の紙面のほとんどが文語体で蔽われていたなかで、口語体を駆使したのは、伊波と、つづいて登場する東恩納寛惇のみであったといってよく、この二人の新知識人は、文体の点でも新風をもたらした。

そういう言語活動のなかで、伊波の心にわだかまる情念を、ほとばしらせる事件が起きている。一九〇九年の、前沖縄県属滝口文夫との論争がそれであった。それは、教育行政にたずさわっていた滝口が、『琉球新報』からの取材にたいし、「沖縄は未だ総ての状態に｜《ママ》於て低劣を免れず。先《ま》づ此《こ》れを都下に於ける青年に着目すれば、沖縄人は帝国民と智育に於て劣等なり」と語ったのに端を発している。同紙同年五月二六日の「東京たより」に、滝口君の談として「青葉子」の署名をもって寄せられたこの稿は、沖縄人貶視の赤裸々な吐露として、伊波をいたく憤激させた。

『沖毎』記者への談話というかたちで伝えられた伊波の反論は、滝口の言を正面から取りあげてそれに反論するという域をはるかに超えていた。彼は、滝口の言のごとき、他府県人には珍しくもない言動でそれに憤慨するのは少しく神経過敏と、片頰に冷笑を浮べるごとくに受けとめつつ、そのように語るしりから激昂して、つぎのようにいい放つ。「兎《と》に角《かく》まあ滝口君が云ふところの優等人種に追ひつくやうに死ぬまで精々勉強して品性を高めるのがよい。吾々一代で出来なければせめては遺伝丈《だ》けでも子や孫にのこした方がよい。夫《そ》れでも仕方がなければ内地人の血系を(必要があつたらアングロサクソン民族やスラヴ民族の血系を)種馬的にでも輸入して人種改良でもした方がよいのだ。もう夫れでも仕方がなくして今後の日本帝国の発展上妨害にでもなつたら本県豚疫撲滅のついでに劣等人種を片端から撲殺した方がよいかも知れない」(「伊波物外氏の談」同紙同年五月二九日、全10)。沖縄の知識人として彼は、この言をみすごすことができず、滝口に言葉の上での手袋を投げたのである(伊波の優生学的思考については、後にも触れる)。

これにたいして滝口は、同紙六月一四日に、「物外学士に呈し併せて県下の識者に告ぐ」との弁明兼反論を寄せた。その趣旨はほぼ、(一)前記の記事は必ずしも自分の真意を伝えていないこと、(二)自分も「他府県人を以て優等人種となし沖縄県人を劣等人種と称して此間に一大塹壕あるが如く謂ひ為す」説には反対であること、(三)同時に、「沖縄人士に会見する毎に社会より聞き得たる沖縄に関する批評は善悪となく之を告げてきたこと、の三点にまとめられる。

滝口のこの文章は、伊波に再度、反論の気持を起させた。「月城筆記」のかたちで『沖毎』六月一五日に掲載された「伊波文学士の談」(全10)は、その結果、彼のモチーフをもっとも鮮明にものがたる文章となっている。彼はまず滝口に、「put yourself in his place(汝仮りに自己を彼の地位に置くべし)」を勧めたのち、滝口の「一大塹壕」論を引きとるかたちで、自分の仕事をこの「大塹壕をうめたてゝ見たい」との念に発する「一種の愛国的行為」と意味づけたのち、つぎのように論じた。「自分は今日まで他府県に向つては可成《なるべく》沖縄の長所美点を唱へて沖縄を紹介し、本県人に対しては可成本県の短所欠点を指摘して青年を自覚せしめようとしてゐる」、「どの民族にもそれ〴〵神から賦与された特質がある。個人性に固着せる根本思想は無双絶倫といふ観念である」、「沖縄人微《なか》りせば到底発現することの出来ない所を沖縄人に由りて発現するのである」。こうのべて彼は、「或一部の人々が持つてゐる特質のみを保存してそれに異なつたものは片端から無くして了《しま》ふ」ていの「国家主義」への批判の矢を放っている。その意味で滝口の沖縄観の吐露は、伊波の年来の想いを形象化へ曳きだす役割を担った。

図書館長として

帰郷した伊波の、新世代の知識人としての活躍は、このようにまことにめざましかった。にもかかわらず、というよりむしろそれゆえに、伊波を迎えいれるべき公職は、ただちには提供されなかった。みずからを問題性をもつ存在として押しだしている以上、県当局は、彼の影響力の計測に過敏たらざるをえなかった。伊波が体現する琉球の過去への執心とその読み直しという作業は、近代化ヤマト化を急ぐこの地で、時代錯誤ともみなされた反面で、意想外の数の人びとを講演会場へと吸引する力をもっていた。県庁にとって取り扱いにくい人物だったことになる。

＊ たとえば、つぎのような投書を挙げることができる。「郷土史を説いて世界的人物を作ろふと云ふのは註文通りに行くかしら。（中略）琉球は伊波君見た様な人があつて兎角に小《ママ》だわるものであるからドウしても進歩が遅い」（愛進生「読者倶楽部」『新報』一九〇七年九月六日）。伊波も、『古琉球』への「自序」で、彼の文章が、「気が狂つたのでは」との評判を生んだと記している。

結局、伊波が公職につくのは、帰郷後三年を経た一九〇九年九月、沖縄県立沖縄図書館の建設が具体化したのを契機としてである。在任一五年一〇カ月にわたり「琉球王」の異名をとった知事奈良原繁は、すでにその前年に辞任、沖縄県書記官として八年余の歳月を重ねてきた日比重明が、奈良原の推挙で知事に就任していた。「年譜」によると、伊波は、〇九年七月三〇日、県庁より、図書館建設のための教育事務調査を嘱託され、八月一五日―九月六日、県命によって、建設の事前調査のため鹿児島、山口、大阪、京都、奈良へ出張している。そうして九月、報酬年額三〇〇円の待遇で、沖縄県立沖縄図書館長に嘱託された。余人をもっては代えがたい職であった、というべきであろう。とはいえ、名目は「館長」でも「嘱託」としてであって、正式に館長に任命されるのは、一二年後の一九二一年のことになる。*

* 伊波の図書館活動については、山田勉「沖縄における図書館発生史試論」(『沖縄図書館協会誌』第三号、一九七一年八月)、同「近代沖縄図書館小史――明治・大正・昭和前期」(同第四号、一九七二年五月)、同「戦前の図書館事情――新聞記事よりみた」(同第七号、一九七六年三月、いずれものち山田『沖縄の図書館と図書館人』沖縄図書館史研究会、一九九〇年、所収)、比屋根照夫「伊波普猷生誕百年記念講演と図書館活動における問題提示」(同第八号、一九七七年三月)がある。

日本の公共図書館は、一八八〇年代の自由民権期に最初の簇生→衰退を、日清戦争後の一九〇〇年前後に本格的な簇生期を迎えている。一八九八年の京都府立を先頭に、秋田、宮崎、茨城、大阪、山口、奈良、岡山の各県立図書館と、東京市立日比谷図書館が相ついで誕生し(ほかに宮城の場合は、八一年創立の宮城書籍館が移行)、また大型の私立図書館として南葵《なんき》文庫、成田図書館、大橋図書館も、この時期に開館した。そこには、日露戦争後に顕著となる地方改良運動における「通俗教育」の重視という政策の反映や、私立図書館の場合、慈恵性をも含む社会事業という性格もみられるが、同時に人びとの知的欲求の増大、さらに先駆的な図書館人の出現という事態をもみのがすことはできない。ことに初代館長佐野友三郎の率いる山口図書館の場合、「巡回書庫の実施、通俗図書館の普及運動、郷土志料の蒐集整理、公開書架、十進分類法、著者記号の採用」など、新機軸をつぎつぎに導入し、「図書館のメッカ」といわれるほどの声価をかちえた(以上、図書館関係の記述は、石井敦『日本近代公共図書館史の研究』日本図書館協会、一九七二年)。伊波が調査に赴いた図書館は(鹿児島については事情をつまびらかにしないが)、そういう図書館群から成っている。

各地図書館を視察した結果として、伊波の図書館構想が、県当局のそれと齟齬をきたしたことが、『新報』一九〇九年一〇月一三日に報じられている。いわく、「当局の計劃は最初より一部門計劃なるに引き替へ、伊波氏は先進文明国の最新式の組織に準拠して、婦人部小児部其他の数部門に細別して、完全なる形式に依つて計劃を立てたるより、従つて其設計に於ても非常なる相違を来したる次第」と。彼の主張はなかなか強硬だったらしく、地均しを終えまさに着手しようとしていた建築工事は、知事がたまたま不在のせいもあって、一時中止となっている。それがどう決着したかの報道はないが、できあがった図書館に婦人室児童室が設けられていたところからみると、伊波の主張は、少なくともある程度通ったのであろう。

京阪地方調査を生かしての設計による図書館は、一九一〇年五月に落成し、八月一日、知事ら県の首脳が参列して開館式が行われた。工事の進展につれて図書の寄付も相つぎ、当初の蔵書数は四五六〇冊、閲覧室として、一般室四〇人、児童室三十四、五人、婦人室八人という規模であった。

開館式当日の知事の「式辞」によると、沖縄図書館は、県が、一九〇一年、最後の琉球国王尚泰の遺志により、図書館設立の目的をもって三〇〇〇円の寄付を受けたのに始まり、その後の有志家よりの寄付をあわせたうえ、第一回県会にはかって、実現にこぎつけた施設であった（「図書館開館式」『新報』一九一〇年八月二日）。ヤマトに起りつつあった趨勢の、沖縄における発現である。それまで沖縄には、一九〇六年開館の私立国頭図書館と、翌〇七年開館の私立戦勝記念図書館の二館があったが、後者は、県立の発足とともに同館へ蔵書を寄付して閉館した（田港朝昭「社会教育」『県史』四各論編3「教育」、一九六六年）。

開館式の席上での伊波の演説は、ほぼつぎのようであった。「国民の過半数は尚《な》ほ普通教育の期間しか教育を受くる能《あた》はず、而して学校を去り教師に離れたる後自から教育せんとせば、殆んど全く図書に頼るの外なき」状態であるがゆえに、「図書は成る可く専門的なものよりも一般的、高い書籍よりも安価のものを選び、出来る丈け一般の人に趣味を感じ智識を得しむるの標準にて蒐集したるが」、「近き将来に於て夜間にも開館したき事、書籍を館外に貸出す事、尚ほ進んでは巡回図書館の制度を取り、県下枢要の地にステーションを設け、新刊の図書を本県の都鄙に回送して新思想を伝へん事を希望するものなり云々」。これを、知事日比重明の「一般社会の読書の趣味を向上せしめ」という、また県会副議長玉那覇重善の「一般県民に図書を閲覧せしめ」(傍点は引用者)という、いずれも県民〝引き廻し〟的な口吻にくらべるとき、伊波の、図書館を国民の自学自習の場として位置づけようとし、またそのためサービス機関に徹しようとの発想は、きわだっていた(「図書館開館式」、うち伊波の演説は全11にも所収)。

図書館の開館は、県の文化政策史上の快挙と目された。開館当初、新聞は毎日の入館者数を伝え、そののちもほぼ毎月のそれを報道している。それは同時に、伊波の広報活動をも示していた。*

＊ 閲覧室には「楽我嘉賓」の扁額が懸けられた(楢原友満編・刊『沖縄県人事録』一九一六年)。

図書館長の椅子は、伊波には居心地が悪くなかったようである。『沖毎』一九一一年三月二六日の記事「伊波館長を訪ふ」(全11)は、そんな彼のある日の面影を伝えている。

「記者はふと壁に釣された図書館閲覧者の日計表が目に付いたので、一寸中腰になつて見たら、本月一日より二十二日迄の図書を閲覧した男女の統計が丁度一、六〇二人で之を月に平均すると三〇〇《ママ》余人であるので、記者は館長に「大出来ですな」と問ふと、「さうな、他府県の各図書館の毎月の閲覧者平均が四〇位ゐと云ふから、之れから見ると非常な景気ざないか……」と、館長は稍々《やや》勝利者の気持になつて話さる」。この数字は辻褄があわないが、館長を上機嫌にさせるほどの入館者数であったのであろう。* 伊波はもともと快活な談論家であったが、この日も、記者を相手にほとんど午後一杯、気焔をあげている。

＊　三月中の入館者数は、男性二八九四人、女性一五五九人、合計三〇五三人、開館日数三〇日で、一日平均一〇一・七七人であった。このほか児童が、男子一四三七人、女子三四一人、合計一七七八人で、一日平均五九・二七人であった(『新報』一九一一年四月七日)。

図書館への訪問者は、記者や閲覧者に止まらなかった。若い魂、たとえば、そのころ小学校教員ついで郡役所書記をしていた比嘉春潮(本名は春朝)は、伊波を慕ってしばしば館長室(といっても事務室と兼用だったが)を訪れた一人であった。*

そのありさまは、比嘉の日記『大洋子の日録』(比嘉第五巻)につぶさにみえる。三、四を引く。「九日の日に、沖縄図書館の庭のベンチで、浦添朝長様に久し振りにお目に掛って話した。／やがて館長の伊波文学士が他所からお帰りになった（中略）／沖縄人と言ふことに就いて、伊波様が話された。聞いて実に愉快だった」（一九一〇年八月一一日条）。「去る水曜日（新嘗祭）に図書館に行きて、伊波文学士の話を聞く」（同年一一月二五日条）。「図書館に行きて、中村春雨の『欧米印象記』を読む。／伊波様よりM'Leod's Voyageを借る。（中略）／図書館にて仲原君（善賢、善忠の兄、当時は師範学校附属小学校訓導）と落合ふ」（同年二月一二日条）。「図書館に寄りて、M'Leod's Voyageを安次富《あしとみ》さんに頼みて伊波様に返す。伊波さんは誰かとお話中だったから」（同年二月二六日条）。「昨日は、九時過、郡長を訪ふ。それから図書館、伊波先生にお目にかかる」（同年三月六日条）。

＊『大洋子の日録』の校訂は、旧かなをそのまま遺す方式でなされているが、その方式の常態と異なり、促音は小さく組み、繰り返し記号は用いていない。引用はそれにしたがう。

一八八三年生れの比嘉は、そのころ憤怒と懊悩をもてあますほど抱えこんだ若者であった。彼は、トルストイを「予が未見の師」としていた（一九一〇年一一月二九日条）。それだけに、伊藤博文について、「藤公神社設立の議を読んだ時、自分は、彼を神と祭るなら、神社を吉原の大門前に建立して、彼と関係ある数多の女を合祀し、例祭毎に吉原、柳橋、新橋の白首連をして祭司たらしめ、各国の遊廓より総代を列席せしめたら、嘸、日本国は娼法繁昌」との激語を放ち(同年三月一九日条)、甘蔗立毛審査会褒賞授与式で戊《ぼ》申《しん》詔書が読まれるのを聴いて、「式場の人々の中、之を少しも解しないと思はれる人が百余名、尊ぶべきもので而も実行せずともよいと思ふ人が十何名、馬鹿にしきって心中に「I am no gentleman, not I.」の詩を誦しつつある青年が独り」との感想を洩らしもした(同年四月二〇日条)。

これらが、渇きし者のごとくに本を読み、『中央公論』や『太陽』を愛読していた日露戦後世代の国家観・倫理観を示しているとすれば、*比嘉にはさらに、日本化のなかでの琉球人・沖縄人としての悶えがあった。「『破戒』は先年大なる興味を以て読みたり。／穢多の丑松《うしまつ》が境遇は、沖縄人の境遇に似たるところあればなり」(一九〇九年九月一三日条)。「今日、島袋君(盛敏《せいびん》、当時は師範学校生)等の話によると、赤木先生は、師範生に凡《すべ》ての琉球風を忘れさせて、笑ひ方までも内地風にせよと言はれたと。何故だらう。僕は只、反抗したい気が起こる。国語の試験に、馬の嘶声と出た題に「ミハアハ」と答へたと言ふ笑話も聞いた。／吾等琉球人の耳には――余程の気取屋でない限りは――ヒヒンとは聞えぬ。矢張「ミハアハァ」である。ワンワンでなくして、ワウワウである」(一九一〇年六月一二日条)。「去月二十九日、日韓併合。万感交々《こもごも》至り、筆にする能はず。知り度きは吾が琉球史の真相也。／人は曰く、琉球は長男、台湾は次男、朝鮮は三男と。嗚呼、他府県人より琉球人と軽侮せらるる、又故なきに非ざる也。／琉球人か。琉球人なればとて軽侮せらるるの理なし。されど理なければとて、他人の感情は理屈に左右せらるるものにあらず。矢張吾等は何処までも〈リギ人〉なり。ああ琉球人か。されど吾等の所謂先輩は何故に他府県にありて己れの琉球人たるを知らるるを恐るるか。誰か起ちて〈吾は琉球人なり〉と呼号するものなきか。かかる人あらば、我は走り行きて其靴のひもを解くべし。／吾は、意気地なき吾等の祖先を悲しみ、意気地なき吾等の先輩を呪ひ、意気地なき吾等自身を恥づる也」(同年九月七日条)。

＊　たとえば一九〇九年一二月二五日条に、「去月から仲原君と二人で『太陽』と『中央公論』の二つを取って居る。所謂時代思潮なるものが毎号吾が脳を刺激する」とある。

そんな比嘉は、伊波に、こうした悩みを受けとめてくれ、胸襟を開いて語ってくれる人格をみいだしたのである。ともかく館長室へゆけば、「時代思潮」を鋭敏に受けとめ、「琉球」へのこだわりを深く蔵しつつ生きている人物に、接触することができた。一再ならず比嘉は、伊波の談話をこまかく書きとめている。なかでもつぎの二つの談話は忘れがたい。

一つは、幸徳秋水らのいわゆる大逆事件についての、伊波の感想である。「幸徳秋水等の爆裂弾は慥《たしか》に爆発した。見よ、今年に入りて、思想上の問題、社会問題に就き、人々が注意する様になったではないか。（中略）今迄の様な、僅かの名誉心の上に立つ愛国心は、現代青年をひくには足らぬ」（一九一一年三月七日条）。いま一つは、一九一〇年一一月七日の島尻郡佐敷《さしき》小学校の「御真影」焼失事件で、校長本山萬吉と宿直の准訓導東恩納盛忠が免職処分になったことについての感想である。「佐敷校長若《も》し沖縄人なりしならば、人々は何と言ひしか。（中略）沖縄人の長たる資格なきを説き、切腹せしめしならん」（一九一〇年一一月二五日条）。

＊ 少しのち一九一三年に伊波が、「兎に角ある主義又は運動が主唱者の死刑によつて大活動を始めたことは、古今東西の歴史に其例が少くないのであります云々」とのべたのは（「ユタの歴史的研究」『新報』同年三月一一―二〇日、全9）、大逆事件を念頭に置いてであろう。

比嘉の意見が、終始、伊波と同じであったとはいいがたい。とはいえ館長室では、自分を触発してくれ、指針を示してくれ、ともに考えてくれる知識人に会うことができるとの想いが、比嘉を満たしたであろう。その意味で館長室は、伊波を軸とする一種のサロンの観を呈していった、とみることができる。図書館は、収蔵の図書、雑誌、新聞によってのみでなく、館長によっても、人びとを引きつけてゆくこととなった。伊波の館長就任は、沖縄文化史における一つの核の誕生をもたらした。

結婚問題と〝因習〟

そのように文化面で、沖縄の新生への先導者たるべく運命づけられたかのごとき伊波普猷も、沖縄の旧套と無縁でいたわけではなかった。彼自身、新と旧との断層に、引き裂かれるように足を掛けていた。彼の結婚問題はそれを示している。

「年譜」をみてゆくと、伊波三二歳の一九〇七年の項に、突如としてつぎの記述が出現する。「八月八日、妻マウシ(?—一九四二)との間に誕生した長男漑《あきら》(当歳か、出生年月日未詳)死亡。なお、伊波と妻マウシとの婚姻年月日は未詳」。それほどに彼の結婚生活は闇に包まれている。後年、伊波は、自分が育てたというべき沖縄の〝新しい女〟たちの一人、真栄田《まえだ》マカト(冬子《ふゆこ》、号忍冬、一八九七年六月一〇日生れ)と恋愛関係に陥り、そのせいもあって、まず冬子、ついで普猷の順序で離郷して出京し、同棲生活に入る。こうしてマウシは、置き去りにされた妻となり、一九四一年旧暦三月三〇日に、薄幸の生涯を終えるに至る。だがそれらについては、伊波は沈黙を守り、彼を気づかう周囲も触れることが少なかったので、真相はいまも知りがたいままである。沈黙自体が、この問題への彼の苦渋あるいはみずからへのやりきれなさを示している。

ヤマトの場合と同じく沖縄でも、婚姻の形式は、時代とともに変化をみせ、また地域や階層によっても差異があった。ここで対象とする時期でいえば、村々では、一四、五歳から結婚までの野外での男女交際としての毛遊《もーあし》びがつづいていた反面、士族や有力者の家では、家同士の取りきめによる少年少女期からの婚約、ついで結婚が、行われていた。

一九〇二年生れ（じつは〇一年という）の知念《ちねん》ヨシ（＝金城芳子）の場合でも、そうした婚約形式のごく普通だったことが、金城芳子『なはをんな一代記』（沖縄タイムス社、一九七七年）にみえている。「西町や東町の家柄がよく、口八丁手八丁で勢力を持つハンシーやアンマーたちが、常日ごろ若い娘たちの動静をよく観察し品定めして、あの娘をこの家にどうだろうとユーレー座（模合の席）で話題にするのであった。（中略）／私の家にもそんな人たちから、二、三縁談が持ちこまれた。その一つに母たちが乗り気になった。（中略）お前がいくらディキヤー（＝秀才）だと思っても、士族の家は無理だ。ハクソー（＝平民）としては最高のあの家へ行けば出世だと思わなくてはと母に言いくるめられて、一応の承諾をしたのが女学校の三年の時だった。相手も中学生だ。十五歳やそこらでは何もわかりはしない。友だちも次ぎつぎきまっていくし、そんなものだくらいに考えたのだろう*」。

＊　知念ヨシは、のち自我にめざめてから、この婚約を解消している。

伊波の結婚も、こうした慣習ないし〝因習〟にしたがってのそれであったろう。弟の普成(月城)の高良オミカナとの結婚が、一八九九年九月四日であったことを考えあわせると、普猷の結婚はそれより早かったと思われなくもない。一九〇五年当時、沖縄では中学校五年生五四人中二五人が既婚で、四年生以下にも既婚者が少なくなかったとの文部視学官中川元の観察がある*(「隣の噂」『読売新聞』一九〇五年五月二八日、伊波は『新報』に連載していたコラム「閑日月」の同年六月二三日で、この記事に皮肉っぽく言及している、全10)。

* 伊波は一九一三年六月、「早婚と飲酒」という文章を書いている。それらの害を説いたものであろうが、掲載誌『発展』第七号が失われていて、みることができない。

普成の長男普哲(故人)の夫人で、いま普猷のトートーメー(位牌)を祀る伊波稲子氏(一九二〇年生れ)によると、マウシは松村という家の娘で、普猷と同じ歳つまり一八七六年生れであったという。両家のあいだで約束が、本人たちの幼少時から、いやもし男と女だったらとの仮定のうえに誕生まえからなされていた、との推測も不可能ではない。結婚はたぶん東大時代で、二人は東京で暮したこともあったとのよしである。*

* 一九九一年三月一四日、那覇市で聴き取り。

もしそうだとすれば、そののち夫は、学問を修めて「文学士」として帰郷するに至る一方で、妻には伊波家の「嫁」として終始する日常のみが待っていた。彼女は、みずからの責任には帰しがたい結果だけを、背負わなければならなかった。

普猷の妻マウシについての記述は、ごく少ない。そのなかで彼女の面影や境遇をもっともよく伝えるのは、幼いときから伊波家に出入りしていた永田千代（千代の母が、月城夫人の従妹、のち魚住）の回想の、つぎの一節であろう。「伊波家のご家族は、おばあ様（伊波先生の母堂）をはじめとして先生ご夫妻、弟月城氏ご夫妻とそのお子たち（長男文男〔普哲の幼名〕さんをかしらに二男二女）の大世帯であった。おばあ様は利発な方で親戚や知人から物知りとあがめられていた。家内のものめごと、嫁とり婿とりから、祝儀やお祭の儀式事に至るまでささくな相談役として人望が厚かった。（中略）先生の奥様はおからだが弱かったこともあって、伊波家の大世帯は叔母様（月城氏夫人）が一さい取り仕切っていられた」*（「伊波先生の思い出」全集月報11、一九七六年）。

＊　この点については、金城芳子も、「男性二人して好き勝手なことをなさるのを、体のお弱い伊波先生の奥様を抱え、経済的な一切を切りまわして支えていらっしゃるお母様や月城夫人」と証言している（『なはをんな一代記』）。

そんな女性を、伊波普猷は、少なくとも結果として置き去りにすることになる。そうして彼は、「人生上の悩みを直接に語るということもなかった」（『なはをんな一代記』）。これは、彼より七歳年下で、当時の新思潮の一つというべき霊と肉との葛藤や、女性観・

結婚観の煩悶を、日記に吐露した比嘉春潮と、一見、好対照をなしている。

比嘉の場合、一九一〇年を送るにさいし、「辻(那覇の遊廓街)に行きて女と関係し、良心を圧伏したる年也」と記して、この年を「吾に恥辱を与へ」たる年と位置づける一方で(一九一〇年一二月三一日条)、年が明けると足しげく通うようになり、それをまた、「おまへの霊も肉には負けたな」と悔しがる(一九一一年三月一三日条)。結婚については、「現時の沖縄にては、妻は父の為め母の為めの妻なり。夫の為めの妻を求むる所幾人かある」と、現状を批判するものの(同年一月二五日条)、いや批判するだけにというべきか、自分の結婚に直面しては、「結婚は恋愛を葬むる墓」との気持、「希望に満てる乙女を吾手に入れて、一生のキズ者にするは罪悪にあらずして何ぞ」との気持(以上、一九一〇年一二月三一日条)、結婚話の進展に「多くの自由を奪ひ去られ」ると同時に「少し安心した」気持(一九一一年一月二八日条)、そうして「是非家庭が恋しくなる様に力めやう」との気持(同年五月二六日条)などのあいだで、不断の動揺を繰りかえす。結局彼は、一一年五月三〇日、兄夫妻の斡旋で、もと首里士族奥平幸昌の長女、県立高等女学校卒業のかなと結婚する。結婚まで、妻となるひとの写真をみせられただけで、直接に顔をあわせたことはなかったという(比嘉春潮「年月とともに」一九六四年、比嘉第四巻)。

比嘉のこうした赤裸々な煩悶は、女性観・対女性行動の点で、伊波を、一世代年長の、それだけ深く〝因習〟につかっている男性との印象を免れがたくするかもしれない。けれどもそれは正鵠を射ていない。彼は、通有の男性と異なり、辻での遊興、つきつめていえば買春とは無縁のひとであった。「あのころの男性といえば、辻に通うことはしごくあたりまえみたいなところがあったが、伊波先生はそういうこととも無縁で、清潔感のある紳士だった」(『なはをんな一代記』)。女性を、性的にさらし者にすることについての、伊波の憤りと悲しみは、琉球新報社が、部数増加策として美人投票を懸賞つきで行ったさいの(実際には辻遊廓内の娼妓の〝品定め〟となった)、つぎの短文に決然と示されている。「不断社会教育のことに注意してゐる新聞が、なぜあゝいふことをやりだしたのでせう? とふか《ママ》く思慮のふかいひとびとのことであるから、ためになることゝかんがへてやつたのでせうが、しかしわれ〳〵は社会教育のためにかなしんでゐます」(『沖毎』一九一二年二月二三日、ただし『沖縄新聞』より転載、その事情については全11およびその「解題」参照)*。彼はまた、つとに、「もし沖縄の女子中姦淫を為す者があったら「爾曹《なんじら》のうち罪なき者まづ彼を石にて撃つべし」だ」と、のべていた男性でもあった(「閑日月」)。比嘉の自伝「年月とともに」には、「最初の出会いの明治末期、伊波さんは、貧困と因習の中に沈んでいる沖縄を救うのは、青年と婦人とであると考えていた」とある。もし男性史という範疇を設定するならば、伊波も比嘉も、それぞれの仕方で、因習的男性からの新生への孵化の過程をもがいていたといえるだろう。そのこだわりにもとづく視角が、後年、伊波を『沖縄女性史』の著者という、女性問題に関心をもつ稀有の男性へと押しだしてゆくことになる。

＊『新報』を例にとれば、〝花柳界〟についての記事が、「遊廓たより」「花街たより」として、社会面のもっとも主要なトピックの一つとなっている。そのことを怪しまない倫理観が、社会に瀰漫していた。娼妓逃亡の記事がしばしば報じられていたにもかかわらず、である。

新知識人としての伊波普猷の帰郷は、このようにして沖縄の文化界・思想界に、一つの核をつくりだした。沖縄とヤマトのはざま、沖縄社会内の旧と新とのはざまで苦しみ、それゆえに何かを求める青年、教員、女性たちが、彼の周囲に集まりはじめた。彼もまた、こうした人びとに向けて重点的に発言してゆくことになる。彼らの覚醒つまり自己革新にこそ、沖縄の未来がかかっているとの確信が、伊波を貫いていたに違いない。＊その責務感が、彼を、資料収集、講演、著述の三方面にわたって、のめりこむような活動家へと駆りたてるとともに、それまでの著述のトータルな提示へと導くのである。過去を照すとともに、未来への指針を与えねばとの使命感の、それは結実であった。

＊一九一〇年一月二三日、在京沖縄出身学生の組織である沖縄青年会を援助する目的をもって、会友会が発足したとき、伊波も発起人の一人となっている(『新報』同日)。

三　『古琉球』

出版の経緯と体裁にみる特徴

一九一一年一二月一〇日、伊波普猷のそれまでの著述の集成としての、著書『古琉球』が送りだされる。菊判で本文四六八頁(附録部分を含む)定価一円五〇銭、表紙には、中央に「古琉球」と表題を刷りだし、その右に「京都帝国大学法科大学助教授　法学士河上肇跋」「沖縄県立沖縄図書館長　文学士伊波普猷著」と並べて配し、左下に「沖縄公論社発行」の文字を置いた。扉は二葉にわたり、一枚目の表記は表紙と同じだが、二枚目は木版の英文で、八七頁図版のように記されていた。

こういう体裁自体が、この書物に込められた伊波の胸中をものがたっている。まず伊波は、「古琉球」というそのころまで聞きなれなかった用語をもって、書名とした。彼にとっては最初の使用例であり、たぶんその造語である。少なくとも彼の、この書物への命名によって、琉球の歴史はそのなかに、「古琉球」の時代という範疇を一挙にえたことになる。「はじめ、過去の琉球と題する積りであったが、名が俗だから、古琉球に改めた」との伊波の比嘉春潮への談話は、彼の内部でのこの用語の成熟過程を示している(『大洋子の日録』一九一一年一月二九日条、比嘉第五巻)。

伊波自身はそれを明確に規定しているわけではない。が、本文を読むとき、それが一六〇九年の島津侵寇以前の琉球を指すことが、おのずと胸に落ちてくる。琉球が琉球の意識をもつ社会として形成される以前は、もとより含まれないから、「古琉球」は、この列島が政治社会として成立し、統一国家を実現して独自の繁栄を享受していた時期、ほぼ一四—一七世紀初頭を指す概念となる。実際には現在、その始期と終期をめぐって、細部にわたる論議がかわされているよしであるが(高良倉吉「古琉球」『大百科』)、「古琉球」という三字が、琉球史の原点を沖縄びとのなかに鮮明に概念化する機縁をつくったことは、疑いない。「古琉球」へのそのような思慕を込めて、伊波はこの三字を、一六世紀の書家として名高い尊円城間《そんえんぐすくま》の筆に成るところの、「首里城の門前に立つてゐる尚真《しようしん》王の頌徳碑から苦心して刷出し」て用いた(「自序」)。こうしてこの書物に向いあうひとにとって、書体そのものが、古琉球の世界への入口をなすことになる。

つぎに伊波は、河上肇に跋を求め、自著を飾っている。河上は、すでに触れたように、この一一年四月、地割制度の調査のために来沖、歴史に根ざす沖縄の「愛国心幾分薄い

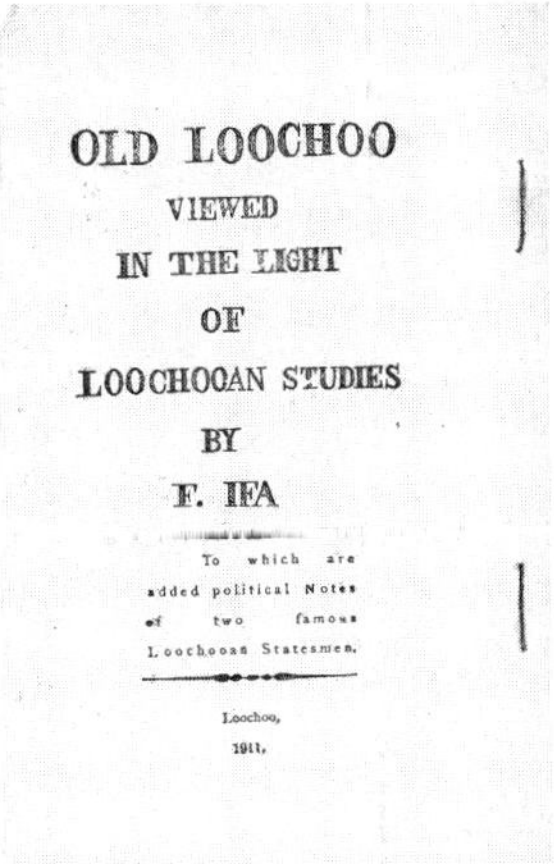

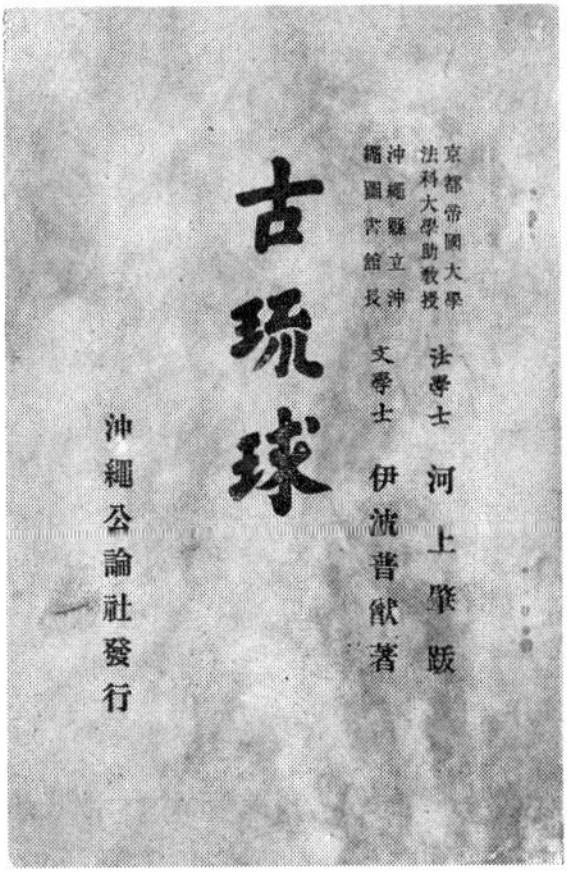

OLD LOOCHOO
VIEWED
IN THE LIGHT
OF
LOOCHOOAN STUDIES
BY
F. IFA

To which are
added political Notes
of two famous
Loochooan Statesmen

Loochoo
1911

感じ」を、国家主義謳歌の時勢のなかで貴重との講演を行い(「一陣の風」『沖毎』同年四月六日)、〝他府県〟並みをめざしていた県内主流世論の猛反撥を招き、その一方で少数の青年知識人が河上支持の論陣を張るという、いわゆる舌禍事件を惹き起した人物であった。* そのように沖縄社会の記憶になまなましい人物の発言を請うたことは、沖縄滞在中の河上との親交に根ざすとはいえ、伊波がこの書物を、興りはじめた思潮の新気運の一推進力にしようとしたことを示している。その「跋」で河上は、過ぐる春の沖縄滞在を回想して、伊波との交友関係を、「留る数日、日として会はざること無く、会ふて尽《ことごと》く肝胆を吐露し」と形容し、そのときすでに『古琉球』の稿本に接していたとも記している。そうして、伊波からこの機会に琉球観の吐露を求められたが、重ねての筆禍をおもんぱかって遠慮するとのべつつ、伊波の仕事を、ひたすら「真」を求める「無用の用」の書と称えた。**

＊　舌禍事件については、大田昌秀『沖縄の民衆意識』(弘文堂新社、一九六七年)、新川明『異族と天皇の国家』(二月社、一九七三年)および比屋根前掲書などに詳しい。

＊＊　伊波の河上への敬意、また両者の交友関係は、中断期をはさんで終生にわたった。たとえば河上は、『貧乏物語』(一九一七年)を伊波に贈り、伊波はそれを、「この書を繙かずして世界大戦乱の真相や新時代の意義を了解することは出来ない」と、沖縄の読書界に紹介した

(『沖縄新公論』第一巻第六号、一九一七年四月)。この書物は、出京後に中野区塔ノ山に移ってから、伊波の机の前にある書棚の真中に飾ってあったという(比嘉美津子氏談)。また彼は自著の『古琉球の政治』を河上に捧げている。ただし一九四二年の『古琉球』改版には河上の「跋」を削除し、河上もそれを了解した(一九四三年二月一五日付伊波宛書簡)。両者間に取りかわされた書簡の現存の分については、『伊波普猷全集』第一〇巻に一通、『河上肇全集』第二七、二八巻(岩波書店、一九八四年)に一八通が収められている(後者については写真版が、国吉真哲により刊行、発刊日を欠く、一九八〇年八月一三日付の「後記」)。なおこの時期の復活した交友については後述する。

さらに英文の表記は、三つの点で伊波の胸中を語っていたとみることができる。

一つ目は、琉球を世界に繋ごうとする姿勢である。それが今日常用の Ryukyu でなく、Loochoo となっているのは、西洋からのそれまでの渡航者たちによって、この地が Loo-choo, Luchu 等々と書き記されていたからにほかならない(ちなみに、Ryukyu との表記の確立は、一九四五年に始まるアメリカ合衆国による統治とともにであり、それまでは Ryukyu が使われても併用が多かった)。そうした表記には、琉球を世界に押しだしてゆこうとする心が込められていた。

二つ目は、ここで対象とするのが、日本の一地方と化してしまった沖縄でなく、文化上にも政治上にも独自性を保持していた琉球だ、と確認したい気持である。「古琉球」

を対象としているのだから、「琉球」の呼称を用いるのは自然ともいえるが、発行地をもLoochooとし、Okinawa, JAPANあるいはLoochoo, JAPANとしなかった点に、彼の「琉球」への深いこだわり、それをかけがえのない価値とする心理が投影されている。*

＊「琉球」「沖縄」という呼称への心理的葛藤については、小著『戦後沖縄の思想像』(朝日新聞社、一九八七年)の第一章「「沖縄」と「琉球」のはざまで」で言及した。

三つ目は、自分の姓名をF. IFAとしていることである。伊波はイハでなくイファと記されている。それは、『古琉球』所収の論文「P音考」の論点の一つ、「p音(パ行)がf音(ファ行)となり、f音がh音(ハ行)となつた」に関わる自己主張である。ヤマトでははやくh音となったのに、沖縄ではf音、さらに先島ではp音を遺しているという、彼の主張する言語変化の法則性にもとづいて、伊波は、IFAとの表記に、琉球人としての自己認識を込めたことになる。そののち肖像写真などへのローマ字による彼の署名は、すべてF. IFAと記される。*

＊伊波普猷のIFAへのこだわりは、知友のあいだではよく知られていた。知友の一人折口信夫の、伊波を悼む詩「青海の瞳」(一九四八年、中公文庫版『折口信夫全集』第二二巻、一九七五年)に、次のようにある。

わが友の伊《イ》波《ファ》の大主　老い過ぎて、いまは苦しと　言ひてけるはや

わが友は　安けくなりぬ。国はなれ　つひに　思はむ何ごとも　なき

あつき日に　苦しむときに、

電報ぞ　せつなかりける――。

ワレヤメリ　ミオリタ

マヘ』イフ

ことの短かさ(下略)

英文の表記による表題は、それら三点で伊波の強烈な琉球人意識の発現ということができる。太平洋西端の小さな島、しかもいまや日本の尻尾となった観のある島にいて、彼は、「琉球ここにあり」とのメッセージを、世界に向けて発信しようとした、少なくともその視野は一国内に止まらなかったと窺わせるのである。

この書物の体裁がものがたる最後の点は、その刊行のされかたである。奥付によると、発行所である沖縄公論社は、沖縄県那覇区字西八三番地所在で(伊波家の近隣)、「発行者兼印刷者」は大城彦五郎であった。大城は、『大百科』に「教育者、政治家」として略歴が記されている人物で、県立中学校教諭、私立養秀中学校理事兼教諭を経て『沖縄毎日新聞』の経営に参加、のち県会議員などを務めた。かたわら印刷・出版業を起して、

おもに琉球芸能関係の図書、とくに当時軽視されがちの琉球俗謡などを出版したという(大城康洋執筆)。伊波の「自序」によれば、「友人」とある。『古琉球』は、そのように郷土の文化を沈淪から救おうとの志をもつひとによって刊行されたことになる。

しかもこの書物は、単純に商業出版物として刊行されたのではなかった。人びとに勧められ、かつ大城の尽力で予約購読者を募っていって、出版にこぎつけた。*『沖毎』には一九一一年一月二七日、『新報』には翌二八日、それぞれ「予約広告」が掲載され、五月一日刊行予定として申し込みを募った。「古琉球の出版(伊波文学士の著作)」と謳っている。比嘉春潮の日記一九一一年一月二九日の条に、図書館に伊波を訪ねた折の記述として、つぎのようにみえる。「自分はなまけもので、やらぬ時は一ヶ月もやらぬ。大城彦今度は国頭《くにがみ》に旅行して居る中に、人々から勧められて書かうという心が起った。大城彦五郎君の働きで、国頭の講習会の席で三百名位も募って呉れた。他の所も募れば可成居るだらうから、千部位出版する積り。印刷は沖縄公論社が引き受けると」。**比嘉自身は、二月二六日に一部予約し、こう感想をつけ加える。「申込書を見ると一人で三十部申込んで居る人もあった。僕も出来たらあんなにして、知人の間に配り度いが」(日記同日条)。『古琉球』の刊行は、人びとのこのような志に支えられていた。実際の刊本には記されなかったといえ、当初、伊波は、扉に「此書を田島利三郎先生と県下教育者諸君に捧ぐ」と書くつもりだったという***(同上一九一一年一月二九日条)。教員たちへの彼のこうした連帯感は、彼らからの支持に響きあうものであった。

＊　ただし代金払込について社内で紛議があったとみえ、『新報』一九一一年一二月一八日には、「大城彦五郎／右今般本社(勿論活版部共)と関係を絶ち候」との、六日付の沖縄公論社の「広告」が出ている。

＊＊　こういう〝義挙〟としての出版のせいか、『古琉球』初版は、紙質の異なる紙が一冊に製本されている。収集家比嘉晴二郎によると、紙質のみならずサイズも少しずつ異なるという。当時は手作業で裁断し、印刷中に紙がなくなると、紙屋へ買い足しに走ったからだとのことである(「郷土関係古書／こつこつ集めて七千冊」『沖縄タイムス』一九九一年八月六日夕刊)。

＊＊＊　『古琉球』に先立って一九一一年七月に刊行され、やがて『古琉球』所載の第二論文となる小冊子『琉球史の趨勢』の扉には、「この小冊子を沖縄の教育家諸君にさゝぐ」の字句がある。

その過程で伊波のなかには、郷土琉球への想いが、いやがうえにも高まっていったことであろう。彼の代表的な琉歌「深く掘れ、己《など》の胸中の泉　余所たよて水や汲まぬごとに」は(全10)、一九一一年七月初旬、県立図書館で作られた。それはちょうど、『古琉球』の「自序」を書きおえたときに当っている。またそれより少しまえの三月、編集作業のめどがつきはじめたころといえようか、みずから古琉球人に扮し、その姿を写真に収めた(『古琉球』三版に口絵の一枚として収録)。

巻頭の「自序」は、すでに引用した部分から知られるように、古琉球へのみずからの歩みを語りつつ、その啓発者、教導者としての田島利三郎への謝辞となっている。そのなかでの、「オモロの光で琉球の古代を照して見た」との一句が、本書に収録された論文の性格を、もっとも端的に示している。だがそうのべつつも、伊波は、おそらく彼に学問一筋にと期待した田島の、この書物に接した場合の歎きを、思い浮べずにはいられなかった。「私が能《よ》く新聞に出すのを見て伊波君も大分当世風の学者になつたと歎ぜられたとのことであるから、この書を公にすると聞いて、田島氏は恐らく眉を顰《ひそ》めるであらう」。だがそのためらいを封じこめて、本書の刊行に踏みきったのは、「別に考へる所があるからだ」と、彼はいう。「沖縄の社会に対して貢献する所」ありたいとの願いによってにほかならない。学術書である本書は、新知識人としての伊波の経世の志を起発力としていた。そうしてそのことは、この書物自体がつぶさにものがたるのである。

『古琉球』は、初版刊行以来、著者の生前だけでも五回、版を更めている。没後の三回を加えれば、初版をあわせて九つの版があることになる(刷を含む)。各版ごとの発行年月日と発行所のみを摘記すれば、つぎのとおりとなる。*

生前

1　初版　一九一一年一二月一〇日　沖縄公論社(沖縄)

2　再版　一九一六年九月二〇日　糖業研究会出版部(東京)

3　三版　一九二三年四月三日　郷土研究社(東京)

4　改版　一九四二年一〇月二〇日　青磁社(東京)

5　改版二刷　一九四三年四月二〇日　同社

6　改版三刷　一九四四年一月二〇日　同社

没後

7　『古琉球』抄(『伊波普猷選集』上巻所収)　一九六一年一一月三〇日　沖縄タイムス社(沖縄)

8　複製版(改版四刷に当り「四版」と表示)　一九六五年九月一日　琉球新報社(沖縄)

9　『古琉球』(『伊波普猷全集』第一巻所収)　一九七四年四月一〇日　平凡社(東京)〔追記〕

＊『古琉球』を収録した全集第一巻巻末の、外間守善・比嘉実「解題」には、所収論文一本一本のそれを含めての、各版についての詳細な書誌が記されている。

追記　さらにそののち、外間守善校訂の岩波文庫版(二〇〇〇年)が刊行された。同書は、一九四二年の「改訂初版をもとにして用字やかな遣いを読み易く改め、読点や読みがなも補った」版となっている(校訂者の「解説」)。

これら九回の版で、1を原型とすれば、2、3、4とそれぞれ収録の論文や口絵に、あるいは序、跋に多少の入替えや改題があり、さらに同一論文中でも修筆がある。版としては4でほぼ安定し、抄である7をのぞいて収録論文には変化なく(5には4附載の正誤表を欠き、6にはその項目が増える)、8、9は6を底本とする。

その『古琉球』の初版を伊波は、既往の著書・論文から二六篇を選び、一篇を他と合体して、二五篇から成る論文集として構成した。改版にともなう内容の異同については、当該箇所で必要に応じて言及することとし、原型としての初版を対象として、表題、その発表年月および原題を記せば、一〇〇、一〇一頁の表のとおりである。表題の前の漢数字で『古琉球』における配列順を、発表年月日につづく洋数字で、初出紙誌への発表順を示した。

この二五篇の作品は、ほとんど史料紹介プラス立論という体裁をもっており、そのこと自体、こうした分野への伊波の開拓者的な位置をものがたっている。伊波は、これらを一定の整序性をもって配列したに違いない。とするときわたくしは、内容からみて彼が、八つの群に分けるというほどの気持でいたのではないか、と推測する。わたくしの想定する群分けとそれぞれの特徴はつぎのとおりである。

第一群　㈠㈡㈢㈣　琉球の性格全体にかかわる史論

第二群　㈤㈥㈦㈧　地名・人名の考証

　　　㈤は考証余滴とでもいうべき小品

第三群　㈨㈩　金石文

第四群　(二)　教育

第五群　(三)(三)(四)(五)(六)(七)(八)　俚諺・演劇・音楽・詩歌を軸とする文化

第六群　(九)(〇)(三)(三)　八重山歌謡

第七群　(三)(四)　言語学

第八群　(五)　神話

だがこれは、発表順をおおむね執筆順とするとき(『古琉球』で書きおろしの(四)を例外として)、成稿の順序と大幅に異なっている。成稿の順序からいえば、一、二、三の例外をのぞき、第二、三、八群に属する諸篇がもっとも早く、第四、五、六、七群がこれにつぎ、第一群は㈠㈡の原型が一九〇六―〇七年に遡るといえ、もっとも遅れて完成している。伊波の人生にそくしていえば、考証・金石文・神話を内容とする第二、三、八群は、帝国大学学生として研鑽中の作品であり、帰郷後、琉球文化の諸側面への目くばりをもつ第四、五、六、七群をものするようになり、それらの結果として、史論としての第一群を完成させるに至る、ということになる。それだけに第一群はこの書物の総論の位置を占め、第二群以下は、それにたいして各論の役割を担うごとくみえる。

こうした諸篇をとおして、伊波普猷は何を訴えようとしたのだろうか。内容が周知の論文も多いが、それをも含め、その歴史的な意味を中心に考えてみたい。

在京期の作品

伊波の学問上の出発点をなす考証・金石文・神話のうち、彼の出現をもっとも鮮明に印象づけるのは、考証をかたちづくる諸篇、ことに「浦添考」「島尻といへる名称」「阿《あ》麻和利《まわり》考」であり、いずれも、『おもろさうし』を駆使しての地名や人物の考証となっている。伊波の名と結びついてよく知られた論考ながら、行論の必要上その内容を最小限摘記すれば、つぎのようになろう。

「浦添考」は、沖縄島中部のこの地の「浦添」とはあて字で、もとは「うらおそい」と書き、うら(浦)おそう(襲)の名詞型であり、浦々を支配する所を意味すると論証した作品である。そのなかで伊波は、「おそい」が「治める」との意味をもつことを、『おもろ』からたとえば、「きこゑきみがなししまおそてちよわれ」(＝尊き王よ此国《この》を治めよ)

の一句を引いたりして説明し、さらに首里王府編纂の琉和辞書『混効験集』(一七一一年)に、「もんだすい　百浦添御本殿」とあるのに注目して、「もんだすい」が「もゝうらおそい」の転訛で、「百浦即ち数知れぬ浦々を支配する局」、つまり「政令の出づる所」を意味すると解釈し、「浦添は首里の出来ない以前に於ては沖縄島の中心であつたらう」と結論する。つづいて執筆された「島尻といへる名称」も地名の考証であり、「島尻」は、あて字で、島の尻をでなく「島を知る即ち国を治める所」を意味し、本来、各地の支配者のいる所を指す普通名詞であったとした論考となっている。* そうして方法としての地名研究の必要を唱える。「沖縄のやうに記録の少いところでは、地名の解釈は一入必要である」と。

＊　ちなみに「おもろ語」で「シマ」とは、(一)国王が自分で有っている所、(二)国、国土、(三)地方、田舎、(四)島、離島の四つの意味をもつ、と伊波はのちに、『大辞典』(平凡社、一九三四―三六年、全11)の「シマ」の項目に書いている(要約)。

「阿麻和利考」は、正史で琉球の代表的な逆臣とされてきた一五世紀のこの人物を、「最後の古英雄」と評価したことで、著名な論考である。農民の子として生れた阿麻和利は、勝連《かつれん》城主茂知附按司《もちづきあじ》を攻めて、城主となり、頭角をあらわして国王尚泰久の娘百《もも》度踏揚《とふみあがり》を娶《めと》り、讒訴して、忠臣の代表とされる中城《なかぐすく》城主護佐丸《ごさまる》を滅ぼし、さらに王府を

初出(ないし元となった著作)の掲載紙誌と発表年月日	成稿ないし発表順序	備　考
(『琉球新報』1906.12.5-9) 『東亜之光』1909.11-12 → 1911.3.25 小沢博愛堂	25	
(『沖縄新聞』1907.8. →) 1911.7.15 小沢博愛堂	26	初出紙未発見
『沖縄新聞』1909.2.11	21	
『沖縄新聞』1909.12.12	22	
『琉球新報』1908.12.10-11	17	
『琉球新報』1905.9.15-23	7	
『琉球新報』1905.9.27	8	
『琉球新報』1905.7.9-21	6	
『史学界』第7巻第6号，1905.6.15	5	
『考古界』第4篇第6号，1904.11.20	2	
『琉球新報』1907.4.20-26	10	
『沖縄毎日新聞』1908.12.10	13	同年2.1稿
『琉球新報』1905.6.7-9	1	1904.5.25稿
『沖縄新聞』1906.12.3	9	初出紙未発見
『沖縄新聞』1907.5.3	11	
『琉球新報』1908.9.15	16	
『琉球新報』1908.7.3	14	
『琉球新報』1908.7.13	15	
『琉球新報』1905.6.3-5 『同上』1909.1.5	4 20	二作品の合成
『沖縄新聞』1909.1.1	18	
『沖縄毎日新聞』1909.1.1	18	
『沖縄毎日新聞』1910.12.25	24	同年11.27稿
『沖縄教育』第53号，1910.9.15	23	
1907.8稿	12	書きおろし
『史学界』第7巻第1号，1905.1.1	3	

琉球』収録論文末尾への伊波の注記，初出紙誌を参照して作成した．
だが，「著作目録」の記述を訂正した．初出と『古琉球』収録の間に
集』第1巻の「解題」を参照)．

配列順序	収録論文表題	初出(ないし元となった著作)の表題
(一)	琉球人の祖先に就いて	(沖縄人の祖先に就て→)「琉球人の祖先に就いて」→単行本『琉球人種論』
(二)	琉球史の趨勢	(郷土史に就ての卑見→)単行本『琉球史の趨勢』
(三)	沖縄人の最大欠点	左に同じ
(四)	進化論より観たる沖縄の廃藩置県	左に同じ
(五)	土塊石片録	左に同じ
(六)	浦添考	左に同じ
(七)	島尻といへる名称	左に同じ
(八)	阿麻和利考	左に同じ
(九)	琉球に於ける倭寇の史料	琉球に発見せる倭寇碑
(一〇)	琉球文にて記せる最後の金石文	左に同じ
(一一)	官生騒動に就いて	官生騒動に就て
(一二)	俚諺によりて説明されたる沖縄の社会	左に同じ
(一三)	沖縄に固有の文字ありしや	左に同じ
(一四)	琉球の国劇	伊波氏の琉球国劇談
(一五)	琉球音楽者の鼻祖アカインコ	沖縄音楽者の鼻祖アカインコ
(一六)	オモロ七種	左に同じ
(一七)	琉歌と頭韻法	左に同じ
(一八)	病床日記の一節	左に同じ
(一九)	可憐なる八重山乙女	八重山乙女の抒情詩 可憐なる八重山乙女
(二〇)	歌謡に現はれたる八重山の開拓	無題録—詩歌に現れたる八重山島の開発
(二一)	八重山島の歌鷲	八重山の象徴詩鷲の鳥節
(二二)	八重山童謡集の序	左に同じ
(二三)	琉球語の掛結に就いて	左に同じ
(二四)	P音考	
(二五)	琉球の神話	左に同じ

『伊波普猷全集』第11巻所載の外間守善・比嘉実編「著作目録」,『古
伊波の注記は概して大まかな上，多少の錯誤がある．またごくわずか
さらに発表された論文もあるが，それについての記述は省略した(『全

攻めようとして夫人たちに事前に知られ、滅ぼされた人物と位置づけられてきた。これにたいし伊波は、「この四百年間に附加した雑物を篩《ふる》ひ落すと共に」、「オモロの光によりて琉球史上に於ける阿麻和利の位地を明かにせう」とした。

その『おもろ』巻一六「勝連具志川《ぐしかは》おもろの御さうし」には、彼を称える歌が多くみられる。その地に伝わる口碑を利用しつつ伊波はいう。「義侠家なる彼は百姓一揆の頭となつて勝連城へ闖入し暴君を殺して人民を塗炭の苦から救つた」。そうして彼は、勝連の人民に伝唱された『おもろ』を数首挙げる。その一首を引けば、「かつれんのあまわり／とひやくさちよわれ／きもたかのあまわり／かつれとにせて／きもたかとにせて」(=勝連の阿麻和利、俊れたる阿麻和利、千年もこの勝連を治めよ)。そのように「勝連半島の民は小児の慈母を慕ふが如く彼を慕ひ」と、彼はいい、アマワリという名称自体、「天降《アマ》り」を意味するとした。

ではその阿麻和利が王位を覬覦《きゆ》するに至った点はどうか。伊波はいう。「かつて茂知附氏の圧制より半島の民を救つた阿麻和利はまたアルモノを考へ始めたのである。このアルモノを考へるといふことは「天下者天下之天下也。非一人之天下」と断言せし中山世鑑〔琉球最初の正史〕を有する琉球ではさほど罪ある考へでもなかつた」。こうした阿麻和利論には、歴史を名分論の桎梏《しつこく》から解き放とうとする姿勢がきわだっていた。「アルモノを考へ始めた」との一句は、「王位簒奪」を憚っての表現に違いないが、伊波はそれを伝える地点に踏みだし、だれもが理解できる暗喩をもってしたといえる。その結果は、国体論からは異端と目される「天下者天下之天下也」という価値観の、琉球史からの発掘と提示となった。＊考証によって、人びとがそれと知らずして囚われるようになっている通念を迷妄として剝がし、本来の意味や特徴を復元するのは、草創期アカデミズムのもっとも得意とする方法であった。伊波も、アカデミズムで習得したその方法によって、通念へと斬りこみ、名分論の被覆を剝がしたことになる。

＊　このような阿麻和利論の先駆として、田島の「阿麻和利加那といへる名義」（一八九八年、『琉球文学研究』所収）があり、伊波もそのことに言及している。田島のこの論考は、琉球の非ヤマト的性格の指摘として当時の沖縄で物議を醸し、以来、阿麻和利は一種の禁句であったという。

しかも、こうした名分論からの解放は、ひとり阿麻和利についてのみ行われたのではなかった。百度踏揚は、侍臣の鬼大城《おにおおぐすく》と勝連を脱けだし、阿麻和利の滅亡後、王によって大城に「賜」った女性であるが、姦婦との評価を受けかねない彼女について、伊波はこうのべる。「モ、トフミアガリが其夫を殺した鬼大城に身を許したのハ、ワグネルの作にあるイソルデが其将来の夫を殺した仇であるトリスタンとはかなき契りを結んだのに似てゐる。(中略)ア、可憐なるモ、トフミアガリ。(中略)モ、トフミアガリは詩人の好題目である」。また王が彼女を大城に与えた点についても、人倫を振りかざすことなく、「これで四百五十年前の沖縄人の道徳的生活の如何なるものであつたかゞわかる」と、あっさりケリをつけている。

それでは琉球の文化の原質とは何か。「琉球の神話」は、それを探ろうとした作品といってよい。「何れの国の歴史も其序幕は神話によつて開かれてゐるが、琉球の歴史も矢張さうである」。こう書きだして伊波は、代表的な琉球神話を五篇紹介する。*

＊『史学界』第七巻第一号(一九〇五年一月)所載の原論文では、(一)—(二)というふうに整序されていない。

それらは、(一)二柱の神アマミキヨ、シネリキヨが、日神の命のままに天から下って、数知れぬ島を造ったという「開闢《かいびゃく》の神話」、(二)天から落ちる餅を食べ、無邪気に裸体で暮していた男の子と女の子が、貯えるとの分別をもったところから、餅の供給が止り、労働の苦をなめなければならなくなったという「人文神話」、(三)農夫が、浴みする天女の羽衣を奪ったところから、天女を妻にしたという「白鳥処女説話」、(四)ある百姓が、釣りあげた魚が美女と化したため契りを結び、のち彼女の宮殿に招かれて至福を尽すという「仙郷淹留説話」、(五)宮古の長者の娘が、この島開闢の恋角《こいつの》の神の化身たる大蛇に契られて、三人の娘を生み、彼女らが島の守護神になるという「神婚説話」から成る。それらをのべつつ伊波は、(一)では琉球民族の「海洋的」性格とあわせて『古事記』の開闢神話との、(二)ではアダム・イヴ神話との、(三)では日本の羽衣伝説との、(四)ではリップ・ヴァン・ウィンクル説話との、(五)では記紀や『風土記』などのそれとの、それぞれ類似性を指摘する。それらをつうじて一貫するのは、琉球民族の、「大和民族と(の)姉妹的関係」を前提としつつも、その神話を、ひろく諸民族の文化遺産のなかに置こうとする姿勢であった。* いわく、「琉球にはアマミキヨ種族が大和民族と手を別つた時に齎《もたら》した神話もあらう。アマミキヨ種族が移住した後に形成した神話もあらう。其分《その》離後大和民族が形成した神話の輸入されたのもあらう。先住民人民の神話を伝承したのもあらう。支那及び南洋の分子もあらう」。それだけに彼は、比較神話学の必要性を提唱したりしている。

* こうした性格は、初出ではいっそう著しい。それが『古琉球』収録のさい多少改変されている。一例を挙げれば、「琉球種族の精神的産物たるこの神話〔「開闢の神話」〕も亦海洋的分子を含んでゐて、ポリネシヤの開闢説にある、「世界の初めは天と海としかなかつたが、大神タンゴラが一片の土塊を天より下したるより凝つて地となり、漸次拡張した」といふ話や、古事記の開闢説にある瓊矛《ぬぼこ》の滴りによりて淤能基呂《おのころ》島が出来たといふ話に似た所がある」の

傍線部分は、収録のさい削除された。そのため「海洋的分子」を承ける話が消滅して、意味がとりにくくなっている。

それだけに伊波は、原型の復元に執心した。原「琉球の神話」を初め、原「琉球文にて記せる最後の金石文」、原「琉球に発見せる倭寇碑」で、口碑や碑文を引用する場合、彼は、発音を忠実に跡づけるローマ字表記を付記した(『古琉球』収録のさい、いずれも削除)。たとえば、「琉球の神話」中の「人文神話」と分類されている部分で、餅の供給が止ったさい、男女が天に願って唱った詞の表記は、原「琉球の神話」では、つぎのようであった。

Tōtō-mē《お月様》 Sai《もし》! Tōtō-mē《お月様》!
Ufumuchi《大きな餅を》 Yatumachi《ヨリ大きな餅を》 utabi《下さい》 mishori《ませ》!
Mmaguru《貝を》 firūti《拾ふて》 ushagiyabira《上げますから》.

そこには、専攻する言語学での習得の成果を用いて、できるだけ忠実に、古い琉球人が語ったままを語ろうとの姿勢があった。とともに、漢字はもとより仮名さえも、外来物として、本来の発音を正確に写すには不十分との認識が、おのずから表白されていた。

通念を却けて原型に遡ろうとする志向は、これらの論文の起草に当って、伊波の心を、通常ならば意識したかもしれぬ禁忌から解放した。「人文神話」の前引の部分のすぐ後に、こんな記述がある。「〔貝を探すため〕ある日二人は例の磯打際にさまよつてゐると、ふと海馬が交尾してゐるのを見て、初めて男女交媾の法を学んだ、これは諾冊二神が鶺鴒の交尾するを見て、始めて男女交媾の道を覚つたといふ話と似てゐる。二人は漸く裸体の愧《は》づべきを悟り、クバの葉を以て陰部を隠すに至つた。古宇利《フイ》島にはその縁にして今なお一種のお祭があるさうだ」。〝皇祖〟の父母や沖縄の民俗に関わる性の儀礼や行事が、淡々と書かれている。それだけに『古琉球』に再録するに当り、自制が働いたのであろう、傍線の部分を削除するに至った（他の箇所にもわずかに字句の訂正がある）。だが原論文では、〝皇祖〟の父母の性行為に想到させ、また沖縄での〝淫猥〟な祭の残存を連想させる字句を連ねることを憚からなかった。

その点は、伊波の人種論にもみることができる。もちろん彼は、日本と琉球という「一種類の間に姉妹的関係のあること」を、認めるという以上に当然視していた（原「琉球の神話」）。しかしこのとき彼にあっては、日本はまだ、琉球がそこから派生してくるところの絶対的な存在と考えられていたわけではなかった。チェンバレンや鳥居龍蔵を援用しての人種論に、そのことが窺われる。いわく、「言語学者チャムブレン氏の説によれば、琉球人の祖先は朝鮮より対島《ママ》海峡を経て、九州に上陸した天孫人種の分派であつて、かの大部隊が東北の方、大和を差して進んだ間に、南の方、琉球列島に移住して行つたものになつてゐるが、こは人類学者鳥居龍蔵氏が琉球群島探検の結果と相一致して、稍ゝ《やや》信ずべき説となつた」。そこには、日本人を日本列島固有の人種とし、琉球人をその枝分れとする見方はなく、両者ともにアジア大陸から移動してきたいわば流れ者人種とする認識が貫かれていた。その意味で日本は絶対化ひいては神聖化されていず、現在の日本人・琉球人の総称としての「天孫人種」自体、アジア大陸の人びとと同根性・共通性をもつことが、前提とされていた。

これら考証・金石文・神話を内容とする在京期の作品は、如上の検討から、(一)原・琉球像(価値観・世界観)の復元、(二)ヤマトとの姉妹関係を前提としつつも、その文化の世界諸民族の文化のなかへの位置づけ、との基調をもっていたと結論できる。

帰郷後の作品

それでは帰郷後の執筆にかかる第四、五、六、七群の諸作品で、伊波は何を論じようとしたのだろうか。さきに分類したように、琉球の文化をみる彼の眼は、教育、俚諺、演劇、音楽、詩歌、八重山歌謡、言語学の諸分野にわたっている。作品を順を追って個別的にという手法によらず、そこを貫くモチーフを横断的にみるとき、相互に少しずつ重なりあいながら五つの特徴を指摘することができる。

第一は、琉球の文化の豊饒さの指摘ないしそれへの讃歌であった。もっとも端的な例は、「オモロ七種」中に採られた「あがる三日月がふし」の鑑賞にみることができる。原詩を上段に、彼の訳を下段に示せば、つぎのようになる。

ゑけ　あがる三日月《ミカツキ》や　　あれ　天《アメ》なる三日月は
ゑけ　神《カミ》ぎやかなまゆみ　　あれ　御神《ミカミ》の金真弓《カナマユミ》
ゑけ　あがるあかほしや　　あれ　天なる明星《アカホシ》は
ゑけ　神ぎやかなまゝき　　あれ　み神の金鏃《カナマヽキ》
ゑけ　あがるぼれぼしや　　あれ　天なる群星《ムレホシ》は
ゑけ　かみがさしくせ　　あれ　御神の花櫛《ハナカザシ》
ゑけ　あがるのちくもは　　あれ　天なる横雲《ヨコグモ》は
ゑけ　神がまなきゝおび　　あれ　御神の白布帯《ヌノオビ》

そうして彼は、「至つて単純ではあるが、さながら希伯来《ヘブライ》の詩篇を誦する心地がする」等々と、この詩への歎称を連ねるのであった。琉球の文化への同じような注目と紹介は、『おもろ』歌唱者を主題とした「琉球音楽者の鼻祖　アカインコ」(初出のさいの原題「沖縄音楽者の鼻祖アカインコ」)や、組踊の創始者玉城朝薫《たまぐすくちょうくん》を論じた「琉球の国劇」(「原題「伊波氏の琉球国劇談」)にもみることができる。

第二は、琉球の文化の精髄を芸術と位置づけたことであった。その点は、第一の特徴としてみたように、伊波が、琉球の文化を顧みるとき、詩歌・音楽・演劇の部門を採りあげたことで明らかである。が、さらに語をつぐなら、「琉球音楽者の鼻祖アカインコ」のつぎの箇所などは、琉球びとを天性の芸術家と特徴づけた叙述といえるだろう。「オモロの名人をオモロテダ(詩王)といつたり、詩人や音楽者を神といつた所を見ると、琉球民族は古くから芸術を愛する傾向を有つてゐたといふことがわかる」、「古い時代に於ては、琉球には詩人といふ特別の階級もなく、音楽者といふ特別の階級もなく、大方の人が詩人で、大方の人が音楽者であつた」。こうした視点は、つぎにのべる先島の文化への関説において、極点に達する。

第三は、その先島の文化ことに詩歌への着目であった。なかでも、八重山への関心が一段と高い。それは、八重山がすぐれて歌の島だとの発見による。と同時におそらく心奥で、歴史上、八重山への征服者であった宮古よりも、被征服者であった八重山へのより深い共感をもったせいであろう。それを主題とする文章は、『古琉球』初版二五篇中に四篇を数える。その一つ「八重山童謡集の序」で伊波は(同書は、石垣島測候所の二代目所長を務めつつ八重山の歴史・民俗・昆虫の研究に打ちこんだ岩崎卓爾の編)、八重山への愛情を惜しみなく繰りひろげた。いわく、「八重山は宛然《サナガラ》ホーマーのユリセスの中に書いてあるセースの嶋のやうな所だ。その音楽には暫時《シバシ》立寄つた旅人を永久《トコシヘ》に囚へる魔力がある。(中略)八重山は実に歌の国だ」。さらに彼は、「可憐なる八重山乙女」では、囚われの八重山乙女の悲哀を主題とした長詩を、「和漢の文学に於て左程発達しなかつた史詩《エピック》」として、また「八重山島の歌　鷲《バシノトリ》」では、元旦に東方へ飛びたつ鷲を主題とした長詩を、「歓喜と希望とを歌うた南国の象徴詩」として、それぞれ紹介した。そうしていう。「沖縄の先島を野蛮島とのみ考へてゐる人は、その考へを訂正すべきである」(「可憐なる八重山乙女」)。

　第四は、その琉球の文化を、民衆のがわ、人びとの暮しのがわから照射したことであった。そのことは、これまでみてきたような『おもろ』の引用の仕方によっても理解できる。いうまでもなく『おもろさうし』は、第一「きこゑ大ぎみがおもろ／首里王府の御さうし」を初めとして、とくに巻頭の部分では、国王やその最高の神女《のろ》である聞得《きこえ》大《おお》君《きみ》や、王府の所在地である首里を主題とする歌がつづく。が、このときまでの伊波は、そうした〝王府物語〟にはほとんど関心を示していない。*彼が引くのは、開闢神話であったり、地方の『おもろ』であったり、自然観を謳いあげたそれであったりした。その意味で彼の照した琉球は、王朝的過去よりは民衆的過去に力点がかかっていた。

＊　伊波が王府を主題とする『おもろ』を駆使するのは、次にみる文法論の引例としてである。

文化をみる場合のこのような角度は、おそらく、「歌謡に現はれたる八重山の開拓」にもっとも明瞭に示されている。首里王府は、島津によって課せられた負担を軽くしようと、八重山にあらたに財源を求め、群島内で人民を強制的に移住させ、新村《あらむら》を建てて開拓に従事させた。移住をしいられた人びとは、離郷の悲しみ、親兄弟姉妹との別れの辛さ、さらに風土病からの苦しみを味わった。「八重山の開拓」は、そこに湧きでた歌の数々、故郷の空を望んで詠んだ「崎山ぶし」、若者が故郷の恋人を想って歌った「久《ク》場《バ》山越路《ヤマコエヂ》節《ブシ》」、ひどいと思ったところも住み馴れて面白くもなったとの感懐をあらわした「船越節《フナクヤブシ》」、移された若い男女のしのぶ恋路から生れた「名蔵節《ノウラブシ》」を紹介した作品となっている。なかでも「久場山越路節」は、哀愁が深い。上段はその歌詞、下段は伊波のつけた意訳である。

黒島《クロスマ》に居るけい	黒島に居た時には
先島《サカスマ》に居《ヲ》るけい	先島に居た時には
島一《スマヒト》つやりをり	同じ島に居たので
里《サト》一つやりをり	同じ里に居たので

苧なびしんば二人
よいぶきんバ二人
山行きんばふたり
磯《イソ》おりんばふたり
おらとゝみで思《オモ》だら
わんとゝみで思だら
↓
別《バガ》れ欲《ボ》しや無《ナ》いぬその
ぬき欲しやこれ無いぬその
沖縄《オキナ》から美声《ミコエ》
美《ミ》御《オ》前《マエ》から御《オ》差図《サシヅ》
↓
島別《スマバカ》れで言うられ
組《フン》別れで言うられ
↓
なく〳〵と分けられ
よも〳〵と分けられ
↓
とばらまや生《イ》き苦《グ》れしや
野《ノ》ゆ底《ソコ》に分けられ
↓

苧をうむにも二人
よなべをするにも二人
山へ行くにも二人
磯へ行くにも二人
どこまでも一緒だと思つて居たが
別れたくもないのに
離れたくもないのに
沖縄の方から御命令があつて
島を離れ組を別れて移住しろとのことで
泣く〳〵もいや〳〵ながらも離別することになつた
私《ワシ》は野底に来てわびしく暮してゐる

かなしやまや居り苦れしや
黒島《クロスマ》に残《ノコ》され
→吾が思ふ人は黒島に留つて寂しく暮してゐる

そうして伊波は、「世に政治家程残酷な者は居まい」との感想をつけ加えるのであった。

第五は、そういう琉球の文化が、ヤマトの古型を遺していると論じたことであった。この点はとりわけ、伊波の文法論つまり「琉球語の掛結に就いて」と「P音考」に詳細に展開されている。ここでは、有名な論文ながら、ハ行の音韻変化の法則性を明らかにした「P音考」についてのみ一言すれば、その要旨はつぎの点にあった。すなわち日本語では、「上古のp音(パ行)は七世紀(推古朝)以前に於て次第にf音(ファ行)に移り、f音ハ十五六世紀(足利の末)に至りh音(ハ行)に移るの傾向を現はし、十六、七世紀(徳川の初)に至りf音は大方h音にかはつてゐた」のにたいし、琉球では、「首里及び大島の方言に於ては、十中の七、八はf音(ファフィフ、フェフォ)であつて、漸次h音(ハヒフヘホ)に遷るの傾向を有し、国頭及び宮古八重山方言に於ては、p音(パピプペポ)であつて、漸次F《〔大文字ママ〕》音に遷るの傾向を現はしてゐる」としたのである。*そういう現象を彼は、「天然が時間《タイム》を場所《スペース》に現はして吾々に示してゐる一例」と形容している。

＊ 伊波の師上田万年には「語学創見」(『帝国文学』第四巻第一号、一八九八年一月)という論

文がある。その第四は「P音考」と題され、日本語のハ行の音韻変化を跡づけている。伊波がそれに示唆されたことは疑いない。

日琉同祖論の形成

このように伊波の帰郷後の文筆活動は、故郷の文化のさまざまの面に及んだ。それをつうじて彼は個性的な琉球文化論を造形していった。その出発点は、ヤマト世への転換を経て琉球的な価値が総否定されるなかで、琉球には独自の文化が存在したと証明しようとするところにあった。「琉球の国劇」冒頭の、「琉球に「犬の糞にも一つの長所《トリエ》がある」といふ俚諺があるが、琉球にも何か長所があると思ふ」との一句は、そんな琉球びとの心根を、ちらとみせている。この地の「沖縄」化が急がれるなかで、彼はあえて「琉球」に軸足を置いた。だが、このように文化の鉱脈を掘ってゆくとき、琉球はなぜ今日の悲境に陥ったのか、どうすれば自己を回復できるかとの、歴史を踏まえた問いが(もともと脳裏ないし胸中に渦まいていたにせよ)、くっきりした輪郭をもって浮上する。巻頭の第一群をかたちづくる史論は、こうして書かれた。

この史論は、伊波を今日、日琉同祖論の提唱者と位置づける中心的な論議と目されてきた。実際、彼は、巻頭論文「琉球人の祖先に就いて」を、つぎの有名な文章で結んでいる。「明治初年の国民的統一の結果、半死の琉球王国は滅亡したが、琉球民族は蘇生して端なくも二千年の昔、手を別つた同胞と邂逅して、同一の政治の下に幸福なる生活を送るやうになつたとの一言でこの稿を結ばう」(全文傍点)。ヤマトに統一されたことへの幸福感に溢れるこの論調は、その三年後、おなじく有名な「琉球処分は一種の奴隷解放也」との命題となる。すでにのべたように、琉球処分の過程を琉球のがわから記録した喜舎場朝賢『琉球見聞録』(一八七九年執筆)が刊行されるに当り、求められて起草したその序文「序に代へて」の副題としてであった。しかも同時に伊波は、わたくしが史論群としたなかの第二論文「琉球史の趨勢」で、「沖縄人微《なか》りせバ到底発現し得べからざりし所を沖縄人によつて発現する」ことを求め、「琉球固有の者をかたつぱしからぶちこはさうとする」方策を、つよい口調で否定した。とすればそれらは、彼のなかでどのように繫がっていたのだろうか。

第一論文「琉球人の祖先に就いて」の原型に当る「沖縄人の祖先に就て」が最初に発表されたのは、一九〇六年にまで遡り、『新報』同年一二月五―九日においてであった。この論文は、大幅に増補改訂され、「琉球人の祖先に就いて」との題で、『沖毎』一九〇九年二月三―一七日、『沖縄青年』第七号(沖縄青年会創立二〇周年記念号、一九〇九年一一月)、『東亜之光』第四巻第一一―一二号(同年一一―一二月)に相ついで発表され、わずかばかり増補して一一年三月『琉球人種論』として刊行されたのち、さらに「琉球人の祖先に就いて」とふたたび改題して、『古琉球』に収められたとの来歴をもつ。このうち『琉球人種論』と『古琉球』所収論文とのあいだには、わずかの増補しかないのに反し、初出と「琉球人の祖先に就いて」、『琉球人種論』とでは、大きな改変がなされている。分量が三倍弱に増えたばかりでなく、力点の置きかたに変化がみえる。

初出の「沖縄人の祖先に就て」は、B・H・チェンバレンや鳥居龍蔵の説を紹介しつつ、沖縄人が、体質・言語・民俗・神話いずれの点からも、「大和民族」との共通性をもっており、紀元後まもなくのころ彼らから別れ、琉球開闢の神アマミキヨの名から連想されるように奄美を経て、南へ移住した「人種」と結論した論考である。

言語論としては、チェンバレンの

祖語｛上世日本語―――近代日本語／（上世琉球語）――近代琉球語（『古琉球』では、「上世」を「古代」と変更）

説を採用している。まぎれもない日琉同祖論であった。

とはいえそれは、伊波としては、あたうかぎりの先行学説を渉猟しての学問的結論であった。それだけに結びの部分でつぎのようにもいう。「とにかく事実を根拠とした人種論である。モシ他日反対の事実が多く上つたら、余は此の議論を棄てるに躊躇するものではない。余は事実であつたら、食肉人種の子孫といはれてもかまわない」。

　そのうえで伊波は、同祖というこの結論が状況＝現実にたいしてもつ意味を二つ挙げた。一つは、「沖縄人が日本人たる資格は、アイヌや生蕃が日本人たる資格と自ら別物であることを教えた」点であり、いま一つは、「沖縄の言語風俗習慣等」の「同化」のほかに「双方の血を混ずる」ことを「然るべき手段」とした点であった。血縁関係の有無を機軸として、前者では、沖縄の、ともに日本の外縁の位置に立つアイヌや台湾の住民にたいしての、本来日本に帰属するという意味における優越性が語られ、後者では、日本と沖縄の通婚あるいは混血が、別れてから二千年たつゆえに必要であり、同時に二千年まえ別れたとはいえ同根であるゆえに当然ともされた。

　だが「沖縄人の祖先に就て」→『琉球人種論』→「琉球人の祖先に就いて」[*]では、論議はかなり改変された展開をみせる。分量がふえたのは、語彙や音韻変化、数詞、神話、宗教などで、日本と琉球の共通性をあらわす事例を多く付加したからであるが、内容的にはとくに結びの箇所での改変が大きい。前引の結びの箇所の叙述を削除したうえで、伊波が強調したのは、かつての琉球王国の繁栄と、島津の侵寇によるその衰退であった。いわく、「尚真王の頃(四百年前)に至り、彼等は能く日本及び支那の文明を消化して自家独特の文化を発輝《ママ》させた、即ち内にあつては中央集権を行ひ、おもろさうしを編纂し、自国語の金石文を刻み、外にあつては支那日本暹羅《シヤム》朝鮮爪哇《ジヤワ》呂宋《ルソン》等の諸国と通商貿易をなした。(中略)然るに豊太閤出てゝ海内を一統するに及んで、その朝鮮半島に用ゐたる勢力の余波は間もなく慶長十四年の琉球征伐となつて現はれた。(中略)こゝに於てさしも盛なりし尚氏の海上王国は遂に変じて島津の宝庫となり、かつて南洋の津々浦々を遍歴せし波濤の健児はいつしか石原小石原の陸生動物と化し去つた」。琉球処分は、琉球民族をその悲惨から救い「蘇生」させたがゆえに、称えられることになる。

＊『古琉球』所収の「琉球人の祖先に就いて」と『琉球人種論』とのおもな異同は、前者が後者に、『古琉球』初版本でいえば、二九頁三行目—三二頁一〇行目(琉球の宗教思想と神道との類似性を指摘)、四五頁一行目—四七頁四行目(グスクについて追補)、五二頁二行目—五四頁八行目(沖縄人の由来について金沢庄三郎の説を紹介)、五七頁四行目—一一行目(言語についての説明の追加)の部分を書き加えたことである。

しかし、日琉同祖論に立ち琉球処分を解放と捉えるこの論議は、沖縄を日本のなかへ解消することを意味しなかった。琉球処分は、大日本帝国確立への一里塚としてでなく、あくまでも沖縄にとって圧制からの解放の契機を与えたという点で、評価されていたかららである。その意味では、日本への親近性ないし同一性を強調するこの立論で、かえって逆に、沖縄にとっての解放とは何かとの思念が、研ぎすまされてこざるをえない。改訂されたこの「祖先」論文で、伊波が、郷土を指す呼称を、日本の一県との性格を含意する「沖縄」に替えて、固有の社会であることを印象づける「琉球」を用いているのは、その証左にほかならない。日琉同祖論の高唱と琉球意識の強調は、背反性をでなく、相互触発性を帯びていた。

「琉球人の祖先に就いて」につづく第二論文「琉球史の趨勢*」は、伊波のそうした日琉同祖論の性格をもっとも端的に示していた。

＊ 冒頭の但書によると、この「趨勢」は、一九〇七年八月一一日、沖縄県教育会の席上での べた「郷土史に就ての卑見」に多少の訂正を加えたものとある。が、その所載紙『沖縄新聞』が発見されていないので、初出との異同を追うことはできない。なお、単行本『琉球史の趨勢』と『古琉球』所収のそれとでは、わずかの異同・補訂があるが、本質にわたるものではない。

伊波の日琉同祖論は、この論文で最高潮に達している。

表題がものがたるように「琉球史の趨勢」は、第一論文の「祖先」を承けてその後の「趨勢」を主題とするが、前半のモチーフは、(一)琉球史の過程における島津の征服および圧制、(二)そのもとで培われた沖縄人の面従腹背性、(三)そのような苦難のなかでの三大政治家、向象賢《しょうじょうけん》、蔡温《さいおん》、宜湾朝保《ぎわんちょうほ》の称揚であった。(一)については、「征服者たる薩州人は被征服者たる沖縄人を同胞視しないで奴隷視」したとの一句が、伊波の気持をあらわすに十分であろう。(二)については、中国への琉球の使節が、その地の革命にも融通のきくようにと、国王の印のみ捺した白紙の上表文を持参した空道《こうどう》という仕組みや、「食を与ふる者は我主也《モノクヰユスドワーオシユウ》」という俚諺を引き、「沖縄人の境遇は大義名分を口にするのを許さなかった」、「生きんが為めには如何なる恥辱をも忍んだ」と指摘した。そうして(三)については、島津の支配下でこれら三人の政治家を「恩人」と位置づけた。すなわち、近世体制への転換をはかった向象賢を、「沖縄人が薩摩に対して悪感情を有ってゐた時に」、「日琉人種同系論を唱へた」人物として、林政や検地などに抜群の才能をみせた蔡温を、「琉球の様なひどい処にもやりやうによつては、理想国が実現せられる」との抱負を持してゆずらなかった「琉球第一の政治家」として、さらに、琉球処分の推進派となった宜湾朝保を、「幕末の勝安房や朝鮮の李完用と並称せらるべき人物」として、それぞれ称揚した。*

＊『古琉球』初版附録に、向象賢の政治方針を伝える「羽地《はねじ》按司仕置」と、蔡温の苦心と抱負を記した「独《ひとり》物語」を収めたところに、彼らの事蹟をひろく知らせようとの伊波の意図が窺われる。

これらを貫くのは、「日本人と琉球人とは一人の母から生れた姉妹の関係」との主張であった。その結果、日本との関係において沖縄を、周縁と目される地域や人びとより上位に置こうとする意図が、露骨に示されることとなった。アイヌについては、「彼等は吾々沖縄人よりも余程以前から日本国民の仲間入りをしてゐます。しかしながら、(中略)不相変《あいかはらず》、熊と角力《すまふ》を取つてゐるではありませぬか」といい、朝鮮については、琉球と異なり、「朝鮮人と日本人とは遠い親類の関係」に止まるとした。アイヌとの対比では、琉球の文化的な高さを、また朝鮮人との対比では、その血縁上の近さをのべたてることにより、それらに比べての沖縄の優越性を主張したことになる。そうした姿勢あるがゆえに、「琉球処分は実に迷児を父母の膝下に連れて帰つた」ものとの表現さえ、とびだした。*

＊ それだけに伊波には、一年まえに強行された韓国併合への懐疑はなかった。「遠い親類」との言の直前にみえる「琉球問題は実に能く朝鮮問題に似通つてゐます」、「朝鮮の今後の成行も大方想像する事が出来る」との字句は、琉球を内国植民地とする視点から朝鮮の植民地化をも指摘した論議とみられなくもない。が、それらの論議は、さらにその直前の、「世界の大勢日本の革命琉球の弊政は皆琉球の処分を容易ならしめた所のもの」との一句を前提としていた。そのなかの「琉球」を、「韓国」または「朝鮮」と読みかえるとき、伊波にとって、琉球処分も韓国併合も、世界史の必然と認識されていたことがわかる。李完用は、その必然をみとおす眼をもった人物と位置づけられていた。

けれども「琉球史の趨勢」は、このような強烈な日琉同祖論だけで完結する論考ではなかった。それと同程度に強烈な「無双絶倫《ユニークネス》」論を後半にもっていた。そこで伊波は、日本に沖縄の「国性剝奪」でなくその尊重を、と声をかぎりにというていで叫んでいた。

伊波はいう。沖縄人はたしかに「日本人の一支族」ではあるものの、袂《たもと》を分ってから「二千年の間に自然変種になつた」。その結果、中国にたいしては「畏れる」より「親しむ」という感情をもったのと対照的に、日本にたいしては、「親しむ」より「畏れる」気持を抱いた。これは「いぢめ」られた結果としての、「人間自然の情」である。「こゝらは日本国民の三省しなければならぬ点」であるのに、琉球処分によって、「日本政府は即ち琉球王国を廃してその国家制度を滅却せしめ、風俗習慣制度等を滅却せしめようとした」。だが、そのように「これまでの惰力で琉球固有の者をかたつぱしからぶちこはさうとする人があつたら」、かえって、「両民族の間に於ける精神的連鎖を断切る」ことになる。「一致してゐる点」とともに「一致してゐない点」を発揮させることが、必要である。それは、「他人がまねる事の出来ない点」つまり「無双絶倫」の「個性」にほかならない。すなわち、「沖縄人微りせバ到底発現し得べからざりし所を沖縄人によつて発現する」ことであり、そこに「沖縄人が日本帝国に占むる位置」がある、とした。

そうしてヤマトと一体化するため琉球的なものを脱ぎ去ることに忙しい人びとを念頭に

置きつつ、「もし沖縄人にしてその個性を無くすることが出来る人がゐたら、これとりもなほさず、精神的に自殺したのであります」とまでいい切った。この論議が、琉球的個性の抹殺をかえって「国家の損失」とする角度からなされたことは、疑うべくもない。がそれは、日本政府およびその出先としての県当局の「国性剝奪」政策への、沖縄がわからのもっとも鋭い異議申し立てをなした。*

* この講演を伊波は、「琉球王」の異名をとった知事奈良原繁臨席の場で、彼の演説についで行っている。

だが第一、第二論文で、日琉同祖→独立王国としての古琉球→島津の侵寇とそのもとでの屈従→琉球処分による解放との史論を鮮明に打ちだしたとしても、その過程は所詮、沖縄にとって歴史の条件をかたちづくるに過ぎない。その条件に立ち向ってゆくべき主体が形成されなければならない。そうした主体は、沖縄人の既往の主体性の在りようを、その欠如まで含めて俎上に載せ自己切開することをつうじてのみ、形成へのいとぐちが拓かれるだろう。第三論文「沖縄人の最大欠点」と第四論文「進化論より観たる沖縄の廃藩置県」という、比較的に短い二篇の文章は、こうしてこの場所に置かれた。

前者は、「沖縄人の最大欠点」を「恩を忘れ易い」ことに求め、これでもかこれでもかといわんばかりの筆致で、その「欠点」をあばいた作品である。いわく「二股膏薬主義」、いわく「娼妓主義」、いわく「御都合主義」、そうしてそれらは「いつしか沖縄人の第二の天性となつ」たとまでいいきった。「空道」や、「上《アガ》り日《テダ》ど拝《ヲガ》ミゆる、下《サガ》り日《テダ》や拝《ヲガ》まぬ」とか「食を与ふる者は我が主也《モノクヰユスドワーオシュウ》」という俚諺に言及し、またこんなふうにも発言した。「世にかういふ種類の人程恐しい者はない、彼等は自分等の利益のためには友も売る師も売る場合によつてハ国も売る。（中略）沖縄の近代史に赤穂義士的の記事の一頁だに見えない理由もこれで能くわかる」。ほとんど自虐的というべきこうした文言は、沖縄と沖縄人の現状にたいする伊波の、怒りと悲しみとに根ざしていた。そこには、人びとを挑発しつつ、「娼妓主義」からの脱却による主体形成をはかろうとする彼の心境が、投影されていた。ともにそれを促す力としての教育家たちへの期待を表明し、あわせて「陽に忠君愛国を説いて陰に私利を営む」彼らを批判して、この文章を結んだ。

後者は、沖縄の廃藩置県を進化論から跡づけた論考、と決めつけてしまうには、すこぶる陰影に富んだ文章である。「廃藩置県は退化の途を辿つてゐた沖縄人を再び進化の途に向はしめた」というのが、伊波の結論であるが、彼はそれを、体質上と思想上の一点から論証しようとした。体質上とは、それまで狭い社会での同族結婚の繰り返しによって劣位に陥っていた体格・体質が、廃藩置県によって「沖縄がかきまぜられ」た結果、「自然と雑婚が始まり、雌雄淘汰が行はれ」て、改良されるだろうとの見通しを指す。*

また思想上とは、「数百年来朱子学に中毒してゐた沖縄人」が、廃藩置県によって、「幾多の新思想に接」する機会をもち、その結果、「今迄に見ることの出来なかつた個人を産出」するであろうとの見通しを指す。こうして廃藩置県は、「琉球民族」に「蘇生」への契機を与えたとの理由で、伊波によって必然であるとともに歓迎すべき事件とされた。

＊ この論議はやがて、伊波の優生学的思考として主張されるに至る。その点については次章で詳述する。

しかもこの短文は、それのみでは終らなかった。伊波は沖縄人＝フジツボ論を展開することになる。彼は、岩場にしがみつくだけのフジツボであったからこそ、沖縄人が生きのびてこられたといい、また、心の奥底まで外来者に支配されきらなかったといい、しかし同時に意気地なしになってしまったともいう。いわく、「此奴等は兎に角丈夫に固着してゐる故、浪が烈しく岩に打当てゝも離れる虞《おそれ》が無く、随《したが》つて岩に打付けられる様な恐れも無い。此奴足も無い眼もないものではあるが、蝦や蟹が如何に運動感覚の器官が発達してゐても、此場所では之と競争は出来ぬ」。「此奴」「此奴」と言葉を重ねるところに、「コノドウシヨウモナイ奴メ」と「ソレニシテモヨク頑張ツテタエヌイタ奴メ」とが相乗化された意味を込めて、沖縄人への伊波の、もどかしさをともなった溢れるばかりの愛情が、映しだされている。だからいう。「実に沖縄人は慶長十四年島津氏に征服されて以来、この政治的圧迫の強い処で安全に生存するために、その天稟《てんぴん》の性質を失つて意気地ない者と成り了つた」、が同時にそれゆえに、「世界の中で如何に強い武士も此場では扇子一本を持つた沖縄人と競争は出来」なかったと。

沖縄人のフジツボ的な退嬰性が、沖縄的な特性の火種をまもりとおすとともに、新しい時代に際会して、飛躍への桎梏になっているという、この二重の逆説の指摘に、伊波の沖縄への深い想いが、屈折してあらわれている。それだけに、こうした文章を書きすすめるにつれて、胸中にわだかまる無念がしだいにふくれあがっていったのであろう、突如、爆発させて、心奥を一挙にむきだしにする。「仮りに沖縄人に扇子の代りに日本刀を与へ、朱子学の代りに陽明学を教へたとしたら、どうであつたらう。幾多の大塩中斎が輩出して琉球政府の役人はしば〳〵腰を抜かしたに相違ない。そして廃藩置県も風変りな結末を告げたに相違ない」。こうして彼は、「三百年間の圧迫に馴れた人民には意志の教育が何よりも必要」といいつつ、それをまた教育家に期待するのであった。

『古琉球』の巻頭に置かれた史論四篇は、沖縄がいかにあるべきかについてのこのような作品であった。それは、(一)琉球処分＝廃藩置県を沖縄の解放への契機と捉え、(二)それを歴史的に正当化するため日本と琉球の同祖性を強調し、(三)それに先立つ島津支配下の琉球を暗黒時代と特色づけ、*(四)そのうえで、廃藩置県で「蘇生」した沖縄のとるべき途を「ユニークネス」の発揮と主張し、(五)人心をその方向へ奮いたたせるため内なる病弊を剔抉《てっけつ》するとともに、(六)人心改造の役割を教育家に期待するとの文脈をもっていた、ということができる。文脈をそのように再構成するため、伊波は、旧稿に大幅に手を入れてさえいる。その結果、純学術的な色彩の濃かった文章も、史論性をつよくもつ文章へと変貌し、この部分は、史論として組みたてられたがゆえに、経世論としての性格を顕著に帯びることとなった。

＊ この島津支配期＝暗黒時代説は、そののち長く、おそらく伊波の意図を超えて、ひょっとすると島津がヤマト全体へ拡大したかたちで、沖縄びとの歴史認識を縛りつけることになった。そうした呪縛からの解放の緒が提示されたのは、安良城盛昭《あらきもりあき》『新・沖縄史論』(沖縄タイムス社、一九八〇年)においてであった。

経世論としての日琉同祖論

史論＝経世論として組みたてられたのは、わたくしのいう第一群＝史論の部分のみではなかった。『古琉球』のこの機関車の部分に連結するのにふさわしいように、伊波は、この書物の編集をすすめる過程で、それにつづく論考の数々に、史論的字句を加筆した。

もっとも特徴的な修筆を、「琉球に於ける倭寇の史料」から挙げれば、つぎの通りである。二重カギの部分が、『古琉球』での追加となる。

(一)　この碑文の字は当時尊円の書法に達して尊円城間と称せられた城間といふ人が書いたといふことは疑がない（傍線部分を「ものらしい」と訂正）。『李鼎元がほめたようにその筆力は遒勁飛舞と評すべきである。さうしてこの頃に出来た石碑の書体は何れもさうである。（中略）一層面白く感じたのは、沖縄の書風が島津氏の琉球征伐を境界線とし□〔て脱カ〕二つに分れることである。前のは何れも活気があるが、後のは何れも活気がない。これで政治といふものは人間の指の先にまで影響を及ぼすものであることを知つた』。

(二)　爾来和寇の余波は折り〳〵琉球群島の岸を洗つて、アマミキヨ種族の昼寝の夢を敗《ママ》ることがあつた『が、それでも沖縄人ハ余り武備の必要を感ぜずして数十年を過ごした。さうして慶長十四年（西暦千六百九年）にはとう〳〵琉球王国に致命傷を与へるだけの大なる倭寇がやつて来た』。

それにしても伊波普猷は、人心における元気の回復を希求すればするほど、なぜ、日琉同祖論への傾斜を深くしたのだろうか。歴史上の事実とする認識が基本的に彼を支えていたに違いない。それを前提としていえば、経世論としての同祖論への傾斜の動機として、わたくしは二つの点を挙げたい。

第一は、同祖論が少なくともある程度、戦略論として提唱されたことであった。比嘉春潮の日記一九一一年四月二九日の条が、その点についての示唆を与える。長いが全文を掲げる。

『琉球人種論』読了。日本人種であるとの結論。伊波先生の持論である。併《しか》し、先生がなぜこんな論を公にせらるるかに就いては、わけがある。先生の考では、今の琉球人は早く日本人と同化するのが幸福を得るの道である、其為めに右の様な論をする。向象賢や蔡温、宜湾朝保と言ふ人々も、決して日本びきの人でない、寧《むし》ろ支那崇拝の思想を持って居た。併し、万人の幸福の為めに同種族論を唱へて居た。伊波先生は勿論支那崇拝ではないが、琉球人を文明人として恥ぢざる人種、否或る特種な文明を造り得た、又造り得る人種として、種族的自尊心を持って居られる。ここが吾々の先生に服する所である。それで自分でも時々、琉球人は大義名分を唱ふべき境遇でない、今こそ日本人と同種と言ふて居るが、如何なる時勢の変によりて、沖縄の指導者を以て任ずる人の口から支那同族論が唱へられるか知らぬと。

（比嘉第五巻）

伊波の言と比嘉の感想がいりまじっているものの、この文章からほぼつぎのようなことが読みとれよう。比嘉(そうしてたぶん、伊波を囲む比嘉ら若い知識人たち)には、伊波がなぜ熱心に同祖論を唱えるのかについて、幾許《いくばく》かの疑問があった。伊波はその疑問に、こう答えるのを常とした。同祖論を唱えるのは、自分が日本びいきだからではない。いまの琉球人にとって、幸福をえる途だからである。琉球人は立派な文明を造りえた人種だ。*しかしいまは、理想を高らかに謳いあげる境遇にはない。だから実力を培うためにも、同祖論が必要なのだ。時勢が移れば、別の論議が出ても不思議ではない、と。そこには、目下の状況では同祖論を選んでゆかざるをえないとの主体的な判断が示されていた。伊波は日琉同祖論を、目的でなく、沖縄にとっての手段ないし過程と考えていたことになる。

＊ 比嘉や伊波は、「人種」と「民族」を比較的に無造作に使うことが多いが、その点はここでは論じない。

第二にそれは、先駆者としての伊波の孤独感に根ざしていた。「琉球史の趨勢」がその材料を提供する。すでにのべたようにこの論考の前半で彼は、島津支配下の琉球の生んだ三大政治家つまり向象賢、蔡温、宜湾朝保を追慕している。そのなかで蔡温の感懐として記したつぎの箇所は、伊波自身の感懐でもあったろう。いわく、「一度自覚して見ると、彼れの目に始めて影《ママ》じたのはその母国琉球の憐れなる境遇であつたのであります。世に酔生夢死の同胞の真中に独り醒めてゐる人程寂寥を感ずる者はありますまい」（原文は全文傍点）。

わたくしのこの推測はあながち荒唐無稽ではない。伊波は、「琉球史の趨勢」とつづく「沖縄人の最大欠点」とのあいだの半頁ほどの空白部分を、これら三人のつぎのような文章、琉歌、和歌で埋めているからである。「今少相改度儀御座得（候脱カ）共国中に同心之者無御座悲歎之事に候。知我者北方に一両公御座候事」（羽地按司＝向象賢）、「誉《ホマ》れそしられや世の中の習ひ沙汰も無《ナイ》ぬ者の何《ノ》役《ヤク》立ちゆが」（具志頭《ぐしちゃん》親方＝蔡温）、「野にすだく虫の声々かまびすし誰《タ》がきゝわきてしな定めせむ」（宜湾朝保*）。いずれも、孤独な経世家としての感懐にほかならない。

＊　再版以降、この部分は全部削除される。

伊波がヤマトにいた折、琉球人としての孤独感に襲われたであろうことは、想像に難くない。しかし彼は、帰郷してからも孤独感を抱えて生きていたのである。まわりに若い知識人たちのサロンが形成され、自身も快活な談話者としてふるまいながらも、孤独感を拭い去ることはできなかった。彼は当時の沖縄では、疑いもなく知的に超エリートであったが、その孤独感は、エリート意識に由来するというよりはむしろ、沖縄の将来についての使命感の強さに発するものであったろう。『古琉球』は、そうした超エリートの使命感に衝き動かされた絶望から希望を生みだそうとする意識の所産であった。それでも日琉同祖論は、少なくとも四つの点で、当時の伊波に思想的盲点をもたらした。

第一は、沖縄を文化的に高い存在と強調しようとするあまり、アイヌについて、「彼等は、(中略)不相変、熊と角力を取つてゐるではありませぬか」とのかたちで(「琉球史の趨勢」)、つよい差別感を吐露したことであった。第二は、日本への近さを強調するために、琉球人と日本人とが「姉妹の関係」であるのにたいし朝鮮人と日本人を「遠い親類の関係」と措定し、『古琉球』刊行の前年一九一〇年の韓国併合を、世界の大勢に則した方策と認識したことであった(同上)。第三は、沖縄びとの精神のドレイ性を指摘するのに急のあまり(それはたしかに、自己切開の痛みをともなったのだが)、琉球・沖縄史に貫流する自主の精神を見のがそうとしたことであった。そうして第四は、日本との対比や日本との関係が大きく視野を占めるようになった結果、ポリネシアを含む世界各地の神話的伝説的詩的世界への展望を稀薄にしたことであった。そうしてこれらの盲点は、彼自身にとって克服すべき課題として遺されることになる。

それまでの自分の精進の決算というべき『古琉球』を、伊波は、同学と目する人びとへ贈ったであろう。そのうちの三冊は、民俗学の旗を掲げつつあった柳田国男に献呈された。南海から届いたこの書物によって、柳田は伊波普猷の名を知る。「始めて伊波君を知ることになつたのは、（中略）あの『古琉球』といふ書物を、あちらから贈つてもらつたのが機縁でありました」（柳田国男「学者の後――伊波普猷君追悼会講演」一九四七年、『定本柳田國男集』第三〇巻、筑摩書房、一九六四年）。この機縁は、伊波ののちの生涯に大きな意味をもつこととなる。

だが、それには一〇年の歳月を俟たなければならない。『古琉球』の想をこらすなかで、沖縄の人心の改造への傾斜を深めていった伊波は、この書物の刊行後それゆえに、その目標に没頭するに至る。

四　精神革命の布教者

『古琉球』がもたらしたもの

『古琉球』は、沖縄社会および伊波普猷自身にとって、またヤマトにとっても、沖縄認識の新しい次元を拓いた。後者については、一九二一年の柳田国男、折口信夫の来島と伊波との交遊、さらに二五年の伊波の離郷と出京の箇所でのべることとし(次章)、前者については、つぎの二点を指摘することができる。

その第一は、沖縄社会に沖縄についての自覚の気運を盛りあげたことであった。「琉球」「沖縄」との刻印は、人びとにゆき場のない悶えと怨みをもたらしてきた。例示すれば、一九一〇年代初めの一時期、言論人として活躍した山城翠香《すいこう》の、長文の論説「琉球に生れたる悲哀を告白して琉球民族の自覚時代に論及す」(『沖毎』一九一一年一月一―七日)のごときは、彷徨する新世代の悩みを、もっともよく形象化した作品であった。そこで彼は、「「琉球に生れたる悲哀」から発足したい」としつつ、こう語りつぐ。「「貴君のお国は何処らですか」／と他県人から聞かれる場合は／「私は、沖縄県でございます」と答え《ママ》た後に何となく侮辱されたやうな心持ちになる、かくの如き心的経験は屢々《しばしば》我等琉球人の当然享《う》く可《べ》き昔からの迫害になつて居る」。そのような悲哀感を前提とするこの論説は、ナチュラリズム、ミスティシズム、プラグマティズム、ロマンティシズム、ディレタンティズム、ニヒリズム、デカダンスやノライズムをさまよったのち、一方で琉球民族の「箇性」を強調しつつ、みずからも収拾つかなくなったように、他方で「国体的観念に適応する赤誠」を結論とした。『古琉球』ないし伊波の琉球史・琉球文化研究は、出口が見えないためのそのような一種の混迷状態に、一筋の光をさしこんだ。

その光は、沖縄の人びとの心に到達したとき、二つの方向に反射したようにみえる。

一つは、琉球とヤマトとの本来的同一性の確認という方向へであった。ヤマトびとかと思われるが、遠藤千浪「二千年の国(伊波文学士の著書をよみてうたへる)」(『新報』一九一一年一二月二六日)は、そんな受けとめかたを代表する。八首の和歌から成るこの作品は、日琉同祖に沖縄の誇りの回復をめざしていた。そのなかにいわく、「あまみきよ天津皇孫が北南あもり治らせし大和沖縄」、「おなじたねおなじ二《ママ》と葉の人なれやこころかはらじ世はかはるとも」、「大和さへうつりかはれる言の葉を今し琉球は神ながらの島」、「二千年なかをへだてし同胞がふたゝびむすぶ沖縄の島」。

いま一つは、琉球人としての自覚という方向へであった。「平生《たいら》」との署名のある『古琉球』を読む」(『沖毎』一九一二年一月二九日)に、その典型をみることができる。山原在住らしい筆者は、つとに伊波の文章を、新聞切抜きとしてノートに貼りつけていたとある。「『古琉球』は伊波文学士の脳髄に映じた我々祖先の面影である。(中略)それには古琉球の時代気分や社会情調や民族心理等と云ふものが、恰《あたか》も鏡を突き出されたやうにはつきりと撮つてゐる」。「古琉球と云へば文字の上から古いと云ふ感じが先に立つけれども実にその内容は新らしい琉球人の自覚の声なのである」。また『新報』のコラム「金口木舌」(一九一二年一月二五日)の、「伊波物外君の古琉球を読んで見ると沖縄でも斯《こ》う云ふ価値のあるものがあつたかと思ふ節々が多い」との言も、この系列に位置づけられよう。

読者の受けとめかたは、これらに示されるように、一つではなかった。とはいえ『古琉球』は、その中味を汲みとろうとした人びとを元気づけた。同時に、琉球への関心をあらたに惹き起した。

その第二は、ここで打ちだされた「古琉球」という語が、一つの概念として独り歩きをはじめたことであった。

『古琉球』の刊行は、一九一一年一二月一〇日であるが、その語が初めて新聞紙面などにあらわれるのは、同年一月二七日の『沖毎』に、同書の「予約広告」としてであった。『新報』には翌二八日、「『古琉球』の出版(伊波文学士の著作)」と題する紹介記事が載り、『沖毎』と同文の「予約広告」は、三〇日に掲載される。やがて表紙に刷られるのと等寸の、筆太の「古琉球」の三字は、読者の眼を射たであろう。これは、この三文字が人びとの心に印象深く刻みこまれた最初といえよう。* 五月一日刊行という当初の予定が遅れに遅れて、年末にそれを表題とする書物が出現したとき、人びとは、この語によって、一つのまとまった内容を表意しうる手だてを獲得することとなる。「古琉球の女《ひと》は雅なりし裏門に「仲風節《なかふう》」歌へば飛び出しと云ふ」(「琉球の音楽」㈠、「平氏」の署名、『沖毎』一九一二年二月二日)のような用法が散見しはじめるのは、その例である。

* 『沖毎』に「予約広告」が出た一〇日後の二月六日から一〇日にかけて、三回にわたり、「東京早稲田　仲吉良光」名の「古琉球人の情的生活」が連載された。仲吉は、のちジャーナリストを経て首里市長、戦後は「復帰男」と呼ばれた人物であるが、当時は、早大英文科の学生であった。琉歌を材料として琉球の人びとの感情ことに恋愛感情を論じた作品である。沖縄―東京間の交通事情からして、「予約広告」をみてからものした文章とは考えられず、「古琉球」という概念定立への気運が、醸しだされていたことになろう。ただし仲吉のいう「古琉球人」とは、「明治教育が吾々を強い」るまえの時代の人びとを指す。

伊波自身ももとより「古琉球」の語を駆使しはじめる。そうしてこの語はおおむね、一六〇九年の島津侵寇まえの琉球を指す概念として定着してゆく。と同時に「古琉球」の定着は、伊波に、それと対比されるべき時代概念の創出を促した。「近代琉球」という語がそれであった。伊波普猷・真境名安興共著『琉球の五偉人』(小沢書店、一九一六年、全7)の伊波の執筆部分には、島津入り後の琉球をさす概念として、この語がしきりに用いられることになる(現在は「近世琉球」と通称される)。*

＊　のちには「古琉球」のヴァリエーションとして「古八重山」などの用法が生みだされる(一九二五年二―三月のころ、『八重山新報』連載の、黒島致良「民謡に現はれたる古八重山の貢租と其観念の変遷」など)。

「心中の奴隷を除くより始めよ」

『古琉球』で、みずからの琉球史開拓の成果を示した伊波は、その後も「胸中の泉」を掘りつづけた。文筆活動としてみるとき、その数は少ないものではない。『古琉球』刊行の一九一一年一二月一〇日から、柳田国男に会う二一年一月五日までの期間をとるなら、「年譜」所載の「著作目録」で、長短あわせて一〇一篇を数える(うち四一篇は現物が失われ表題を遺すのみ)。談話や自伝的な文章や児童向けの作品もかなりあったとはいえ、一四年の大病(糖尿病と腎臓病という)や、図書館長という職務を考えあわせるとき、探究は、倦《う》まずに続けられたというべきであろう。そこには、『人生ト宗教』(比嘉賀秀と共著、一九一四年、現存せず)、前述の『琉球の五偉人』、『古琉球』再版(糖業研究会出版部、一九一六年)、『琉球語便覧』(同上、同年、全8)、『沖縄女性史』(真境名安興との共著)という五冊の書物が、含まれていた。『新報』一六年七月九日には、「著述の為多忙に付本月中面会御断申上候」との通信がみえる。そのための場として一三年には、城嶽南麓の伊波家の別荘に、書斎兼住居としての曝書山荘を建てていた。

琉球探究におけるこの期間の伊波の関心は、相かわらず多方面にわたっている。とはいえ、基本的な態度の点で一つの移行がみられた。その移行とは、ヤマトないし日本帝国にたいする要望をのべる度合が、著しく減少し、彼の視線がほとんどもっぱら、沖縄ないし沖縄人がいかにあったか、またいかにあるべきかの問題に集中していったことである。

まえの時期を受けつぐかたちでのヤマトへの要望は、「古琉球の政教一致を論じて経世家の宗教に対する態度に及ぶ」(『沖毎』一九一二年三月二〇―三〇日、同月一七日の基督教青年会における講演筆記〈筆記者は月城〉、のち訂正増補して『古琉球の政治』として刊行、全10)で繰りひろげられた。

これは、河上肇の論文「崇神天皇の朝神宮皇居の別新たに起りし事実を以て国家統一の大時期を劃するものなりと云ふの私見」を、導きの糸としつつ発想された作品であった。そこで河上は、崇神天皇時代の神宮と皇居の分離が、政教の分離を意味するのでなく、天皇氏の氏神に過ぎなかった皇祖の神霊が、統合されてきた諸種族共同の神となったことを意味し、その点で却って、当時の社会における祭政一致の重要性をものがたると主張した。それを承けて伊波は、北山・中山・南山を統一した尚真王が、血液を異にし神を異にする諸種族を、どのようにして精神的に統合したかを問い、尚氏の氏神を民族共同の神としていった過程を追っていた。そうして結びの箇所で、あらたに沖縄や台湾や朝鮮を吸収した日本帝国が、どうすれば「異民族を包容して一大国民を造」りうるかを論じた。

その答えを伊波は、あらたな道徳と信仰を採用することによって「人心」に「一大革新」を起すところに求める。具体的にはそれは、「武士道」のような封建道徳を振りかざすのをやめること、「唯尊大にかまへて、殖民地人の人格を無視する」ようなその地在住の日本人の心性を変えること、「民族的宗教」でなく、「人類同胞の実を挙げる」ような「進歩せる宗教」を鼓吹することなどを意味した。偏狭な国家主義また排他主義あるいは画一主義の除去を求めていたことになる。それを彼は、「嶋国根性」こそ「帝国発展の大妨害」と称した。有無をいわせぬ同化＝ヤマト化への、苦痛感の表明であったというに足りよう。*

＊ 伊波をこの論考へと触発したのは、この年、内務次官床次《とこなみ》竹二郎によって企画された三教会同であった。三教会同は、日露戦後期の国民統合政策の一つであるが、伊波は、「日本在来の民族的宗教は勿論、古参の仏教も、新参の基督教も、一視同仁に取扱」うとの点から、それを支持している。国家への幻想にもとづく錯覚と、教会活動への参加を通して嘗めてきたマイノリティ感とが、ないまぜになってこの期待感の表明になったと考えられる。

けれどもこのような東京政府への注文は、この時期、むしろめっきり影をひそめた。それは、沖縄の苦痛や沖縄への施策の不公正さを、他者に訴えかけるのを第二義的な課題でしかないとする気持が、伊波のなかで強まったことを反映する。かわって彼の視線が沖縄ないし沖縄人に集中したのは、その歴史や心理を洗いだし、そうした結果としての沖縄人自身の精神革命によってのみ、未来を拓きうるとの確信が、彼において醸しだされてきたことを意味する。そのような確信を彼にもたらしたのは、『古琉球』の刊行という実績であったろう。

再三触れたように、この時期の伊波の有名な文章の一つに、「琉球処分は一種の奴隷解放也」(一九一四年)があった。表題から内容は、古琉球としての栄光期、薩摩藩附庸下の暗黒期、琉球処分による奴隷状態からの解放という、著書『古琉球』における図式の再説ではないか、と推測されやすい。しかし実際には、そんな楽天性と対照的に、結びの部分でつぎのように、奴隷解放は形式上に過ぎず、沖縄人はまだ精神的に解放されていないと痛切に指摘された。「沖縄に於ける奴隷解放は明治十二年に施行された訳であるが、それはほんの形式上のことで、大正三年の今日に至つてもなほ沖縄人は精神的には解放されてゐない。吾人はブーカー・ワシントン*が、個性を没却し模倣をこれ事とするその同胞の為に、精神的の奴隷解放を絶叫する所を学ばなくてはならぬ。(中略)この根性を取去るでなければ、沖縄人は近き将来に於て今一度悲しむ可き運命――奴隷的生活――に陥るであらう」。内なるドレイ性からの解放へのしるしを求めて、伊波は、そのころ目立ってきた若者たちの覚醒を、「喜ぶべき現象」とした。「近来沖縄青年の一部に、自己に対し、父兄に対し、先輩に対し、社会に対し、反抗的精神の高調しつゝあるは、やがて彼等が自己の解放を要求する内心の叫びに外ならない」。

＊　一九世紀末期のアメリカ合衆国の黒人指導者。公民権獲得の前提としての教育と技能の習得に先鞭をつけた(四二〇頁**補記2**参照)。

伊波が、内なるドレイ性の払拭にどんなにこだわったかの片鱗は、『古琉球』再版所収の「琉球処分は一種の奴隷解放なり」の末尾の部分にもみることができる。彼はそこで、梁啓超の『飲冰室文集《いんぴょうしつ》』からつぎの章詞を取りだして、付のかたちで置いた。内なるドレイとの観念は、あるいはこの文章を読んでいて思い当ったものかもしれない。「以身奴隷於人者。他人或触於慈祥焉。或迫於正義焉。猶可以出我水火而蘇之也。美国之放黒奴是也。独至心中之奴隷。其成立也。非由他力之所得加。其解脱也。亦非他力之所得助。如蚕在繭。著著自縛。如膏在釜。日日自煎。若有欲求真自由者乎。其必除心中之奴隷始」(身を以て人に奴隷たるは、他人あるいは慈祥に触れ、あるいは正義に迫り、なお以て我を水火より出し之を蘇らすべきなり。美国(=米国)の黒奴を放つ是なり。独り心中の奴隷に至りては、その成り立つや、他力の得て加ふる所によるに非ず、その解脱するや、亦《また》他力の得て助くる所に非ず。蚕の繭に在る如く、著々と自ら縛り、膏の釜に在る如く、日々自ら煎る。もし真の自由を求めんと欲する者あらんか、其れ必ず心中の奴隷を除くより始めよ)。

沖縄びとの精神革命への希求は、伊波においてこのように高まった。この時期の公人としての彼の営みは、ほとんどこの目標に向けて捧げられる。それはほぼ二つに分けられる。一つは、「胸中の泉」を掘るという意味での探究であった。その想いを伊波はまた、『古琉球』再版の序に、ニーチェの「汝の立つ所を深く掘れ、其処には泉あり」の言葉を、つけ加えることによって示した。探究は、風土と歴史にもとづく沖縄びとの心性の特徴をえぐりだすことをつうじて、その改造ひいては自力による解放への土壌を培い枠組をつくることをめざした。いま一つは、そうした枠組を人びとにひろげてゆくという意味での啓蒙であった。彼は、その運動に寧日なき観をも呈し、さながら精神革命の布教者となった。

東京での『古琉球』再版

まず、経世家的な情熱に衝き動かされた伊波の琉球探究の跡を訪ねよう。

伊波の心を、念願を達したとの想いでもっとも深く満たしたのは、一九一六年の『古琉球』の再版であったろう。初版の刊行が、琉球・沖縄探究に旗を立てたとの愛着がつよかった反面、その体裁には不満が多かった。誤植が多く、本文中の一部が紙質を異にするうえ、活字の墨付もわるかった。再版の序文「古琉球の再版にあたりて」で彼は、「印刷紙質装釘の体裁が極めてまづく」と心残りの点を挙げたうえで、「今度は東京で出すようになつたから、大に訂正増補し」とのべている。『古琉球』の東京進出であり、東京文化の一方的な流入のなかで、それ自体、文化史上に画期的な事象であった。

とはいえ出版元は、業界の大手とは程遠く、糖業研究会出版部という、沖縄の基幹産業である砂糖に関係の深いと推測される機関であり、*そこにも琉球・沖縄問題の、マイナーたらざるをえない状況が反映していた。この書物に眼をとめた支援者が出現して、刊行に至ったと思われるが、経緯は明らかでない。それでも伊波には喜びの深かったことが、「大に訂正増補」との口吻から窺われる。

＊ 糖業研究会は、東京市芝区三田小山町一四番地所在とあるが、その実態はわたくしには不明である。

初版との内容上の異同を略記すれば、短文の「病床日記の一節」一篇を削除し、「琉球処分は一種の奴隷解放なり」「南より」「小さき蟹の歌」「『弓張月』の毛国鼎が辞世の歌に就いて」「琉球語の聖書」「追遠記」の六篇と、巻頭に新村出「南嶋を思ひて――伊波文学士の『古琉球』に及ぶ」を追加している。追加の六篇はいずれも、初版刊行後にものされた論考であり、新村の一文は、『藝文』第三年第七号(一九一二年七月)所載の『古琉球』の好意的な紹介を、この旧師に乞うて転載したものである。＊「附録」としては、初版の「羽地按司仕置」「独物語」に代えて、『混効験集』が収められた。写本としてのみ伝えられてきたこの一八世紀初頭の琉球語辞書を、このさい翻刻して、研究者の活用を期待しようとの気持からであったろう。＊＊初版以来の論考にもわずかに表題の改変や多少の増訂がなされた。こうして附録とも菊判四六八頁の初版は、再版では四六判本文四六七頁、附録五二頁、合計五一九頁の書物となった。

＊ この紹介の末尾で新村は、「印刷紙質装釘」などの悪さに触れている。伊波には、この批

判がいたくこたえていたのであろう。

** 「附録」のいれ換えにともない、扉の英文表記もつぎのように変更された。"OLD LOOCHOO/VIEWED/IN THE LIGHT/OF/LOOCHOOAN STUDIES/BY/F. IFA/To which is added 混効験集(The Court-Dialect of Loochoo)/Tokyo./1916."

しかしこれらの変更にも増して、再版の特色をよく示すのは、巻頭に二五葉の口絵が収められたことであった。それは、一「首里城歓会門」に始まり、二「浦添城趾より発掘せる古瓦」、三「琉球国王之印」、四「首里之印」、五「蔡温の筆跡」、六「御教条の木版」、七「宜湾朝保の肖像と其の筆跡」、八「宜湾朝保の筆跡」、九「中城城趾」、十「中城城の平面図」(ペリー一行の随員によって測量されたもの)、十一「室町時代の琉球の古文書」、十二「南蛮へ行く使者に与へし辞令書」、十三「儀間真常*に与へし辞令書」(琉球入(島津侵寇)前のもの)」、十四「同上(琉球入後のもの)」、十五「浦添ようどれの金石文(琉球文)」、十六「同上(右漢訳)」、十七「琉球の官生が国子監にて授業を受くる図」、十八「琉球劇曲作者の鼻祖玉城朝薫の墓」、十九「琉球の国劇最初の舞台」、二十「琉球古劇—二童敵討」、二十一「琉球語の聖書」、二十二「伯徳令《ベッテルハイム》《はくとくれい》**の住居にあてられし護国寺」(クラクロフトのスケッチ)とつづき、最後に、二十三「著者と其の曝書山荘」、二十四「著者肖像」、二十五「十八年前の田島先生と伊波生」を置いている。末尾の著者に関わる写真をのぞき、琉球文化の精華とその変遷を視覚的に示そうとしたといえよう。

＊　一六、七世紀の産業界の偉人。サツマイモ栽培の普及、木綿織りの創始、砂糖製造の奨励に力を尽した。

＊＊　一八四六―五四年、那覇で伝道した最初のプロテスタント宣教師。ハンガリー生れのイギリス人。二十一の「琉球語の聖書」は、彼の翻訳に成る。

琉球的なものへの愛情とその苛酷な運命への無念さは、口絵中の十三と十四に、もっとも端的にみることができる。そこでは儀間への辞令書を、島津侵寇前のものとその後のものとの二通並べることにより、書体の変化のうちに琉球の位置の激変を読みとっている。いわく、「読者は右に挙げた琉球入前の古文書が何れも勢があるのに反して、この古文書の勢のないのを見るであらう。(中略)政治といふものは人間の指の先にまで影響を及ぼすものであることがわかる」。のちに伊波は、『古琉球』三版(郷土研究社、一九二二年)を出すとき、口絵を三〇葉にふやすがそのなかにわざわざ、「古琉球人に扮したる著者」像(『古琉球』初版を準備中の一九一一年三月撮影)を入れた。

琉球の文化的な根への伊波の思い入れの深まりは、またこの書物中の一文「琉球に固有の文字ありしや」(初版の「沖縄」を「琉球」と変更)にも窺うことができる。初版ではこの問いにたいして否定的に答えを出していたのに、再版では「附記」として、その後の文献渉猟や史料探査の結果として、十干十二支の一七文字(十干は、キノヘ・キノトが〻という一文字というふうに五文字)だけは存在したとのべ、結論を加えている。そればかりかこの一七文字を表紙の装釘に用いもした。

弱者の主体性を掻きだす

ここにみられるような琉球・沖縄への想いに支えられて、この時期の伊波の探究は、どんな特徴をみせただろうか。前の時期との対比で、どんな新しい境域を切り拓いたかを、わたくしは五つの点で指摘したい。

第一は、弱者の心理について省察を深めたことであった。すでにみたように伊波は、「空道」という慣行や「物呉《ものくゐ》ゆ者《す》ど我が御主《おしゅう》」という俚諺を捉えて、弱者として置かれてきたため沖縄びとに巣くう、二股膏薬性や強者への迎合性を剔抉した。しかしそれにつづくこの時期、彼はこうした病弊の指摘をつづける一方で、はるかに多面的に、弱者性がもつ可能性にも眼を開いていった。

その名も「弱者の心理」と題する一文は(『新報』一九一五年二月一―二日、全10)、沖縄びとに張りついた「弱者」の心理についての、伊波のもがきを示している。そこで彼は、「沖縄人には今日といへども他民族の一個人を強者と見、(中略)其強者と調子を合はさうとするクセがある」としたのち、なお悪いことに、外部や強者にたいして弱者の彼らは、内部や弱者にたいしては、強者として「如何に残忍酷薄」かと衝いた。自分もそんな弱者の一人と告白しつつ伊波は、「願はくはこの悪民族性を根こそぎにしたい。さうしてホントの強者になりたい」と切望した。それから二年後の論文「事大主義の三転化――支那の動乱と琉球の態度」(『沖縄新公論』第一号、一九一七年一月、のち『琉球古今記』に、「支那の動乱と琉球の態度――事大主義の三変遷」と改題して所収、全7)では、太平天国のさい首里王府で、「御機嫌伺ひ」の使節を出すべきかどうかで大評定があったと、その右往左往ぶりを明らかにして、「二股膏薬主義」をあばきだした。

けれどもこの時期の「弱者」観は、それらのみではなかった。「小さき蟹の歌」(『沖縄児童新聞』一九一六年五月一五日、現物を欠く、『古琉球』再版所収、全1)は、伊波の、暮しのなかでの「弱者」の心理に寄り添う気持を表白した作品となっている。西表島《いりおもて》古見《こみ》の港には、ひるぎ林の木蔭の砂に、ヤクヂヤマとシラカチヤという小さな蟹が住んでいて、まるで三味線を弾いたり踊ったりするように、はさみを上げ下げしている。それを詩材として作られた「やくぢゃま節」を紹介した文章である。

「やくぢゃま節」と、それに伊波のつけた訳は、つぎのとおりである(上段と下段で示した)。

うさいの泊《トマリ》のやくぢやま
作田節《ツクテンブシ》ば詠《ナガ》めうる
おれが隣《トナ》りのしらかちやう
おれに合《アハ》しゆて
三味線《サミセン》ばぴき詠《ナガ》めうる
生《マ》れる甲斐《カヒ》産《ス》でる甲斐《カヒ》
がさみのなかなが子《ファ》ば産《ナ》し見《ミ》やむな

おるづんの若夏《バガナツ》のなるだら
いざられのこと思《オモ》ひ
此処《オマ》よ見《ミ》ればん彼処《カマ》よ見《ミ》ればん

ウサイの泊のヤクヂヤマが
作田節を謡つてゐる、
そのお隣りのシラカチヤは
それに合せて
三味線を弾いてゐる、そして彼等はかう歎じてゐる、
「折角生れる位なら、
カザミのやうな強者になつて生れゝばよかつたのに、けれども生れ落ちた以上は仕方がない、せめてカザミのやうな強い子でも生んで見たい、
それから初夏の交になると、
吾輩は海人《アマ》にいざられることばかり気にする、
此処からも彼処からも、

炬《タイ》の火《ピ》やあからぱたらしはりきいば
大爪《オホツメ》よかな爪よぷちゆるぱたらし
かゝれの苦《ク》れしや
何頼《ナヲタノ》みいか頼《タノ》まばど
我身《ワド》の隠《カク》される
とんだぶしありんばぶし頼《タノ》まばど我《ワ》
身《ド》や隠《カク》される

漁火《イザリビ》がパチ〳〵と音を立てゝやつて来ると、
この大事な大螯《ママ》が折られるから堪らない、
マア何に頼つて、
このか弱い身の安全を計らう、
紅樹《マングローブ》の根や阿旦《アダン》の根に隠れるより外に道
がない」

このように引いたのち伊波は、この歌の、束縛されない自由な詩形や、「炬の火」の行と「大爪」の行で、パ音をきかせた擬音の使い方に、歎称の辞を連ねる。そうしていう。「この歌は弱者の心理……琉球民族の心理……を謡つたものと思はれてならない。古来専制政治の下で苦しんで、訴へる道さへなかつた南島人は、自分等と運命の類似者なるヤクヂヤマやシラカチヤの憐れな境遇に偶して其心懐を吐露したのであらう」。

ここには、かつてのように弱者ゆえに習性となった〝醜さ〟を剔抉するのでなく、彼らの立場に身を移し、彼らに代るようにその心情を世に訴えるとともに、そうした立場ゆえに造りだしえた「思想及び言語の和一的美」への讃美があった。小さき者へのつきせぬ愛惜ともいえよう。それだけ伊波は、沖縄びとの内在的な力ないし弱者としての主体性を、掻きだしはじめているのであった。

世替りを希求する心

第二にそれゆえに伊波は、たとい弱者であっても、あるいはむしろ、弱者であるゆえの、沖縄びとの変革への主体性に注目しはじめる。そのことは、論考「食呉《ものくゐ》ゆ者《ど》我が御主《おしゅう》の真意義」(『新報』一九一五年一二月二〇—二四日、但し二三日分を欠く、全10)にもっとも鮮やかにあらわれている。この俚諺についての伊波の本来の解釈は、既述の「沖縄人の最大欠点」に示されるとおり、「娼妓主義」「御都合主義」の集約的な表現とするにあった。だが「真意義」では、その解釈を一八〇度転換させ、これを世替り願望の叫びとするに至る。

この俚諺は、口碑では、一五世紀に尚徳王の死後、世子を廃して人望ある金丸《かにまる》を工位につけようとの提議があったさい、安里大親《あさとうふや》が「物呉ゆすど我が御主」と叫んだのに始まるとされる。群臣に推されて王位についた金丸が、尚円と名告って第二尚氏の王朝を開いたことは、琉球史上のもっとも有名な場面の一つである。これについて伊波はいう。

「世に沖縄ほど食物の欠乏を感じて、之を与へ得る良い治者を憧憬した所は少なからう。

かういふ人民が尚徳のやうな好戦的の「よのぬし」に愛想をつかしてよがはりを希望したのは無理ではない。（中略）オモロにも「にが世《よう》あま世《よう》なす君」「世並の凶しきを吉きにかへす君」といふ類似の文句がある。（中略）「より善く生きたい」と願ふ沖縄人の苦しい叫びだと思つたら間違がない＊」。「食呉ゆ者ど我が御主」はこのように読みかえられ、そののち伊波は、この解釈を保持しつづけた＊＊。

＊　ただし「沖縄人の最大欠点」は、『古琉球』のその後の改版にも、補訂なしに収録された。

＊＊　一九二二年、従弟の許田普教が『通俗琉球史』（小沢書店）を刊行したさい、それに寄せた序文「わが沖縄の歴史（『通俗琉球史』の序に代ふ）」では、自己の旧説を忘れたように、この俚諺を事大主義とする解釈を否定している。

だが、こうした世替り説は、ヤマトの万世一系説との相違をきわだたせずにはいない。伊波もこの論考の末尾で、そのことを意識して両者の整合をこころみている。要点は、ヤマトで「将軍や幕府は幾度か代つても、皇室が動かない理由」を、福沢諭吉の「帝室は万機を統ぶるものなり万機に当るものにあらず」との言を引きつつ（「帝室論」一八八二年、にみえる表現）、天皇不親政論に求め＊、「顧みてわが沖縄の歴史を見ると、生活難の為によがはり即ち易姓革命の記録と化してゐる。併し沖縄で治者が幾度か代つたのを将軍や幕府が代つた位に見たら、何の事もない」とするにあった。

＊「帝室論」的な天皇観は、伊波の本音であったろう。およそ権力性を感じさせない彼の思考と感性の体質は、天皇を政治の局面に牽きだし大権で固めようとする国家の路線に、嫌悪感を蔽えなかったであろう。と同時にそうした体質は、彼を、積極的な共和論者とするのから遠い位置においた。伊波は、『新報』の一九一二年一〇月八日で、「明治聖代紀念事業」として沖縄ではどういう事業が適切かとの問いに答えて、博物館の建設を挙げている。そのように天皇を、「文化」と結びつけてゆこうとするところに、彼の天皇観があった。

それだけ世替りに固執したのは、そのころ伊波が、世替りを希求する心を蓄えつゝあったことを示している。「真意義」における「食呉ゆ者ど我が御主」の新解釈は、その直前に発表した「世謡と世誓」(『沖朝』一九一五年一一月一一—一七日)の要約とある。この論説は失われているものの、表題からみて、世替りへの予兆を主題とした作品であることは、間違いない。あらたな世替りへの待望！　それは、それまでの伊波の持論であった「廃藩置県(または、琉球処分)は一種の奴隷解放也」への一つの修正にほかならなかった。「真意義」の結語で彼はこうのべる。「「沖縄の政治上の束縛なる奴隷制度はどうやら廃止されたが、奴隷的境遇は新しい形式即ち経済的形式の下に始まりつゝある」といふ私の杞憂」は「単に杞憂でない」。＊

＊ 世替りへの渇望ゆえに、伊波は、そのころ出現した政党内閣＝原敬内閣に、突き放した

ような評価しか示していない。「然らば藩閥内閣を破壊して日本国民を奴隷から解放してやつたといふ政党は今何をしてゐるか。彼等は更に新しい牢屋を造りつゝあるのではなからうか」(「沖縄の俚諺とデモクラシー」『沖朝』一九一九年六月一七日、全11)。

沖縄びとへの檄

第三は、沖縄の偉人とその歴史的背景への、継続する究明であった。友人の真境名安興と共著の『琉球の五偉人』は、この時期、それを代表する成果である。前半部で伊波が、「三偉人と其背景」と題して、彼の持論である向象賢、蔡温、宜湾朝保の三人を取りあげ、後半部で真境名が、「蔡温の林政及農政上の施設」、「教育界の偉人 程順則」、「産業界の恩人 儀間真常」を論じている。

「自序」によればこの書物は、一九一五年一一月一〇日の大正天皇の即位にさいし、向象賢(羽地朝秀)、蔡温(具志頭温)、宜湾朝保の三人が、贈位されたことに胚胎する。このときの贈位は、豊臣秀吉、三条西実隆の贈正一位を筆頭に三六七人に及ぶが、「故宜湾朝保」は、大国隆正、田口卯吉、小泉八雲、新島襄らとともに贈従四位に、「故羽地朝秀」と「故具志頭温」は、北条実時、児島三郎(高徳)、鹿持雅澄らとともに贈正五位に叙せられている(「聖恩枯骨に及ぶ/豊臣秀吉公以下の贈位」『東京日日新聞』一九一五年一一月一一日）。宜湾と他の二人とに差がついたのは、彼が直接に琉球処分に関わったからであろう。

そこには、この三人をヤマトの偉人たちと並ばせることによって、彼らのもつ本来的な価値を公認のものにしよう、との意志がはたらいていた。* それは、伊波の、皇室を受けいれようとの気持をあらわしている。そのことに、彼の日琉同祖論的な限界をみるのは、容易である。が、同時に、そうした回路をへて彼は沖縄びとに自覚を促すべく、その歴史的根拠を開陳したのであった。

* この三人が選ばれた点について、わたくしは、被贈位候補者の推薦依頼が、中央政府から県当局になされたとき、文化と歴史の専門家として伊波も意見を求められ、それに応じこの具申が影響を与えたのではないか、と推測している。少なくともそれまでの彼のこの三人への称揚は、推薦の任に当った人びとの脳裏に何らかのかたちで影を落していたであろう。

この書物自体は、「凡例」に、「所々に於て講演せしものを増訂補綴したるもの」とあるように、多くは著者のそれまで発表した論考によっている。とともに、それらを集成し、著者の状況認識を含む沖縄びとへの〝檄《げき》〟を書きくわえたとの性格を有する。

「五偉人」と題されているものの、少なくとも伊波の担当箇所では、彼らの出現の歴史的背景について多くの紙数が割かれていた。伊波の叙述した一―一七五頁のうち、一一七一頁までが、(一)琉球の上古史、(二)室町時代に於ける琉球人の活動、(三)琉球の南蛮貿易、(四)薩摩と琉球との関係、(五)支那と琉球との関係というふうに、「偉人」たち出現の前史をなしている。そのような構成をとったのは、彼の持論としての活力あふれる貿易者琉球人像を、読者の脳裏にしみこませようとしたため、とみてとれる。

伊波が、『おもろさうし』を繰りだして刻みつけた薩摩支配以前の琉球人像は、「平和的」の貿易者で「倭寇のやうに掠奪などはしなかつた」うえ、「あらゆる新しいものの媒介者であつた」。一言でいえば、「思ふ存分に天稟を発揮した波濤の健児」だった、ということになる。梅毒がヤマトで琉球瘡と呼ばれた事実さえ、「当時の沖縄人があらゆる新しいものの媒介者であつた」証左として、「面白」がりながら挙げられていた。

しぜんこの時期を語る伊波の気持は高揚し筆は躍るようになる。日本への近代史学の移植に貢献したドイツ人ルードヴィッヒ・リースが、その『台湾島史』でこの時期の琉球の繁栄に触れているのを、長く引用して、「何と愉快なことではないか」と思わず強調したのは、その一例である。そのように強調したくなる気持は、「知らず、今日の沖縄人中能くこの壮快なる父祖の偉業を記臆《ママ》する者果して幾人かある」との歎声に根ざしていた。

薩摩の侵寇は、当然、これにたいして琉球を逼塞させた要因として位置づけられる。

だがもはや伊波は、その支配がいかに苛酷であったかには、多くの筆をついやさない。むしろ彼が力説したのは、それがいかに琉球人の自己認識に致命傷を負わせたかであった。「島津氏は琉球人が〔日本人でもなく中国人でもなく〕いつもちゆうぶらりで、頗る曖昧な人類であることを望んだ」、「さうして最初これでは生き甲斐がないといつて悲しんだ琉球人は、いつしか歓楽の裡に隠れ家を見出すやうになつた」。こうのべて彼は、それを「小鳥が籠の中で悲しい歌を謡ふ」のにたとえている。

それらを前提として伊波は、この「三偉人」の事蹟に入る。その部分は、すでに彼が『古琉球』その他でのべてきたことと多く重複する。ただ彼らがいずれも、「朽手縄にて馬を馳せ」るような苦心を重ねつつ（蔡温『独物語』にみえる言葉）、「同胞が他日奴隷から解放されることを予期して、解放される暁、死骸として発見されないやうに、其時まで彼等が生き得る方法を講ぜざるを得なかつた」との角度で描きだされている、といえば足りる。

このようにして伊波はこの書物で、（一）琉球には、「慶長役以後の琉球人に比較すると、殆ど別人種では無いかと思はれるくらゐ活動した」時代があったこと、（二）薩摩の征服後、琉球の政治家たちがいかに苦心して政治にたずさわったかということを、沖縄びとに認識させようとした。その結果として導きだされる「結論」の部分は、ほとんど沖縄びとへの〝檄〟といった響きをもっている。「願くはお互に、今後どんなに美しい理想的の籠があらうとも、又と其の中には這入らないやうに用心して、もとの広い森へ飛んで行かうではないか」。二年まえに「琉球処分は一種の奴隷解放也」を書いた彼は、ここでは再度のドレイ化への危惧を感じつつ、精神のドレイ性からの脱却を、人びとに呼びかけてやまなかった。

「マザータング」の保持のために

第四は、琉球語研究の継続であった。そのおもな作品は年次順に、(一)「琉球の数詞について」(『琉球古来の数学』附録、一九一五年、全7)、(二)監修の『琉球語便覧』、(三)「りうきう・ご(琉球語)」(『日本百科大辞典』一九一九年、全10)、(四)「琉球語の母韻統計」(『沖縄時事新報』一九二〇年八月三一日、全7)の四点を数える。

(一)は、数詞を検討して、「琉球語が其祖語のヨリ忠実な代表者であることを証明しよう」とした論考である。(二)は、沖縄県学務課編纂の『沖縄対話』を訂正し、それにチャムバレン氏の名著"ESSAY IN AID OF A GRAMMAR AND DICTIONARY OF THE LUCHUAN LANGUAGE"(琉球語の文法及び辞書に関する論文)中に載ってゐる会話や短い話等を加へ」(「凡例」)、さらに松風斎宜湾朝保『琉語解釈』を附録とした著作である。『沖縄対話』は、よく知られているように、琉球処分直後の時期、共通語(標準語)を習得させるため作られた教科書で、師範学校や小学校で使用された。(三)は、伊波や先人たちのそれまでの研究の要約というべき性格をもち、「近代琉球語にはア(a)・イ(i)・ウ(u)の基本母音ありて、エ(e)・オ(o)の短母音なき」との特徴を初め、地域上の偏差まで含めて琉球語を手際よく概観し、「国語と琉球語とは委曲木節に至るまで相類似せるを見るべし」と結んだ短文である。そうして(四)は、母音の問題を、『おもろ』と『万葉集』におけるア・イ・ウ・エ・オの使用頻度などにわたってよりきめこまかく検討し、両者の「著しい類似点」に言及した論考である。

このように書きつらねてくれば、伊波の言語学研究は所詮、その日琉同祖論を補強する柱の一本であったとの印象を免れがたいかもしれない。日琉両語の酷似性は今日ほぼ学界で承認されているにせよ、しかしそう決めつけるには、もう少し深い陰影を帯びていた、とわたくしには思われる。二点でそのことを指摘したい。

一つ目は、『琉球語便覧』についてである。ふつうこの書物は、「『沖縄対話』をローマ字表記したもの」と記され(中松竹雄「『琉球語便覧』」『大百科』)、詳しい解説でも、そのほか『沖縄対話』や『増訂会話ト短イ話』(前掲の"ESSAY……"を指す)に多少の補訂が加えられた作品と指摘されるに止まる(全8への外間守善・中本正智「解題」)。しかし『便覧』の「凡例*」を読むときこれら両書は、ほとんど対照的ともいえるほど目的を異にしていることがわかる。

＊ この「凡例」には、署名がなく、文中にローマ字化について、「深く伊波学士に感謝」の文字がみえる。が、言語学について当時の沖縄に、これだけの知識と見識をもつひとが、彼以外にいたとは考えにくく、文章の調子や専門用語への片仮名による原語表記の振り仮名からみて、伊波自身の文章と推測する。謝辞は、第三者が付け加えたものか、あるいは「凡例」の執筆者が彼でないことをよそおうため、伊波が書いたものであろう。全8の「解題」には、当然に伊波の執筆と思っているせいか、何の言及もないので、記して後考を待つ。

『沖縄対話』は、いうまでもなく沖縄県民に標準語を習得させるために作られた。だが、『琉球語便覧』の目的はそこにはない。「凡例」はいう。「〔『沖縄対話』の〕お蔭で沖縄県人はだんだん能くこの標準語を話すやうになつた」、その結果、「不思議にも今度は他府県人にして琉球を研究せうとする人に役立つやうになつた」。こうのべたあと、止めを刺すように伊波はいい放つ。「そしてそれが正しいマザータングを知らうとする沖縄人に一入必要なことはいふまでもないことである」。

伊波は、沖縄びとが「標準語」に習熟することに反対していたわけではない。しかしそれが、「マザータング」の喪失に連なることを憂えていた。それだけに彼は、かつて琉球語がいかにあったかを、発音記号に工夫をこらすことにより、可能なかぎり忠実に遺そうとした。『沖縄対話』編纂の目的からいふと日本語が主で琉球語は従であつたから、当時は琉球語の仮名遣ひには余り注意が払はれなかつたが、『琉球語便覧』出版の目的からいふと、むしろ琉球語が主で日本語が従になつてゐるから、こゝでは琉球語の仮名遣が一入重要になつて来る訳である」。彼が仮名では書きあらわせない琉球語の音韻に・をつけたり、全語全文をローマ字化したのは、そのためであった。『対話』では、たとえば「大工《ダイク》」と記されていたのにたいし、『便覧』では、たとえば「アリガタフ ゴザリマス｜ミヘーデービル｜Mīfē dēbiru」とあらわされている。

とすれば『便覧』編纂の目的は、「標準語」化運動の一翼を担うものではなく、逆に、琉球語の将来における亡びを予感して、故郷の人びとが内なる文化にふと立ち帰ろうとする場合のよりしろを、設けておこうとするにあった。「凡例」の末尾で伊波が、宜湾朝保の『琉語解釈』に関説しながらではあれ、琉球を「学術上より見て天然の古物博物館」と記しているのは、そんな亡びの予感と保持への使命感を、あわせ浮びあがらせる。ほぼ同じ時期に出た『古琉球』再版で、初版の附録をはずし、最古の琉球語辞書＝琉和辞書『混効験集』を入れたのも、同じ心根のなせる業であったかもしれない。この辞書自体、国王尚貞が、古い言葉の減少を惜んで編集させた作品であった。『便覧』には、そんな抵抗が仕掛けられていた。*

＊　伊波が、「凡例」の執筆者として名前を出すことを憚ったのは、図書館長という、県民教育の指導者の一人という立場と、琉球語保存というそこでの主張との矛盾ゆえではなかったか、と思う。

二つ目は、琉球語の音韻上の特性にもとづいて、性急な標準語化への困難性を指摘し表白したことであった。伊波は、日本語と琉球語の類似性を強調する一方で、現実に存在する両者間の裂け目を、鋭く意識していた。いかに強制ないし矯正されようとも、発音における現実の困難は、たえずついてまわった。「五十音図中で、エ列とオ列とは、影をひそめて、エ列はイ列に、オ列はウ列に、隠れてゐるやうなすがたになつてゐる。だから琉球人はエ列オ列の音節、殊にこれらの音節が連続した語を発音するに困難を感ずる。その老人たちはテ(手)とかココロ(心)とかいふ語を正しく発音することが出来ないで、ti. kukuru といふやうに発音する。幼い時分から普通語を仕込まれた私達でさへ、セ、ラ、レ、テとかケ、レ、ド、モとかコ、ド、モ、ノ、ト、キとかいふ言葉を発音するに多少の困難を感ずる。元来自国語に無い音を発音するのだから、困難を感ずるにきまつてゐる」(「琉球語の母韻統計」)。

ここにはまず、ヤマトからいかに「標準語」で追いたてられようとも、それを習得するのに、沖縄には本質的な困難がある、との指摘があった。つぎに、その困難をわが身に照して考えてゆこうとする姿勢があった。それは、「標準語」を幼いころから叩きこまれた世代として、はるかに「標準語」との距離の遠い老人たちを、無知としてあざわらうのでなく、愚鈍としてじれったがるのでもなく、逆に深く思いやる姿勢であった。

この時期の伊波の言語学探究は、こうした意味で、「標準語」世界と「方言」世界の二律背反性をわきまえつつ、その架け橋になろうとするものであった。

女性史を開拓する

探究の第五は女性史研究の開拓であった。一九一〇年代には、伊波の著述に、沖縄の女性の地位・はたらきやその歴史についての関心が、顔をのぞかせはじめる。「伝説及び風俗によりて説明されたる琉球民族の移動」(『新報』一九一二年七月一四—一五日、全9)では、琉球にも妻訪いの風習があり、それは女子労働力の不足に起因するとのべた。「ユタの歴史的研究」(『新報』一九一三年三月一一—二〇日、全9)では、沖縄の女性に深い関わりをもつユタの研究が、これまで閑却されてきたことを遺憾としつつ、政教一致とユタの発生、ユタの語源、迷信打破とユタ問題などを考察した。「読書余録」(『沖縄新公論』第一巻第八号、一九一七年八月、全11)は、新刊ないし(図書館への)新着の書物・論文の紹介を主眼としたエッセイであるが、主題を家族制度の問題にしぼり、アテネの事例に託して、戸主制のあるところ夫婦間の智能の懸隔がひろまらざるをえず、芸妓の発生が不可避であり、いまや家族制度から個人主義へ移行すべき時期と訴えた。そうして、沖縄で女性史と銘打った最初の書物、真境名安興との共著である『沖縄女性史』(全7)の刊行に至る。*

＊　書名は、表紙と扉では「沖縄女性史」となっているものの、本文巻頭と巻末および偶数頁ごとの柱では「琉球女性史」と表記されている(奥付には、書名の表記はない)。伊波としては「琉球女性史」のつもりで書いてきたのかもしれないし、また印刷所が東京(京橋区弓町二五の三協印刷株式会社)であったため、連絡に不備があったのかもしれないが、ここでは、通称にしたがって「沖縄女性史」とする。

女性史研究の道標としての『沖縄女性史』は、伊波の「古琉球に於ける女子の位地」を主論文として、これに同じく伊波の「尾類《ずり》の歴史」を「つけたり」として加え、さらに真境名の「沖縄の婦人性」を、そのあとに配した書物である。「女子の位地」は、一九一八年二月の女教員大会での講演の補訂と、伊波のまえがきにある。真境名の「婦人性」は書きおろしで、伊波に漏れたものを「物色して蛇足を添ゆるまでのこと」との謙辞を、導入部に置くが、こちらのほうがむしろ史的概観の趣きを呈している。

主論文としての「古琉球に於ける女子の位地」は、表題から推測されるよりはるかにひろく現代までを視野にいれ、かつ対象を自在に論じている。その主題は、三つから構成されているといってよいだろう。

伊波はまず、おもにのろにしぼって、祭政一致時代の女性の活動を明らかにし、その勢威のほどを『おもろさうし』によって跡づけ、祭礼のとき彼女たちに乗馬の習慣があった事実を捉えて、「昔の沖縄の女子はかくのごとく勇壮活潑であつた」と指摘する。とともに、「民族的宗教」の担い手としての女性の「勇壮活潑」時代は、統一国家の成立および薩摩の支配によって過ぎ去ったという。いわく、「(民族的宗教としての)沖縄の神道は三十六島を統一する為には欠く可からざる制度であつたが、既に被征服者を同化し去つたので、一先づ其の使命を全うしたことになり、加之島津氏に征服されて、奴隷の境遇に沈淪した以来、尚家の位地は却つて安固になつたので、この民族的宗教は益々手持ち無沙汰になり、女子はとう〳〵宗教的遊戯なる巫道に耽るやうになつた」。つまりユタ買いに奔るようになった。とくに、儒教を奨励された男子と異なり(伊波は「首里那覇の男子」と限定する。つまり士族層である)、学問への途をまったく閉ざされていた女子の場合、いっそう巫道に囚われるほかなかったとした。

そのように精神界における女性の足跡を追ったのち、つぎに伊波は、経済生活における女性の在りように移り、ここでは、外来者がこぞって指摘する「男逸女労」の当否を検証する。その点については、全体を「男逸女労」と決めつけるのは酷としつつ、一木喜徳郎(一八九四年に内務書記官として視察)の観察を、肯綮《こうけい》にあたっていると評価した。一木の観察を引用しての伊波の指摘は、(一)「男逸女労」は首里・那覇の風習で、(二)農業に従事する間切の人民は、男子も女子もともに働く、(三)上流社会の女子は働く能力をもつどころか、教育なく手芸なくただ無為に日を過すほかないよう育てられる、(四)沖縄婦人の最大幸福は役人の妻となるにあり、それまでのあいだ夫を養ったため、男子の柔弱をきたした、(五)一方で琉球処分ののち、男子がヤケ酒を飲んでいるうちに、新時代の到来を直覚して子どもを学校へ送ったのは、那覇婦人であったなどの諸点にわたる。

そうして三つ目で伊波は、「沖縄婦人の貞操問題」を取りあげる。この点について彼は、掠奪婚の遺風や毛遊びの風習に、経済史的な考察を加えたあげくいう。「結婚せない内は、自分の部落内でなら誰と関係しても、貞操を破つたことにならなかつた」、「それは昔は字が経済の単位であつて、納税も字の名でなしたから、かういふ所では自他の区別即ち我が有人《もの》の有《もの》といふ観念が余り発達せないので、従つて物件視する女子*に対する観念の発達せなかつたのも無理はない」。ところが土地の私有化とともに、家の観念がつよまり、女性の貞操への規準がきびしくなり、その結果、上流社会に典型的にみられるように女性が無力化して、男性に満足を与えることができなくなり、遊廓が発達するに至ったとして、伊波はいう。「遊廓は家族制度には附き物である」。こうして伊波にあって女性の貞操問題は、男性の貞操問題へと転回するとの観を呈する。

＊「物件視」という表現に、伊波は、女性が村の若者の共有物視されていたとの想いを込めている。その意味で、毛遊びを、女性にとっての性の解放の具現と捉えてはいない。

きわめて大胆な構想と思うが、このようにして伊波は、のろとユタ、男逸女労、貞操という三つの観念を軸にして、沖縄女性史の筋道をつけた。そこには、〝婦徳〟の色眼鏡はなく、彼女らの陥っている境涯とともに、過去に発揮しえた能力や今後発揮されるべき可能性などが、見すえられていた。それゆえに欠点を矯《た》めることが急務とされ、女子教育への期待が表明された。それが、この「女子の位地」の、前三者に並ぶ最後の軸をなしている。

ユタが女性を支配している点について、伊波はいう。「何んと悲しむ可き事ではあるまいか。(中略)特にその女教員諸君はこの辺の所に力を入れて貰はなければならぬ。何よりも先に迷信の牢獄から自らを解放し、又人をも解放してやらなければならぬ」。＊そうして結語の部分で彼は切望する。「女子教育をもつと盛んにして家庭の改良を計ろことだ。これやがて沖縄発展の出発点である」、「今や沖縄青年は教育ある妻を与へよと叫んで已まない」。伊波はそれを、「何よりも急務なのは、言語・風俗・習慣を日本化させること」という。沖縄の女性の実態を、「他府県」のそれと比較して、せめてヤマト並みにとの想いを込めての言であった。

＊　しかし伊波は、ユタ撲滅を主張したのではない。「ユタの歴史的研究」のなかで、彼は、それを「迷信」としつつも、いきなり「迷信」を捨てよというのは「残酷」であり、それに代るべきものを与えなければならぬとのべている。「科学思想」や「宗教思想」がそれで、それらを普及させるところに教育家の任務があるとする。

教育の力によって期待したのは、抑えられていた沖縄の女性の可能性を引きだし、自覚ある主体性へと高めることであった。同時に伊波には、彼女らの逞《たくま》しさへの信頼があった。『沖毎』所載の旧稿を『沖縄女性史』に入れるに当って、彼は、沖縄に参政権が与えられたさい、那覇の一女性が、彼女の姓名が選挙人名簿に洩れていることの不当を攻撃してやまなかったとのエピソードを記したのち、「斯《か》くの如き素質を有する沖縄婦人が将来完全に教育されるとしたら、果してどういふ風になるであらうか」との一句を、書きくわえている。

「尾類の歴史」は、その名のとおりの内容で、それを美化する考えを批判しつつ、

「希《ねが》わくは女郎屋と料理屋と待合とを兼ねた辻遊廓の制度を打破して、責任ある地位に立つ人々が平気で出入するを憚るやうな制度にしたい」と結ぶ作品である。

それにしても伊波は、この時期、なぜ女性史へと開眼していったのだろうか。

一つは、ヤマトにおける女性問題の提起、女性運動の興起を承けてのことであった。『新報』と『沖毎』の記事によるかぎり、県立図書館が、一九一一年九月発刊の『青鞜《せいとう》』を購入した形跡はない。が、揶揄的な口吻を含めての「新しい女」の評判は、この地にも疾く届いていた。たとえば「謂《い》はゆる新しき女」(『新報』一九一三年二月八日)、「新らしい女の消息」(同上、同年一月九日)、「生理学と新しい女(医学博士林春雄氏の談)」(同上、同年三月一三日)、「欧米の新しい女(成瀬女子大学校長の視察談)」(同上、同年三月一七日)のように、ヤマト内諸紙からの転載とみられる「新しい女」関係の記事が、散見される。それ以前にも、平塚らいてうと森田草平の塩原行は、「他人の噂」(『新報』一九〇八年四月一三日)、「新時代の女性」(『沖毎』一九〇九年九月三—六日)のように、好個のニュース種となっていた。辻の記事があいかわらず紙面を賑わしている一方で、新しい気運は、確実に沖縄の岸辺を洗いはじめていた。「ユタの歴史的研究」も、独立の人間として生きようとしたノラの流行を意識しつつ書かれている。

二つ目の理由は、沖縄の未来にとって女性の境遇と女性自身の変革が不可欠、と考えるようになったことである。伊波が、女性の覚醒をどんなに焦眉の急と考えていたかは、「ユタの歴史的研究」にもっとも端的にみられる。いわく、「女子に関する問題が等閑に附せられてゐるのは、遺憾なる事」、「ユタを中心として活動する沖縄の古い女は、婦人問題で活動する新しい女より二千年も後れて居る」。そのために沖縄では、もてる可能性の半ばしか活動できない。いや、「首里那覇一部の男子を除くの外の沖縄の男子の多くは殆ど女子と心理状態を同じうしてゐる連中」である以上、活動しうる分子の割合はもっと少ないばかりでなく、活動しうる分子にたいしても、「古い女」は羈束力《きそくりょく》として機能している。彼が『沖縄女性史』所収の「古琉球に於ける女子の位地」で、前述のように、女子教育の振興を「沖縄発展の出発点」としたのは、そういう考えにもとづいてのことであった。

けれどもそれら二つの理由と並んで、あるいはそれら以上に、そうしてそれらと相乗化されて、伊波を女性史へと赴かせた三つ目の理由は、妻マウシとの結婚生活に根ざしていた。「女子の位地」には、彼が繰りひろげた史的叙述にも増して人目を引いてきた告白的な一節がある。全集のこの書物への「解題」に、「後年伊波が、郷里をあとにしなければならない根源的な理由が、女子教育に関する思考のなかに暗示的に吐露されている」とのべられた一節である。

そこで伊波は、県の内務部長から県外で職につくようにと慫慂されたさいの、それを辞退する自分の返答として、つぎのように記している。「私達の青年時代には、沖縄の女子教育が今日のやうに盛んで無かつた為に、私等の友人は何れも不幸な、否不釣合な結婚をなした。それ故に或者は立身出世の必要上、糟糠の妻と別れなければならない様になつた。而《しか》し私にはさういふことは出来なかつた。又或者は他府県に其の妻を携へて出かけたが、上品な社会で生活するのは、牢屋の中に這入つてゐるのと同様だから、彼等は間も無く郷里に舞戻つて来た。之を見せられた私は、県外に出て生活する希望を全然放棄せねばならなくなつた。私は或時布哇《ハワイ》移民が夫婦連れで神戸の市中を闊歩するのを見て、羨しく感じたことがある。しかし私にはさういふまねは出来なかつた」。だから県外へは出ないのだ、と彼は答えたという。そのあと彼は、そういう境遇を一般化する。「夫婦は車の両輪の如しといふが、過渡時代の私達は、車が一方の廻らない輪を中心として、同じ場所をぐる〳〵廻るやうに、動かない妻を中心として、郷里といふ狭い範囲で活動した」。

そこには、伊波の視点からの痛切な想いが込められていた。そのような境涯に置かれた女性の内面への想像力が、提示されていたとはいいがたいにせよ、『過渡時代』が男女をともに不幸に追いこんでいるとの認識は、表白されていた。その不幸感を軸にして、

伊波は、つづく世代にその轍を踏ませまいとして、この書物で女性への教育の必要性を提唱したといってよいだろう。〔追記〕

追記　こののちわたくしは、比嘉道子氏とともに、伊波普猷『沖縄女性史』(平凡社ライブラリー、二〇〇〇年)を編んだ。著書としての『沖縄女性史』の伊波執筆部分に加え、彼の「女性史関連論集」をもう一つの柱とした本である。その作業のなかで、著書『沖縄女性史』の主部をなす「古琉球に於ける女子の位地」の位置づけについて、補筆の必要性を痛感した。以下にその部分を引く。「比屋根照夫作成の「伊波普猷年譜」(『近代日本と伊波普猷』〈三一書房、一九八一年〉所収)によると、伊波は、一九一八年二月十七日、沖縄女子師範学校を会場として開催された同校主催の県下女教員大会で、「本県女性に就て」と題して講演、そこには各郡各区女子教員ばかりでなく、女子師範・首里工芸学校・首里高女(沖縄県立高等女学校、のちの第一高女)などの女学生が参加したとある。それが『沖縄女性史』の主篇「古琉球に於ける女子の位地」の原型となった。／その長大な講演で、伊波は、政治と宗教の関係を軸に女性の地位や役割、経済生活におけるいわゆる男逸女労の習俗、貞操観の変遷、家族制度と遊廓、さらに沖縄の発展と女子教育などについて、説き来り説き去って倦まなかった。熱弁を通して伝わってくるのは、沖縄回復のために女性の覚醒を促そうとする彼の意思である。県立高女は良妻賢母を合言葉とする教育方針をとったというが、教える側と教わる側が同席する会場で、そのように当時風靡していた良妻賢母の枠に封じこめようとする気息は微塵もない。当日の会場では、女教員たちよりこもごも、「女子も校長首席に採用すべし」「産後の休養は四週間が必要」「女教員にも高学年を受け持たせよ」など、切実な問題についての活発な意見が出たが(『琉球新報』一九一八年二月一八日)、伊波の講演はそれらと響きあっていたようにみえる」(解説「沖縄回復への志と女性史」)。共編者比嘉道子氏の解説「伊波普猷と女性たち」は、伊波における「対」の思想や女性への自己決定権のすすめを指摘するとともに、沖縄のもつ女性問題全体に視野をひろげてくれる作品となっている。なお、『全集』所載の『沖縄女性史』は、他の巻に収録の部分との重複を省くとの理由で、四分の三以上がカットされている。

だが伊波は、提唱より早く、組合教会や図書館に出入りする若い女性を相手に、女子教育の実践に踏みだしていた。県立高等女学校の生徒や卒業生から成るそのグループは、伊波のまわりにいわゆる沖縄の新しい女をかたちづくるに至った。そのさまは、金城芳子の『なはをんな一代記』に、「伊波塾の周辺」として活写されている。「組合教会をはみ出して西町の伊波先生のお宅まで延長した。二階が物外楼と名づける書斎になっていた。四畳半か六畳の小さな部屋だが、女性グループはそこへ週二回集まって、新約聖書のマタイ伝、ヨハネ伝と先生の講義を聞いた」、「それは宗教上の教義の解説というより、温かい血の通う人間の物語として私たちの心に食いこむ講義だった」、「しかも、いかにも理くつばった解説ふうに話されるのではない。心の問題として昇華して品位のある物語になさりながら、また現実の沖縄の苦悩というものも、年端もいかぬ私たちが感じ取ることが出来るような話しぶりであった」、「私たちは先生自身がキリスト小だという印象を持った」(「キリスト小」の「小」はグワーと読み、「小キリスト」の意)。そこには、当時の伊波への若い女性たちの気持が、著者がこの自伝を著した六十年後の一九七〇年代まで、みずみずしく湛えられていたのを、読みとることができる。金城(当時は知念)芳子、真栄田冬子、新垣《あらかき》美登子《みとこ》、玉城オト、名嘉原ツル(のちの永島文鳥＝比嘉栄子)らが、その仲間であった。伊波も『沖縄女性史』に、「物外子と現今の沖縄女子」と題して、彼女らとの写真を一葉載せている。

伊波はやがて、そのなかの一人真栄田マカト(通称冬子)と接近することになる。『大百科』の記述では、彼女は、一八九七年六月一〇日、久米村(現在は那覇市内)に生れ、一九一六年に設置された近代短歌の歌壇(『沖朝』)で、真栄田忍冬*の筆名で活躍、高女を卒業後、県立沖縄図書館書記となるとある。すでに一度結婚して、子どもを儲けていたが、その子どもを婚家に置いて戻ってきていた。二人の接近がいつかはわからない。が、まだだれの口の端にものぼっていなかったにせよ、彼女への伊波の心の傾斜は、『沖縄女性史』のころには、すでに始まっていたのではあるまいか。その苦悩と歓びが、彼をして珍しく、前引の告白的文章をものする域に進ませたのではないか、と想像する。

＊　忍冬の筆名は、末吉麦門冬《ばくもんとう》(彼については二三七頁参照)の命名という(比嘉美津子氏談)。

大げさにいえばやがて沖縄社会を聳動するこの恋愛事件は、伊波が、女性史のパイオニアとなるほど女性の理解者、その鼓舞者であったにもかかわらず、言行不一致あるいは背徳の結果として起さたと受けとめられやすい。だが、じつは彼は、夫妻の乖離という矛盾、そうしてつぎにはおそらくは妻をさしおいての恋愛という矛盾を、つよく意識したからこそ、女性史へと進んだのであった、というべきであろう。*

＊ それにしても、夫人のマウシの生涯は薄幸の一言につきる。金城芳子は、普猷の母マツルや月城夫人オミカナが、「女弟子の出入りにいやな顔ひとつ見せず、それどころか、夜まで講義を受けているとお茶をいれてくれたりした」と書いているが、そこにはマウシの姿はみえない。どんな想いを抱いてか、彼女はただ、夫のそうした活動をカヤの外でみているに留まっていたのであろう。神経を病むようになり、晩年はほとんど口をきくこともなかったという。

子どもへの啓蒙活動

このように多方面にわたる探究は、沖縄びとの自覚を促そうとの目的意識に支えられていた点で、当然、啓蒙と分かちがたく結びついていた。啓蒙活動の骨格は、ほぼつぎのように捉えられる。対象という角度からすれば、子ども、女性、青年、教員が、伊波には働きかける四大グループと映っていた。* 思想内容という角度からすれば、知見をひろげるための一般的な学習のほかに、キリスト教、郷土誌および優生学が、おもな軸をなしており、のちにはエスペラントが加わった。また場という角度からすれば、彼の職場である図書館を初め、教会、自宅、および巡回講演のさいの会場さらに刊行物が、それに当る。この時期の彼の啓蒙活動は、こうした三要素の組み合せのなかで繰りひろげられていった、とわたくしは押えたい。ここでは、対象ごとに一瞥することとする。

* 青年には女性も含まれ、教員には青年も含まれるが、それぞれの特性に向ってというくらいの意味で、便宜上このように分類する。

子どもを対象とする活動としては、「子供の会」があった。それについては、「年譜」一九一三年三月一〇日の記述が要をつくしている。「児童の情操教育をはかるため那覇西の自宅の二〇畳の座敷を開放、「子供の会」をはじめる。以後、大正三年〔一九一四年〕初頭まで毎日曜日、事情の許す限り会を開く。講師として島袋全章、比嘉賀秀、比嘉春潮、金城侍秀、真栄城秀善、上江洲栄徳、親泊朝擢、伊江朝貞、長嶺将起らが参加。この子供の会には、金城朝永、山里永吉、月城長男伊波普哲、新垣美登、知念芳子、永田千代、小牧薫、島袋嘉常、名嘉原ツル、金城唯温らが参加した」。始めたころの高揚した気持を、伊波はこう洩らしている。「子供の会は今日まで四回開いたが、出席者が段々多くなつて来るといふ有様で、今日は八十名も集つた。(中略)かういふ会が東にも泉崎にも若狭町にも久米にも久茂地にも出来て欲しい」(談話「子供の会に就いて」『沖毎』一九一三年四月七日、全10)。

伊波の発病のため一年しか存続しなかったものの、そんな志に支えられたこの会は、参加者たちにつよい印象を遺したようである。その一人知念(のち金城)芳子は、『なはをんな一代記』で、「子供の会」の情景をつぎのように語り、その雰囲気と伊波のにじみでる人柄をいまに伝えている。「子どもの会は、ただ先生方が、おもしろい話をして下さるだけではなかった。子どもたちにも、なにかやりたい人は前へ出て自由にやりなさいと指名して発表させた。／立って唱歌をやる子もいた。おとぎばなしをする子もいた。(中略)床の前で代わりばんこにそんなことをやっているあいだ、伊波先生も庭に立って満足げににこにことご覧になっているのが印象的だった」。彼女は、「有名なえらい伊波文学士が、自分のお家なのに庭に立って……」と感銘を受ける。

『なはをんな一代記』には、子どもたちの集会の事例を紹介しつつ、そのころ「沖縄にも児童の世紀は訪れていた」とある。伊波はそういう気運を盛りあげる立役者の一人として、沖縄における童心教育の一先導者となった。みずからの構想に成る県立図書館は、すでにのべたように、定員四〇人の一般閲覧室、八人の婦人室にたいし、児童室は

三十四、五人の面積を有しており(「伊波館長の演説」)、児童の入館者数は、那覇・首里中心とはいえ、活況を呈していた。彼はまた、小学校に児童文庫を作ることにも尽力した。さらに彼は、一九一三年、児童雑誌『おきなは』の創刊にさいしては、編集顧問となり、「著作目録」によれば、翌一四年にかけ少なくとも一七篇の文章を寄せている(同誌の現物は皆無。表題を知りうるのみ)。彼の自伝的文章の一つ「私の子供時分」も、もともと「私の子供の時分」として、『おきなは』に掲載された作品とみられている。

子どもの教育へのこうした関心は、もとより一時の気まぐれではなかった。『沖縄女性史』の序文の裏頁には、「著者の他の著書」という欄があって、そのなかの一冊として、「『子供の沖縄史』(近刊)」とみえる。結局、刊行されなかったものの、子どもにいかに文化を伝えるか、郷土への関心を掻きたてるかとの志の持続していたことを示していよう。

また一九二四年、津堅《つけん》小学校の児童たちの童謡集『帆かげ』に贈った序文「日出讃歌」(『沖縄教育』〈第一三七号、同年六月〉に「序文二則」の(二)として掲載、全10)も、伊波の童心への傾倒、歌への傾倒をものがたって余すところがない。津堅島が、沖縄本島東の中城湾沖合にあることにあきらかに触発されて、彼は、『おもろさうし』中で日の出を謡ったもっとも美しい歌「うちいてはあがるゑとがふし」を、「日出讃歌」と名づけて引き、童謡としてつぎのように訳している。

天《てに》に、とよむ、大《おほ》ぬし、
あけもどろの、花《はな》の、咲いわたり、
あれよ、見《み》れよ、美《きよ》らやよ、
ぢ天《てに》とよむ、大《おほ》ぬし、
あけもどろの花《はな》の。

天《てん》の貴《たふと》い王様《わうさま》の、
黄金《こがね》の花《はな》が開《ひら》きます、
あれ、あれ、見《み》なさい、美《うつく》しい、
世界《せかい》を照《て》らすお日様《ひさま》が、
黄金《こがね》の花《はな》のお日様《ひさま》が。

（振り仮名もそのまま載せた）

リズムにも細心の注意を払った作品であることは、一見して読みとられる。同時に彼は、この童謡集をまとめるのに尽力した教師たちに挨拶を送った。「津堅校の先生たち！「てだがあな」〔てだは太陽〕に近い津堅島の先生たち！　どうか島の児童をして自由に謡はして下さい。そして彼等の中から第二のアカインコが出るやうにしむけて下さい」。

一九一〇年代末以来の、いわゆる自由教育の気運のなかでまとめられたと推測されるこの童謡集は、これほどまでに伊波の心を動かした。そこには、子どもをただ教育啓発の対象とみる以上の心が貯えられていた。この序文で洩らしているように、彼にとっては、「子供の世界に這入る」のは、「古琉球人の世界に這入る」のを髣髴させる業であった。「彼等〔古琉球人〕は生きた自然といふお母さんの暖い懐の中に育まれて、絶ゑず彼女の胸に耳をあてゝゐましたから、彼女の中に流れる旋律の波音を聞くことが出来たのです。そしてこれと共鳴して波打つた彼等の魂の旋律が言語に発して、オモロとなつたのです。童謡についても同じ様なことがいへるだらうと思ひます」。そうみることで彼は、童心の核心を探りあてていた。

女性への啓蒙活動

女性にたいする活動には二つあった。一つは、沖縄にいわゆる新しい女を育てようとしたことであり、いま一つは、いわゆる民族衛生講話であった。

前者については、伊波の女性史研究の動機に触れたさい、金城芳子『なはをんな一代記』を素材としてすでにのべたので、ここには繰りかえさない。ただ同書から、彼の薫陶を受けた一人としての彼女の、伊波の指導方針についての感懐が吐露されている部分に、言及するだけに止める。「私たちは、先生の聖書講義や沖縄歴史をはじめとするさまざまな講演、講義を聴き、図書館で読書したりすることによって、個人に目覚め、自分の人生を自分できめるという方向を学んだのだ」、「一方、伊波先生は私たちに系統的な学問を身につけるような指導もなさらなかった。あくまで私たちの生き方に影響を与えたということで終わっている」。伊波の女子教育への姿勢を、おおむね過不足なく捉えている。〝因習〟からの離脱を促すところにあった、ということができよう。

前者が、女学生やその卒業生という当時の沖縄のエリート女性を対象にしたのと異なり、後者の民族衛生講話は、地域住民ごとに女性を対象としてのうちなあぐちによる巡回講演であった。「年譜」一九一九年の項に、「沖縄県内各地を巡歴して「血液と文化の負債」と題する民族衛生講話を琉球方言にて行なう。回を重ねること三六〇余回*に及ぶと伝えられる」とあるのが、それである。

＊　この回数は、伊波が「ヤガママよりモーアソビへ」(『民俗学』第二巻第一号、一九三〇年一月、のち「ヤガママとモーアソビ」と改題して『をなり神の島』楽浪書院、一九三八年、所収、全5)で、みずから「三百六十回以上」とのべているのに、もとづくのであろう。

一つの主題を掲げて繰りかえされた講演の、正確な内容を伝える記録は、まったく遺されていない*。それと対照的に、伊波の講演の要点は、彼の名調子ぶりとともに、沖縄の人びとのあいだにひろく伝えられている。情景を眼前に再現する文章の一例として、講演旅行にしばしば同行した金城芳子の『なはをんな一代記』を引けば、彼の講演はほぼつぎのように進められた。「行った先では、小学校の二、三教室ぶちぬきの会場とか、村屋に老若男女がいっぱいつめかけている」、「伊波先生は「グスーヨー、イイウヮーチチデービル(皆さん、いいお日和でございます)」とかなんとか、最初のあいさつをして、手ぶり身ぶり、みごとな沖縄口で〝ズームッコー〟の話として有名な優生学の啓蒙演説をなさる」。「ご自分の最初のお子さんを生まれてすぐなくした経験を話される、医者にも診せたが、それはお酒を飲んだ時にできたズームッコー(しっぽのない精虫の意)の子供だったからだというあたりでは、聴衆はシーンと水を打ったようになり、みんな固唾をのむ。なぜ酒をのめばズームッコーになるかをじゅんじゅんと説いたうえで、これからの沖縄人は伸びなくてはならぬ、そのためにはまず強いかしこい子供を作らなくてはならない。だから沖縄人のしあわせのために、亭主が酒を飲んでしかけてきたら、「ズームッコーヌウマリテインシムミ(しっぽのないのが生まれてもいいのか)」とはねつけて下さいとやると、ワーッと沸く」、「話の最後はたいていジェスチュアたっぷりのヤクジャマ節**の熱演で、割れんばかりの拍手かっさいのうちに幕となるのだった***」。

*　「血液と文化の負債」と題する稿が、『沖縄時事新報』一九二〇年六月四日から連載されたよしであるが、同紙は現存しない。この時期をカヴァーする現存の県内紙は、『先島新聞』『沖縄朝日新聞』(後者は一九二〇年一〇月から。いずれも欠号多し)のみであるが、どちらにも伊波の講演記事は見当らない。

**　本書一五一―一五二頁参照。

＊＊＊　一九七六—七七年の伊波普猷生誕百年記念事業では、四〇回におよぶ巡回講演会が、柱の一つとなった(聴講者計二万二四二〇人)。そこには伊波のこの行脚に倣おうとの発想があったかもしれない(『伊波普猷生誕百年記念事業報告集　沖縄学を民衆のなかへ』)。

金城のこの文章がわたくしに語りかけてくる意味は、二つある。一つは、伊波の演説が大受けに受けたということである。それはほとんど伝説化されていて、今日でも沖縄で年輩のひとに、民族衛生講話についてうかがうと、異口同音に、「ああ伊波先生のズームッコーの話」との反応の返ってくることが多い。彼の演説はそれほどに、衝撃的で印象的であった。それとともにいま一つは、そのさい伊波が優生学に立脚していたことである。

優生学の歴史については、手許のエンサイクロペディア・ブリタニカによる程度の知識しかないのだが、＊この学問は、一九世紀の後半、チャールズ・ダーウィンの従弟に当るフランシス・ゴルトン Francis Galton によって創始され、優良の種への期待を込めた eugenics も、彼の造語にかかるという。人間の改良にとって遺伝を決定的要素とするこの学説は、環境の影響を低く評価するという価値観を生んだ。その価値観は、彼の後継者たちにおいてはいっそう顕著となり、人種的階級的な差別観を培うに至り、この語についてのヒトラーの「おそるべき誤用」をもたらした。アメリカ合衆国では優生学は、移民制限のための学問的根拠を与える機能を果した。また一九三〇年代以来、合衆国の大半の州とヨーロッパの幾つかの国では、断種法が施行された。日本では、一九七〇―八〇年代における女性史・女性学の勃興とともに、ナチスに倣って四〇年に施行された国民優生法が、女性の人権を踏みにじった政策の一つとして注目されつつある。

＊ 日本における優生学史として、鈴木善次『日本の優生学　その思想と運動の軌跡』(三共出版株式会社、一九八三年)があり、大へん参考になった。

優生学への伊波の関心は、民族衛生講話に始まるものではなく、遡って少なくとも一九一〇年代に入るまえから強かった。〇九年初出の「進化論より観たる沖縄の廃藩置県」は、あきらかにその考えかたに立つ論考となっている。そこで彼は、「沖縄在来の豚は小さいが、此頃舶来したパークシヤー《ママ》は大きい」と説きおこし、その差は、イギリスでは「多くある豚の中から理想的のものを選び出して」幾世代も交配させてきたのにたいし、沖縄では、豚の繁殖を「老いぼれた種雄豚に一任」してきたところに生じたとのべた。そうして豚に託してのこの品種改良のすすめは、沖縄の人種改良への枕詞であった。つづいて彼は、沖縄人の平均身長が他府県人のそれより低いのは、孤島にいて他の血液を混じえずまた血族結婚が多かったこと、他人種の入り込んだ那覇や雌雄淘汰のさかんに行われた首里に、体格のいい人が多いこと、廃藩置県以来、沖縄社会がかきまぜられて雑婚が始まり、体格が向上したことなどを指摘している。またすでにのべたように、一九〇九年の滝口文夫との論争で、「内地人の血系を種馬的にでも輸入し」とか、「本県豚疫撲滅のついでに劣等人種を片端から撲殺し」との激語を発していた。

　そのころの伊波の進化論・優生学についての知識は、仏教学者松本文三郎や生物学者丘浅次郎によるところ多かったが（「進化論より観たる沖縄の廃藩置県」で言及）、のちには、合衆国の優生学を代表する一人ダヴェンポート C. B. Davenport の『人種改良学《ユージェニックス》』を読むようになっている（『沖縄女性史』）。のちに回想するとおり、一時期の伊波は「優生学の研究に没頭し」、「遺伝に重きを置き過ぎた結果、肉体上の解放——馬手間《うまでま》*の如き悪内法を全廃して、雑婚を奨励し、吾人の重荷なる精神上肉体上の悪素質の復現を減じ、その上盛に善種を輸入して、本県人の素質を上進させなければならないといふこと——を唱道して、一生懸命に民族衛生の運動をやった」のであった（「琉球民族の精神分析——県民性の新解釈」『沖縄教育』第一三六号、一九二四年五月、全11）。

＊　婚姻にさいし、村外からの婿に過重なほどに罰金を科し、娘の村外への移動を防いだ慣行。

　幕末に欧米人と出逢って以来、人種改良は日本人の〝悲願〟の一つであった。福沢諭吉の有名な「日本婦人論」（一八八五年）は、「人種改良のことに就ては、内外雑婚の工風等、我輩の常に賛成する所」といいつつ、「雑婚は外より異種の男女を入るゝの工風にして、固《もと》より奨励すべきものなれば、之を他力の改良法として、爰《ここ》に又、自力の法も等閑にす可らず」としてものされた。こうした人種改良論が、よりよき種を求め劣性の種を排除しようとして、優生学に論拠を探るのは、自然の成りゆきでさえあった。女性解放に心の焔を燃やしつづけた平塚らいてうも、当時の表現での「善種学」の熱心な摂取者であった。一九二〇年一月、彼女らの運動として第四二帝国議会へ提出された「花柳病男子の結婚制限に関する請願書」は、女性のいわれなき苦痛(性病への感染とそれを理由とする離婚)を未然に防ごうとの意図を、善種学的視点によって論理化した作品となっている。彼女は、請願書の提出を決めるとすぐに、「欧米に於ける善種学的立法としての花柳病者の結婚制限法」を参照して、立論に遺漏なきを期し、またそのことを明らかにした(らいてう「花柳病男子の結婚制限法制定に関する請願運動」『女性同盟』第一号、一九二〇年一一月、同「花柳病と善種学的結婚制限」同誌第二号、同年一一月、社会部研究会「花柳病者結婚制限に関する欧米諸国の現行法令」同誌第三号、同年一二月)。それに先立ち彼女は、『大阪朝日新聞』同年一月九―一〇日に寄せた「治安警察法第五条の撤廃と花柳病の男子の結婚禁止/今議会へ請願せんとする二件」で、請願理由を「善種学的見地」からの「処罰の意味を含むもの」とのべていた。*

＊　野間伸次氏からの、一九八九年四月二日付の書簡での御示教による。

伊波もまた、沖縄びとの立場から、こうした潮流のなかにいた。もっとも彼における優生学の効用は、欧米におけるそれが、白人やエスタブリッシュメントの血の純粋性を維持し、彼らの先天的優秀性の神話を護ろうとしたのと対照的に、血の雑多さを積極的に求めるものであった。同時に、沖縄の〝因習〟打破への意図をもっていた。とはいえ当時の彼は、沖縄の自立性主体性の確立をめざせばめざすほど、より〝上位〟者との混血つまり肉体の面でのそれらへの同化の唱道に陥るという背理から、自由ではなかったのである。

青年・教員への啓蒙活動

青年にたいする活動は、帰郷以来の重点的な課題の一つであったが、この時期にも継続した。「年譜」をみると、たとえば一九一五年一〇月二五日には、真和志《まわし》村(現・那覇市)楚辺《そべ》青年会の発会式で講演とあり、また一六年一〇月七日、翌一七年一月二〇日、五月五日には、自宅を開放して青年演説会を催している。同時に、青年にたいするに止まらず青年とともにする活動として、キリスト教のそれやエスペラントのそれを挙げることができる。彼は、一六年三月四日、青年牧師比嘉賀秀らとともに沖縄組合教会を設立、一時は教会を自宅に移してその活動に従事した。*そのときの出席者の一人山里永吉によると、いつも和服の着流しで、畳の上にあぐらをかき、くつろいだ方言雑談を好んだという。また白樺派への傾倒が深く、聖書講義にセザンヌやロダンの名前が出てきたりした(山里永吉「伊波先生の方言雑談」『新沖縄文学』三二、一九七六年二月)。また翌一七年六月には、比嘉春潮らとともにエスペラントの学習サークル緑星倶楽部を結成し、熱心にエスペラントの学習を重ねている。＊＊キリスト教とエスペラントを両輪とする活動は、視野を世界性や普遍性に拡げようとの志向を基盤としていたと考えられるが、それらは、相互にある程度重なりつつ、沖縄の知識青年たちの自己啓発の場となったであろう。青年に賭ける伊波の熱意を推しはかりうる足跡の数々である。

＊　伊波宅における説教の具体例は、「人心の要求／伊波文学士宅に於ける大谷虞《はかる》師の説教大意」(『沖毎』一九一四年一〇月四―五日)にみられる。

＊＊　この時期の沖縄の社会相をもっとも克明に伝える『琉球新報』は、一九一八年五月三一日をもって失われており、それ以後の伊波のこの種の活動を、日を追うて跡づけることはできない。

こんな足跡を遺す伊波は、青年への期待を端的に表白する文章をものしてもいる。喜舎場朝賢『琉球見聞録』の公刊(一九一四年)に当って寄せた「序に代へて　琉球処分は一種の奴隷解放也」(前引)に、前述のように、伊波はつぎのような言葉を書きつけた。

「近来沖縄青年の一部に、自己に対し、父兄に対し、先輩に対し、社会に対し、反抗的精神の高調しつゝあるは、やがて彼等が自己の解放を要求する内心の叫びに外ならない。これむしろ喜ぶべき現象である」。「沖縄青年の心」からの「奴隷根性」の除去なくしては、「奴隷的生活」への回帰そうして「社会の滅亡」を避けえないとの言葉が、それにつづく。そのような運命からの脱却を、一にかかって青年の「反抗的精神の高調」に託そうとするこの文章は、「大正三年二月二十七日、病床にて」と結ばれるように、重病のさなかに書かれたせいもあって、やや遺言の響きを帯びていた。

そうして教員にたいする啓蒙ないし彼らとのつよい結びつきの形成があった。すでにみたように伊波は、声音学の講習その他で、しばしば教員に向けての講演を行った。また図書館には、知識欲旺盛な若い教員が集まってきて、伊波の話に耳を傾け彼と話をかわすのを楽しみとした。そればかりではなく、幾篇もの彼の文章は教員に向けて書かれた。『琉球史の趨勢』は、扉に「この小冊子を沖縄の教育家諸君にさゝぐ」と記され、『沖縄女性史』の主論文をなす「古琉球に於ける女子の位地」は、もと女教員大会での講演であった。また「何処にて如何にして郷土史を教ふ可きか」(『沖縄教育』第八一号、一九一三年一月、但し現物を欠く)の類の文章は、表題自体が、教員に向けた作品であることをものがたる。それほどに彼は、「宿命的人生観を一変させる」ために、宗教とともに教育の力に期待した(「弱者の心理」)。またユタへの耽溺から女性を救いだそうと、「特に女子教育の任に当て居られる教育家諸君」に呼びかけた(「ユタの歴史的研究」)。さらに津堅校の児童の童謡集『帆かげ』の刊行にさいし、「「てだがあな」に近い津堅島の先生たち!」と熱い心を表明した(「日出讃歌」)。それらは、国家の伝声管として、子どもたちへの教化者たるべく位置づけられていた教師ごとに小学校の教師たちにたいし、姿勢を変えて、子どもたちの啓発者となるようにとの願望の開陳を意味している。

しかも教員にたいする伊波の働きかけは、教育者としての面に向けてのものに止まらなかった。郷土研究への志を鼓舞しようとの面をも濃厚にもっていた。

伊波は、沖縄各地への講演や調査の旅で、しばしば故老とともに教員からも材料・情報をえている。「先きになる」との意味の琉球語「サダル」を解明した彼の論文、「猿田彦神の意義を発見するまで——琉球語「サダルの研究」より」(『琉球古今記』所収、全7)には、そのさまがもっともよくみえる。伊波が「サダル」の意味についての考証をはじめて発表したのは、一九一七年で、以来数次にわたってこの主題の検討を重ね(その書誌については、全2・全7「解題」参照)、決定版としての前記論文となるが、そうした補訂を可能とし促進もしたのが、教員を先頭とする沖縄の人びとからの材料の提供であったことが、そこには感謝をもって明らかにされている。中頭郡美東小学校長大城《おおぐすく》雲登は郷里の島尻南部地方の用例を、同校訓導高江洲《たかえす》昌輝は郷里久米島のそれを、中頭郡宮城《みやぐすく》尋常小学校の山内盛彬《せいひん》(琉球古典音楽の指導的研究者となる)は、宮古や今帰仁《なきじん》のそれを、八重山の白良尋常小学校の喜舎場永珣がその地の用例を、それぞれ報知してきたという具合であった。伊波と教員たちとの共働関係には、こうした情報提供者《インフォーマント》＝話者としての面があったことは否めない。とはいえ、教員たちにたいする彼の本然の希望は、その域を超えて、彼らみずからが、それぞれ探究者となってゆくことにあった。

探究者となった教員たちの著作に、求められて寄せた伊波の序文は、そんな希望が達せられた歓びと、同種の達成の輪がさらにひろまってゆくことへの期待を、それぞれににじませている。八重山を初め各地の小学校の校長を歴任した比嘉重徳『八重山の研究』(一九一五年)への「序」では、「本県教育界で無くてならぬ人物になつてゐる比嘉君は、郷土研究界でも亦無くてならぬ人物になりつゝある」と著者を紹介した。国頭の今帰仁出身で小学校校長を歴任した島袋源一郎が、国頭郡教育部会並校長会の依嘱で著した『国頭郡志』(一九一九年)への「序」(一九一八年八月六日付)では、「「汝の立つ所を深く掘れ。其処には泉あり」といふニイチエの警句を私は好んで引用しますが、今一度之を引用することを許して下さい。説くに都合の好い言葉だと思ひます」との言葉を贈った。ヤマトから赴任した青年教師石野瑛《あきら》の『琉球大観』(一九一五年)への「序」では、「研究のある所には了解があり、了解のある所には同情がある。同情があつて始めて教化が可能となる」と、その志をはげました。

一九一〇年代の沖縄には、郷土研究の気運が澎湃として起っている。そこには、いわゆる大正デモクラシーの気運に触発されての地域としての自覚もあったであろうし、郷土を軸としてのあらたな国民教化へというい わゆる郷土主義の動きもあったであろう。しかし伊波の探究と啓蒙もあきらかに、少なからぬ教育者=地域の知的指導者を郷土研究へと向わせる要因となった。けっして閥を作ったのではないが、おのずからにして郷土研究の伊波山脈ができあがった、と遠望できるような気がする。*

* これは柳田国男の郷土研究への動きと揆を一にしていた。柳田は「五月と郷土研究」(『郷土研究』第三巻第三号、一九一五年五月)で、「昔は村には無かつた親切な観察者、未開と云ふ語が包容する優美なる旧生活に対する同情ある批判者たる小学校の諸君」という認識を示していた(鹿野「大正デモクラシーの思想と文化」『岩波講座日本歴史』18「近代」5、一九七五年、参照)。

これらの啓蒙活動は、三つの特徴をもっていた。

第一に、このように辿るとき伊波の啓蒙の対象は、子ども、女性、青年、教員と、当時の正統的な文化観からすれば、いずれも周辺に位置する人びとであった。いやおそらく、被啓蒙者たちへの距離感、一方通行性などを感じさせる「啓蒙」との表現は、この場合の伊波に必ずしもあてはまらない。語りかける言葉のはしばしににじみ出ていたように、彼らはなによりも、伊波が心理的に親しみを感じている層であった。それだけに彼らとの接触には、義務感とともに、おのずから交驩《こうかん》の相互性をともなったであろう。そういう営為をつうじて彼は、人びとの心の焔を掻きたてようとした。そこに啓蒙者としての伊波の真骨頂があった。

第二の特徴は、民族衛生講話に示されるように、伊波の啓蒙活動が彼の方言使用と密接に関わっていたことであった。学校での標準語教育が、一貫して焦眉の急とされ、罰則としての方言札まで出現しているもとで、県立図書館長による意図的に方言を駆使しての巡回講演は、県当局や県の指導層に、挑戦との不快感を与えずには措かなかったであろう。「図書館にての対話」(『図書館報』第二冊、一九二一年一二月、全11)は、彼を取り巻くそのような雰囲気と、それにたいしての彼の主張を告知する作品となっている。

そこで「客」は、「君はいけないよ」、「皆が折角普通語奨励をやつてゐるのに、君は一人反対運動をやつてゐるといふぢやないか」、「沖縄の恥辱だ」などと、はげしく難詰する。それにたいして「主」は、諄々と、しかし一歩も退かず、ほぼつぎのように、本意をのべる。方言はいずれ世代の推移とともに消滅するだろう。それを惜しいとは思わない。が同時に自分は、自分たちが方言をもっていることを恥辱とは思わない。そこには語感がこもっていて、だから農民の魂に触れるのだ。農村では五〇代以上のひとは、普通語がわからない。だから学校で彼らを集めて、普通語で話をきかせても、居眠りするだけだ。だが自分の講演には、用語が何であるかを注意しないほど一所懸命に、真意をつかもうとする。普通語のわかる青年でさえ、一入感激する。学校で、方言取締りのため、制札法まで採用したことがあった。*そのことでも知られるように、沖縄ではすべてのものが、普通語奨励の犠牲に供せられたようなものだ。そもそも普通語奨励には、君たちがまず沖縄語の特徴を知っておくことが必要ではないか。いま沖縄で流行している普通語は、厳密な意味の普通語ではなく、一種のぬえ的な人造語にすぎず、自己を真に表現するのに不適当な新しい方言だ。いま普通語奨励のために必要なのは、音頭取りでなく、実際にはたらく、そうして沖縄人に同情の深い人だ、と。巡回講演への反応のつよさにも裏打ちされて、伊波の言葉は、おのずからにして熱を帯びてゆくとの観がある。

＊　方言札を指す。かつての農村で、砂糖黍を取って食べた人間を制裁するため渡した札に由来し、いったん渡された者は、つぎの科人を自分でみつけだすまで罰金を毎日納めなければならなかった、と説明している。

第三は、伊波が運営の責任を負う県立図書館が、彼の探究ばかりでなく、すでに山田勉や比屋根照夫も指摘しているように、啓蒙にとっても拠点の役割を果したことである。図書館に託する伊波の抱負は、おそらく二つあった。

一つは、図書館を学校外の教育機関、むしろ学習機関とする点にあった。こうした抱負は、何の変哲もないものとはいえ、その論拠に伊波独自の視角が示されている。彼はいう。「交通の不便な経済の貧弱な本県では中等学校卒業生の大多数を東京其外の学校におくることは至つて困難」で、＊九割の人間はその機会に恵まれない、しかも「郷里にゐて直接郷里の為に働くのはこの九割の連中だ」、「図書館は実にかういう人々の修養機関だ」と（「図書館と学校」『図書館報』第一冊、一九二二年一〇月、全11）。しかも図書館はたんに、高等教育の機会をえない人びとのために、学校を補完する機関とはされなかった。それは、受験準備に腐心しがちの学校と異なり、読書によって「人間らしい人間を造る」場、「先生」はいず「館長も司書も書記も一個の生徒」また「同窓生」であるような場とされた。それは、非エリート性を多かれ少なかれ運命づけられた人びとへの共感と激励であるとともに、当時の学校教育への批判と「自動自発」の教育方針の提示であった。そのような抱負の実現に伊波がどんなに熱心であったかは、図書館の収書によって知ることができる。一九二三年末ころ現在で収蔵図書一万八六四七冊という数字は、大きなものではないが**(「対話」『沖縄教育』第一三二号、一九二四年一月、全11)、その目録を『図書館報』所載分でみると(法制経済と文芸の部しか遺されていないが)、じつに目くばりひろくまた的確に選書されていることがわかる。***それに加え、巡回文庫や夜間開館の構想で県民の書物への接触度を高めつつ、「県人の内部生活が充実」との方向をめざしていた(「図書館と学校」)。それればかりでなく、学校図書館の充実を唱えてやまなかった(同上および「対話」)。

* 一九四三年、師範学校が官立専門学校に昇格するまで、沖縄は、高等教育機関をもたないただ一つの県であった。

** 一九二三年当時、図書館の図書費は二五〇〇円で、うち五〇〇円は新聞雑誌代として消費され、図書にあてられるのは二〇〇〇円くらいだったという(「対話」)。

*** たとえば「読書余録」(『沖縄新公論』第一巻第八号、一九一七年八月、全11)をみると、福田徳三『経済学研究』、同『日本経済史論』、河上肇「琉球地割制度の一端」(『和田垣教授在職二十五年記念経済論叢』所収)、岡村司「戸主制の存廃」(二)(『京都法学会雑誌』第九巻第二号)や、橋口信助「日本住宅に現れたる家族主義と個人主義」(『住宅』一九一七年一月

号）などが採りあげられており、彼の知的視野の網が、どんなにひろく張られていたかを知ることができる。

いま一つは、伊波を論じるひとにはよく知られているように、一九二三年末ころで、図書館を郷土史料の宝庫、郷土研究の中心にしようとの抱負であった。一九二三年末ころで、歴史地誌六五二九冊のうち琉球史料は四五六〇冊を占めたという（「対話」）。その点は彼も自負するところであった。「琉球史料は私がよほど苦心して集めたもので、私の図書館の生命ともいふべきものだ」、「九州地方の図書館を残らず廻つたところで、恐らくこんなに郷土史料の集つてゐる所を見出すことは出来まい」（「対話」）。図書の選定が片寄っているとの苦情も出たが（同上）、一応気にはしながらも、方針を変えようとせず、「昨今図書館で琉球史料を繙く人が増加した」のを喜んだ（「田島先生の旧稿『琉球語研究資料』を出版するにあたつて」）。この方針は、伊波が図書館を去ったのちも、つぎの館長真境名安興、ついて島袋全発に引きつがれ、一九三五年ごろまでに一九三〇種、六四二八冊に達する。一九二四年、伊波はその書目を、『琉球史料目録』として図書館から刊行するとともに、「凡例」において、関東大震災で幾多の貴重史料が焼失した今日、琉球史料の重要性は一段と増したといい、「震災に耐へ得るやうな郷土史料室」の建設を、県に要望している。*

＊ その願いの達せられぬまま、琉球史料は、第二次世界大戦で灰燼に帰してしまい、いまは、二回にわたる『目録』とその後の収集史料名をまとめた法政大学沖縄文化研究所編・刊『沖縄県立沖縄図書館所蔵郷土史料目録』(「沖縄研究資料」2、一九八二年)によって、窺いうるのみである。なお史料の収集には、伊波の在職中からも、真境名安興の力が大きかったと、伊波の「凡例」にみえる。

伊波のこうしたすべての活動に貫流するのは、沖縄社会回復への情熱であった。

五　転回と離郷

だが伊波普猷は、こうした啓蒙活動への信念を、そののちも保持しつづけただろうか。一九二〇年代に入り、二つの転機が彼に訪れる。一つは、沖縄を襲ったいわゆるソテツ地獄であり、いま一つは、一九二一年一―二月にかけての柳田国男の来沖、ついで七―八月にかけてと二三年七―九月にかけての折口信夫の来沖、なかんずく柳田のそれであった。この両者が相俟って、一九二五年二月の伊波の離郷→出京となる。

ソテツ地獄

ソテツ地獄とは、一九二〇年の戦後恐慌に始まる全国的な不況が、沖縄経済および県民生活にもたらした極度の窮迫を指す語である。毒性のある野生のソテツまで糧としなければならなかった状況に由来し、『沖縄朝日新聞』記者比嘉栄松の命名によるという。主要生産物である砂糖の価格が暴落し、それをきっかけに、担税力不相応の国税収奪などによって、蓄積されてきたそれまでの経済的疲弊が、一挙に露呈されるに至ったとされる。県外資本の支配力のつよかったことが、危機を増幅した。沖縄救済が論じられる一方、労働力の県外流出、銀行の再編、工業近代化の進展、農村の階層分化の促進など、沖縄の社会・経済に深刻な影響を与えた（以上、安仁屋政昭・仲地哲夫「慢性的不況と県経済の再編」『県史』三各論編2「経済」、一九七二年、所収、西原文雄「ソテツ地獄」『大百科』、湧上聾人編『沖縄救済論集』初版、一九二九年〈ここでは琉球史料複刻頒布会発行の復刻版、一九六九年〉による）。

琉球処分後四〇年余を経て、いまあらたに県民が窮迫にあえぐのを眼のあたりにして、伊波は心の激するのを抑ええなくなる。「琉球民族の精神分析」（全11）は、彼のそんな痛憤をもっとも端的に示す作品である。* そのなかで彼はいう。

彼等〔沖縄県民〕の租税負担力は殆ど其の極限に達してゐるではないか。（中略）今となつては、民族衛生の運動も手緩い、啓蒙運動もまぬるい、経済的救済のみが私たちにのこされた唯一の手段である。（中略）どうせ私たちは底まで沈まなくてはなるまい。（中略）本県は毎年五百万円の国税を納めてゐるが、本県が受ける国庫の補助金は僅百七十万円に過ぎない。（中略）七島灘があるためにいつも孤島苦《インゼルシュメルツ》ばかり嘗めさせられてゐる。

そうして伊波は語をついで、「私たちは再び奴隷にはなりたくない。又日本政府としてもこの聖代に六十万の奴隷を出すのは恥辱であらう」といい放つ。琉球処分を「奴隷解放」とし、自覚の高まりをつうじて未来を拓きうるとの期待は、ここでは、絶望にとって代られている。沖縄の淵でのもがきが、そのときもっとも切迫して示された。と同時にそこでの心の葛藤は、彼に新しい視野をもたらすことになる。

＊　この論文の書誌については、本書一八七頁および全11「解題」参照。

この点は、これまでにも指摘されてきたところである。ソテツ地獄を契機とする伊波の転回に初めて言及したのは、比屋根照夫「啓蒙者伊波普猷の肖像――大正末期の思想の転換」(外間守善編『伊波普猷　人と思想』所収、のち『近代日本と伊波普猷』に収録)であった。比屋根はその論文で、「荒涼たる沖縄の現実と民衆の姿――この現実を前に、伊波はかつて自ら唱導した精神上・肉体上の解放を目指す啓蒙運動・民衆衛生運動の限界と非力を認識しつつ、唯物史観への傾斜を深めながら、(中略)最早、単に民衆の自己改造・意識変革の主張のみに依拠するのではなく、人間の社会意識を決定する物理的・経済的基盤(下部構造)に着目し、その基盤の上に樹立される政治的・経済的制度の改革を抜きにしては、沖縄の救済はありえないとする認識への転換」を行ったとの論点を打ちだし、これを伊波の「自己転換の時」とした。伊波の生涯を考えるうえでの重要な指摘であった。

　比屋根の指摘を承けて、この時期における「伊波の広い意味での歴史観の一大転換」を全面的に検討したのは、安良城盛昭「琉球処分論」(『新沖文』三八、一九七八年五月、のち『新・沖縄史論』〈沖縄タイムス社、一九八〇年〉に収録)であった。そこで安良城は、伊波の転換を四点にわたって明らかにした。その四点とはつぎの通りである(ただし安良城の指摘する一→四は、私見では四→一の順序となるべき性質をもつので、ここではそのように改めた)。

　その一は、「琉球民族の精神分析」のなかで、伊波が、それまでの琉球処分=奴隷解放論を事実上修正したとの指摘であった。「精神分析」を引用して安良城はいう。「かつての甘い琉球処分論は影をひそめ、したがってその甘い琉球処分観から導き出された伊波の啓蒙活動の双軸となっていた精神革命論と民族衛生論に自己批判がなされ」た、と。

　その二は、伊波の歴史観が、ニーチェの「汝の立つ所を深く掘れ、其処には泉あり」から、グルモン*の「私達は歴史によつて圧しつぶされてゐる」へ暗転したとの指摘であった。グルモンのこの言葉を伊波は、やがて『孤島苦の琉球史』(春陽堂、一九二六年、全2)の巻頭に掲げることになる。さらに安良城は、伊波がこの時期、しまちゃび=孤島苦=インゼルシュメルツについて語りはじめるとの角度からも、この転換を裏づけようとした。「孤島苦」の認識は、柳田国男の沖縄での講演「世界苦と孤島苦」**に影響されたのであろうが、伊波は、前引の「琉球民族の精神分析」に初めてこの語を用いている。

＊ Remy de Gourmont (1858-1915)は、フランスの批評家・詩人・小説家で、日本でも文学者たちにけっこう読まれたらしい。芥川龍之介や高見順が言及しているのを読んだ記憶がある。

なお、「序文二則」（一九二四年、全10)中の「(一)寂泡君の為に」には、グルモンのこの言葉から採ったとみられる「私たちをおしつぶしてゐる重荷」との表現がある。

＊＊ 一九二一年二月五日、那覇の松山小学校で行った講演で、その要旨は、「島の人生」（一九二四年、のち「島々の話」その四として『島の人生』〈一九五一年〉に所収。『定本柳田國男集』第一巻）に書きとめられている。そのなかで柳田は、青年に向けて、諸君のいわゆる世界苦は、半分は孤島苦だが、宮古・八重山のひとは、さらに沖縄にたいして孤島苦を感じ、他方、諸君が中央とみなすヤマトも、世界のなかでけっして中央でない、それらの「弘い共同の不満を攷究して見よう」と提唱した。

その三は、土地制度観の転換であった。一八九九―一九〇三年の土地整理は、耕地・山林・原野などの共有制と割替制を基礎とする地割制度に終止符を打ち、私有制へと移行させた。安良城は、その地割制度についての伊波の見解が、「読書余録」（一九一七年）での「経済単位の発達の甚だ後れてゐたこと」の徴表とする見方から、『古琉球の政治』

(全1)での、「参政権を要求する前提として共有地を分配して了つたが、これだけはどうにかして遺しておくとよかつたのに！」と、廃止を痛嘆する見方へ逆転すると指摘した。安良城はさらに、伊波の『沖縄よ何処へ』(世界社、一九二八年、全7)中の、「参政権といふ美名を得て蘇鉄地獄に落ちるよりも、この特殊の土地制度を保存して置いて、徐ろに次の時代を待つ方が気がきいてゐたのではないか」との一句を引き、そこにロシア革命をみての「ナロードニキ的発想」を嗅ぎとっている。

そうしてその四は、日本のなかの沖縄についての認識の転換を承けての、アイヌ認識の転換であった。かつての伊波のアイヌ認識は、すでにみたように、「不相変、熊と角力を取つてゐる」と(「琉球史の趨勢」一九一一年)、琉球・沖縄との差異性を強調するにあった。だが離郷して東京に移住したのちのそれは、一九二五年三月一九日のアイヌ学会におけるアイヌ青年違星滝次郎(北斗)との出会いという、有名な場面に示されるように、まったく一変したものとなる。この日、違星がアイヌとしての苦悩を語るのをきいた伊波は、感激のあまり進みでて違星と握手し、「君の気持は誰よりも私は能《よ》くわかる」と語りかけた。しかも伊波は、そのことを郷里の教師たちに伝え、「今日の青年アイヌは男女共実に維新当時の志士のやうなもの」とのべて、奮起を促している(「目覚めつつあるアイヌ種族」『沖縄教育』第一四六号、一九二五年五月、全11)。安良城は、この事実を、ソテツ地獄を契機とする伊波の転換の一つに組みこみ、「かつての、アイヌと沖縄人との違いという視点から、逆に、アイヌと沖縄人との共通性という視点」への転化とした。

比屋根と安良城は、このように、ソテツ地獄を契機とする伊波の劇的な転回、その絶望の深さを指摘する。わたくしもそのとおりと思う。そのことを前提に、この時期の伊波の二つの作品すなわち、『古琉球の政治』と、前引の「琉球民族の精神分析」によって、もう少し詳しく彼の転回の過程を辿り、絶望の深さを窺いたい。

思想的転回

『古琉球の政治』は、「古琉球の政教一致を論じて経世家の宗教に対する態度に及ぶ」(一九一二年、以下「政教一致」と略称)を「古琉球の政治」と改題したうえ、大幅に改訂・増補した著作である。附録として、「琉球処分は一種の奴隷解放也」(一九一四年)を小改訂のうえ、「琉球人の解放」と改題して載せている。その改題・改訂のしかたに、当時の伊波の心境をみることができる。

体裁上で論文「古琉球の政治」は、「政教一致」と異なり、演説筆記が文章体となったほか、小見出し、注、図がつくなど、かなり大幅の改変をほどこされている。だが、内容上の改訂・増補はそれに劣らず大きい。おもな点は四つあった。

一つは、のろ、コデ、トキ、ユタなど、祭事にたずさわる女性、神託を告げ知らせる女性についての叙述が、一挙にふえた点であった。そこには伊波の、一九一〇年代における女性史研究の成果が反映している。とともに、それらの取り扱いかたに、共同性・相互扶助性の軸をみいだすというかたちで、一種のなつかしさ＝回帰願望が込められるに至る。「田舎の村落へ行くと、今でも一字(昔の一村)に一ケ所の根所《ねどころ》があるが、根所は大方村落の真中にあつて、之を中心として、家族的の村が出来た。(中略)琉球の村落は斯くの如く氏神を中心として成立してゐるから、相互扶助の精神が盛んで、其の団結は至つて鞏固である」などの文章に、その典型を認めることができる。それは同時に、琉球における「母権時代」の強調に連なった。

その二は、そうした共同性・相互扶助性への思慕と関連して、土地所有の共有性への思慕がめばえた点であった。伊波は、役地としてのろに授けられたいわゆるのろくもい地(「くもい」は接尾敬称辞)に、耕作権が人にでなく役に付属したものと言及したさい、注を設けて、百姓地の共有制を詳細に説明した。そのさい彼は、琉球発祥の地久高《くだか》島では、土地整理に当り、男たちが共有地を分配して私有地にすると決議したところ、決議を取り消させたとのエピソードをとくに強調して紹介した。そうして共有制が、琉球の地にどんなに根ざしているかを縷説したのち、「琉球に於ける土地制度の変遷と、男女関係の変遷とが相並行してゐる」というに至る。

その三は、先島の立場への洞察が深まるとともに、奄美群島が伊波の視圏に登場したことであった。首里王府の宮古・八重山におけるのろ制度の樹立をのべた箇所で、「両先島では、琉球の民族的宗教は余り栄えてゐない」と観察したのち、「民族的宗教を押売りしたやうな形跡がある」と断じている。先島から王府をみる視点、いいかえれば王府の抑圧性への視点が、そこにはあった。

奄美群島への学問的な取りくみは、一九一八年一月、大島郡教育会の招きにより大島で「沖縄島を中心とする南島史」と題して講演したのに始まる。*このときの講演は、奄美への視野をほとんどもたなかった。が、その後、彼のこの地域への関説は、「りうきう・ご(琉球語)」(『日本百科大辞典』第一〇巻、日本百科大辞典完成会、一九一九年、全10)、沖之永良部島での採集報告である「『渡琉日記』を紹介す」(『新報』一九二一年一〇月二〇—二七日という。のち『琉球古今記』所収、全7)と始まり、『古琉球の政治』を経て、「『奄美大島民族誌』跋」**(一九二七年、全10)へとつづくことになる。

＊　のち招聘の発起人の一人であった竹島純によって『南島史考(琉球を中心としたる)』としてまとめられ、一九三一年、私立大島郡教育会から刊行された。全2「解題」参照。

＊＊　茂野幽考著、一九二七年に岡書院より刊行。

奄美への視野の拡大は、南の島々へは早くから及んでいた伊波の視野が、北の島々へも延びて、全琉球文化圏を捉えるようになったことを意味する。しかもたんに対象領域の拡大に止まらなかった。奄美は、琉球王朝の成立とともに、先島ともども服属をしいられた地域であり、さらに一六〇九年の薩摩藩の琉球侵寇後は、同藩の支配下に置かれてきた。奄美に向いあうとき、沖縄は優越性を自覚するのである。そんな奄美への接近は、伊波の心中に、被抑圧者への共鳴音がそれだけ強まってきたことにほかならない。彼の奄美論の総括というべき『奄美大島民族誌』跋」で、伊波はのべている。「彼等は実に沖縄人以上に虐げられた人民であつた」、「彼等は其の過去を顧ることを嫌つた。之を知る時に、彼等は圧しつぶされるやうな気がしたからである」。

「古琉球の政治」での伊波の奄美認識は、この「跋」にみられる域にまでは到達していない。そこでの叙述は、薩摩藩による奄美・琉球分断策も両者の精神的紐帯を断つに至らなかったと、薩摩にたいしての両者の一体感を説くところに力点があった。「少しも他郷にゐるやうな感じがしなかつた」と、彼は奄美滞在中の感想を記し、ヤマトと琉球のはざまに置き去りにされたかのごときその島々に、連携を表明していた。

そうしてその四は、現実に立ち返って沖縄救済策として、「政教一致」での宗教の効用の主張を否定し去っている点であった。「政教一致」で伊波は、日本のもとに包含された台湾人、朝鮮人さらに沖縄人を意識しつつ、「人類同胞の実を挙げて、之を増進せしめる方法は宗教」としていた。そこには、武士道や国家主義道徳を批判し、キリスト教によって平等性を獲得しようとの志向が働いていた。けれども「古琉球の政治」では、そんな融和性・楽観性はかなぐり捨てられる。「仏教や基督教の信仰によつて、彼等〔被征服者〕が征服者に対して俄に同胞感を起すとも思はれない」、「私はこの頃朝鮮から帰つた人から、大学の先生の日韓同祖論よりも、基督教の宣教師の同胞主義の説教よりも、ウイルソンの民族自決の宣言の方が、朝鮮人の心を動すことが甚だしいといふことを聞いた」。最大限に被抑圧者のがわに身を寄せてゆこうとする姿勢があらわれてきていた。

論文「古琉球の政治」での改訂・増補点は、このようにさまざまの分野にわたっている。それらを貫く基本的な特徴は、価値を貶められた存在へのまなざしが、研ぎすまされてきたことにあるといえよう。伊波は、彼自身もどちらかといえば遅れとみなしてきた母権制や土地共有制の再評価に踏みだし、先島の視点を深め奄美の視点をつけ加えて、琉球そのものの内部矛盾を炙りだし、宗教の世界性による救済に代えて、民族自決に着目した。〝近代〟による予定調和的な解放幻想が、揺らぎはじめたのであった。

そういう変化は、附録とした「琉球人の解放」にもみられる。原論文としての「琉球処分は一種の奴隷解放也」は過去の事実への肯定的な評価を基調としたが、新しい表題は、琉球人の解放いかにあるべきかとの、当為への問いかけをもつのである。同時に内容上でも、内なるドレイ性認識の部分が、つぎのように拡大されていた（「　」の部分）。

琉球人*が命ぜられた義務に服従するに柔順にして、与へられた権利を獲得するに躊躇する理由はこゝ〔精神的に解放されていない点〕にある。「従つてその政治、産業、教育の発達しない源因も亦こゝにあるといはなければならぬ。外国の学者も言つてゐる通り、長年月の間圧迫を受けた人民は、自由といふ観念それ自身を喪失したのであるから、いふことがいつも空論になつて了ふのである。兎《と》にかく琉球人はこの奴隷解放といふ熟語を能く味ふべきである」。

＊　原論文では「沖縄人」とある。修筆で伊波は、文中の「沖縄（人）」を多く「琉球（人）」に変えている。

もっともこのような変化の反面、この『古琉球の政治』では、依然として、「マレイ人やアイヌがピープルとして存在してゐる間に、彼等〔「琉球種族」〕はネーションとして発達した」との叙述を遺していた。その意味では『古琉球の政治』は、ソテツ地獄を契機とする伊波の転回に当って、過渡的な位置を占める作品ということができる。その転回は、いま一つの作品「琉球民族の精神分析」で、この時期での極点に到達する。

「琉球民族の精神分析*」は、二股膏薬性とか依頼心の強さとか「奴隷根性」、「泥棒根性」など、琉球民族の「悪民族性」を剔抉した論文である。この場合、伊波は、それを「民衆の原形質的成分」によるのでなく、歴史的に形成された素質とした。ソテツ地獄の直撃を受けて、彼は、解決困難のカギを人種改良に求める優生学的思考から抜けだし、存在が意識を決定するとの唯物史観と、病因を患者の閲歴のうちにある心的傷害とする精神分析学に近寄ろうとしていた。マルクスとフロイトを併せ用いるこの方法によって、彼は、沖縄人が歴史的に少なくとも四度、心的傷害を受けたとした。南島移住にともなう孤島苦、島津侵寇の結果としての奴隷化、廃藩置県の「大騒動」に起因する傷痕、さらに今回の経済的逼迫がもたらしたヒステリーがそれであった。そのとき、「歴史によつて圧しつぶされる」という言葉ほど、彼にぴったりする表現はなかったであろう。

＊　伊波は、この論考を、一再ならずあちこちの機会に用いている。全10・11「解題」参照。

中央政府にたいして、伊波はこんなふうに怨恨を投げつける。「七島灘があるためにいつも孤島苦《インゼルシユメルツ》ばかり嘗めさせられてゐる。気の毒だと思つて高等学校の一ツ位は立て丶貰へないものだらうか」。その代弁者たる教育家や宗教家への反撥は、それに劣らず強かった。「彼等〔教祖たち〕の末流は暗示をかけて人を奴隷視する魔術師となつた。（中略）暗示ばかりかけられて、一部の人々の都合のい丶奴隷になつてたまるものか」＊。

＊　この「精神分析」を伊波は、「私たちが納めなければならぬ最も尊い税は個性の上に咲い

た美しい花でなければならぬ」と結ぶ。しかものち一九二七年一二月、この「精神分析」を、『南島史考』への「序に代へて」として用いたとき、彼は、右の文章のあとに、さらに絶望的な一句をつけ加えている。「だが、この個性を培ふべき苗圃は、磽地《こうち》と化し去つて、しかもさうならしめた責任が、専ら吾々に嫁せられつゝあるのは、堪へられないことである」。

批判は外部に向けられたばかりではない。そういう状況下での沖縄びとへの慊《あき》たりぬ想いをも、伊波は表白せずにいられなかった。「現今の沖縄は或意味に於て琉球入にも劣らない危機に遭遇してゐるに拘はらず、県民は惰眠を貪り、その政治家は党争に日もこれ足らないといふ有様である」。そんななかで彼は、沖縄脱離への心の揺らめきを洩らすに至る。「生長しにくい孤島に可愛い子を生み落として自分と同じ様な苦労を繰返させるのは一つの罪悪ではないかと思ふことさへある。そこで私はこの頃、いつそのこと日本の中心に引越し、東京府に籍を移して、子供を江戸子にしてやるのが、子供に対する大なる愛ではないかと感ずるやうになつた」。

もがきと脱出の決意

歴史に抑えつけられて身動きもできかねるという状況下でのもがきは、「精神分析」とほぼ同じ時期に執筆された「寂泡君の為に」(「序文二則」の㈠、『沖縄教育』第一三七号、一九二四年六月、執筆は前者が三月三〇日、後者は三月一九日、全10)に、もっとも端的にみてとれる。寂泡は放浪の詩人池宮城《いけみやぎ》積宝《せきほう》であるが、その彼が企てた『琉球文芸叢書』の首途に当って書かれた文章である(同叢書は未見。刊行されたかどうかは不明)。そこでは、あれほど歴史を掘るのに執心していた伊波が、歴史を廃したいと叫ぶ。「今や私たちはこの特殊な歴史によつておしつぶされてゐる。私はグルモンと共にかう叫びたい、／「——歴史を全然廃してしまふがいゝのだ(下略)」」。

こうして伊波は、寂泡が歩みだしている文芸の途も、沖縄人であるがゆえに荊棘《けいきょく》に満ちたものでしかないと覚悟を促す。「君たちはこの個性を表現すべき自分自身の言語を有つてゐない。(中略)だから沖縄人にとつては、小説家になるのはアイヤランド人が小説家になるのと同じ位に、困難であらう。彼等はこの言語といふ七島灘を越えた暁に、はじめてシヨウやイエーツやシングのやうな鬼才を中央の文壇に送り出すことが出来よう」。沖縄をアイルランドになぞらえ、「言語といふ七島灘」との卓抜な比喩に、ヤマト—沖縄間の断絶の深さ、距離の遠さへの想いを込めたこの有名な一節は、開き直っての諦念の表白との趣きを帯びている。それだけに伊波は寂泡の企てに、窒息状態への一陣の清風を期待して、志をはげまさずにはいられない。「私は君のアルバイトが私たちをおしつぶしてゐる重荷をはねのける一つの槓杆《こうかん》であることを信じよう」。

ソテツ地獄は、このように伊波の歴史認識を転換させた。ヤマトへの期待、近代への希望、宗教という〃善意〃の教導への信頼は、一つ一つ剝落した。そればかりではない。沖縄そのものへのある種の絶望までもが、彼を捉えた。あらゆる展望が幻想として崩れおちたとき、状況へのやり場のない拒否感が、彼を包んだ。「奴隷になつてたまるものか」との、彼には珍しく啖呵を切っているような表現が、そんな感情を露出させている。その結果、それまでの営為にたいするこうした失意は、伊波を追いこんで新生のための跳躍を決意させるに至る。状況を動かすことができないならば、たとい保証は乏しいにしても、自分が動くことによって局面を拓くしかないとの決意であった。

そこにはもちろん、伊波の家庭崩壊の問題もからまっていたであろう。真栄田冬子との恋愛はどうしようもなく進行し、病弱の妻マウシとのあいだで、この点でも普猷は先のみえない状態にあった。しかも一九一八年五月五日には、夫妻のあいだに次男が誕生していた(伊波は、柳田国男にちなんで国男と命名する)。そんな家庭をどう維持するかまた解消するかは、普猷にとって十字架となった。母刀自マツル、夫妻とその子、弟月城夫妻とその子どもたちから成る伊波家のなかで、心理的緊張の高まりは避けられなかったであろう。また冬子と普猷の仲が周囲や社会に知られるにつれ、当然、波紋はひろがり、好奇と非難の渦が彼に押し寄せてきていたであろう。

折口信夫は、冬子と晋猷をみつめる沖縄の人びとの眼について書きのこしている。それによると、彼の渡沖はちょうど有島武郎と波多野秋子の心中発覚の直後だったのだが、「あちらの友人が行きあつて言ふには、あんなことは、沖縄では問題にならないではないか。それよりも、曽て夫を持つて居た人が新しく縁づいた……さう言ふことを一番罪悪だと感じる。さういふ人が多かつたのには驚」いたという。この後半部分が含む寓意を、彼はのちに覚る。「その頃、私の友人の一紳士が、未亡人であるある婦人と恋ひ仲になつてゐた。其を私に教へようとする人々の諷意が、私にはくみとれなかつたのです」(「仇討ちのふおくろあ」一九五一年、中公文庫版『折口信夫全集』第一五巻)。〃石をもて追われるごとく〃だと感じたものか、折口は、のち伊波が『孤島苦の琉球史』を刊行したさい、あれほど「けぶたがられて、東京へ出て来た」のに「あんな恩知らずの人々の為に、其でも懲りずに、まだ書いてゐる」、「千何百年を所在なく暮した島人《しまんちゅ》の吐息を、一人で一返に吐き出した様な」作品を、とのべている(「若水の話」一九二七年、同上第二巻、一九七五年)。

＊ 三〇年近い歳月をへだてての回想なので、記憶には錯誤がある。折口は、第一回の渡沖を一九二三年、第二回をその二年後とし、人びとの諷意を二回目の渡沖で読みとれたとしている。が、第一回の渡沖は二一年、二回目が二三年である。二回目のさい、幾人ものひとから

同じような趣意を聞かされるうち、しばらく時を措いて了解できたということであろう。
周囲や社会の通念では、伊波にかぶせていた「キリスト小《グワー》」のイメージと、恋愛事件という事実との落差は、あまりに大きかった。弁解しにくいトラブルをつくりだした結果、狭いシマ社会でさらし者になったとの気持も、強まったであろう。この点でも彼は追いこまれ、悖徳《はいとく》の人間としての業を負いつつも、新生のため、沖縄離脱によってこの状況を一挙に打ち破ろうとする。*

＊　この間の心理や経過を伝える直接の材料は、皆無に近い。

こうした意味で伊波の離郷は、一つには、いみじくも比屋根が指摘するように、「家庭環境の内部崩壊に直面する伊波と社会環境の崩壊を凝視する伊波の二つの視点が交錯」するところに、決意されることになる。その点では、追いつめられての離郷にほかならなかった。

もっともこのころ、伊波の周囲の人びとは、櫛の歯を引くようにつぎつぎと離郷していた。「大正十二年(一九二三)、沖縄にはもう組合教会はなかった。伊波先生の周囲の人たちは申し合わせたように沖縄を脱出したり、ほかの方面へ出て、からっぽになっていた」。金城芳子は、『なはをんな一代記』にこう記し、その前後に離郷した人びととして、比嘉静観、永島可昌・文鳥夫妻、新垣美登子(二度目)、山田有功と金城芳子自身、比嘉春潮、金城朝永、月城長男の文雄(普哲)、山里永吉、山之口《やまのくち》貘《ばく》らの名前を挙げ、「それにしても、あのころはどうしてみんな東京へ東京へと脱出したのであろうか」とのべている(牧師の比嘉静観のみはハワイへ)。

実際それらは「脱出」であった。そのひとり比嘉春潮も、自伝「年月とともに」で一章を設け、「沖縄脱出」と題している。ひととき、あれほど華やかに沖縄知識社会を彩っていた彼らのグループは、もろくも解体し、人びとは四散しはじめていた。「デモクラシー」から「改造」への思潮の変化は、それほどに速く、またソテツ地獄の衝撃は、それほどに深かった。故郷への想いが浅かろうはずはないのに、沖縄の地に生きることへの絶望感が、彼らをほとんど一様に捉えこんでいた。そんなありさまをみて伊波は、「友皆逃亡の道をえらべり」と歎いていたという(『なはをんな一代記』)。その伊波が、県立図書館長の職を捨てて、逃亡者の群に加わることになるのである。

柳田国男の慫慂

ソテツ地獄をきっかけとする絶望と真栄田冬子との恋愛が、伊波普猷を離郷への想いにいざなったとすれば、東京への吸引力になったのは、柳田国男の鞭撻であった。

伊波と柳田の接触は、伊波が、一九一一年一二月刊行の『古琉球』を三冊、柳田に贈り、柳田がそれを一二年二月二七日に受けとったことに始まっている(「年譜」『定本柳田國男集』別巻第五、筑摩書房、一九七一年)。柳田が伊波を知ったのは、それをきっかけとしてである(「伊波普猷君のこと」『伊波普猷選集』中巻、沖縄タイムス社、一九六二年)。が、伊波のほうでは、新しい学問を興しつつあった柳田に、疾く注目していて、著書の献呈となったのであろう。しかも三冊というのは尋常ならぬ数で、柳田への敬意の深さとともに、彼の周辺へ披露してもらおうとの希望をものがたっている。以後、二人は文通をかわす間柄となる。伊波は、「古琉球の政教一致を論じて経世家の宗教に対する態度に及ぶ」献呈への柳田の返書を、「ユタの歴史的研究」や『古琉球の政治』に引用しているし、柳田も、「大正五、六年の日記をみるとよく手紙の往復をしている」と書いている(「伊波普猷君のこと」)。琉球の過去を究めようとしてきた伊波と、日本人の過去を探りつづけてきた柳田とは、それをつうじて、相互に学問的な敬意を深めたであろう。

そういう二人が初めて会ったのは、柳田が那覇に上陸した一九二一年一月五日であった。「早速伊波普猷を訪ねた。同君はほとんどつきっ切りで話をきかせてくれた」(『故郷七十年』のじぎく文庫、一九五九年)。

それから二月七日の那覇出航まで約一カ月にわたり、先島をもめぐった柳田のこの沖縄旅行は、柳田国男研究会編著『柳田国男伝』(三一書房、一九八八年)の「第七章 旅と学問、第三節『海南小記』の旅」(谷正人執筆)に、まとめられまた意味づけられている。その叙述を借用すると、沖縄旅行は柳田にとって、「長年の思いを現実のものとするための宿願の旅」であり、折口信夫の沖縄への旅を誘発し、みずからも『海南小記』(大岡山書店、一九二五年)に結実する諸作品を著すとともに、一九二二年の「炉辺叢書」の発刊、同年の南島談話会の発足をつうじて、いわゆる南島研究の組織化に乗りだす契機となった。南の島々に日本人の祖先を探ろうとする柳田の関心が、晩年の大著『海上の道』(筑摩書房、一九六一年)に至ったことは、いうまでもない。

柳田にとってほぼこういう意味をもつことになる沖縄への旅は、したがって当然、図書館を訪ねまた伊波と談論することを、目的の一つとした。彼自身によれば、「那覇滞在中は殆ど毎日のように図書館を訪ね、伊波君と話をしてすごしていた」ということになる(「伊波普猷君のこと」)。

この会見は、柳田にとって琉球・沖縄学習の機会であったとともに、よく知られているように伊波に『おもろさうし』の本格的研究への奮起を促すというもう一つの目的意識に支えられていた。沖縄旅行を発心したとき、伊波の面影がどんなにつよく柳田の脳裏にあったかは、彼のつぎの言に端的に示されていよう。「そのころ伊波君は、『古琉球』が島の人に充分に理解してもらえず、又図書館長として社会教育の講演その他に忙殺され、研究から遠去かっていた。その噂は東京にまできこえていたので、伊波君に逢い、学問をするよう、すすめて来ようと思い立ち、沖縄に渡った」(「伊波普猷君のこと」)。

柳田のこの忠告と激励が、鬱屈の境位にあった伊波に光明をさしこんだことは、想像に難くない。伊波の反応を受けての柳田の行動も迅速であった。彼は、沖縄からの帰途、長崎で国際聯盟委任統治委員に就任を求める電報を受けとり、身辺忽忙となったなかで(就任を受諾して、五月九日、横浜を出航)、伊波のためにさっそく尽力したらしい。一九二一年四月二二日付の伊波の柳田あて書簡(全10)は、事態が動きだしたとの柳田の報告を承けての、彼の歓喜の表情を伝えている。

「オモロの件は難有う御座います　何卒可然《しかるべく》御取計《おとりはからい》下さい　(中略)私がもつてゐる本は田島(利三郎)先生が御自分で尚家の本からお写しになつて　あとで大山のオモロ主《ぬし》取《どり》家の本を参照されたものです　(中略)沖縄では　とても出来ないと思ひますから　東京で出して下さい　(中略)オモロの発音や文法などについても　少し書き度いと思つてゐます　近いうちに手をつけようと思ひますから　万事宜敷《よろしく》御取計被下」、「先日岡村千秋といふ人から手紙が参りまして古琉球の政教一致出版の相談がありましたから　早速承諾の旨返事を出して置きました　(中略)名は『古琉球の政治』として置きました　(中略)この件についても種々御尽力下さつて難有《ありがと》う御座います」、そうして、「欧洲にはい

つ頃お立ちですか　それまでにオモロのことは　はつきりきめて置いて下さい　私もいくらか勉強する気分になりました」。

結果的には『古琉球の政治』が、「炉辺叢書」の一冊としてまず書物となった(一九二二年三月二〇日)。「炉辺叢書」は、柳田が、もと企画した「甲寅叢書」の続編として、縁戚の岡村千秋の協力をえて、一九二二年以来、岡村を代表者とする郷土研究社から刊行した叢書である。* 菊半截、アンカットの仮綴で計三六冊刊行されたが、沖縄に関する作品は八冊を数える。** 柳田の「刊行趣旨」によれば、そこで目ざした領域は、「変らうとして未だ全く変つてしまはぬ村々の簡易な生活、其間からちらり〳〵と窺ひ得らるゝ昔の人の信仰と心持、美しい物を愛する情、楽しく生きようとする切なる願、其他血を分けた我々として、知れば軽ずることの出来ない色々の微細なる事蹟を、成るべく地方々々で詳しく調べ、其比較と排列の中から、何か今一層大きく又大切な智慧を、引出して見ようとする新しい種類の史学」であり、そのために書き手としても、「閑静な田舎に住んで、書を読み物を観察し、曽て自分は著述などをする考の無かつた人々を、刺戟し勧誘して大切な時を割かしめ、書物を世に遺す辛労をさせ」ようとした。伊波の場合、必ずしもこの書き手像にはあてはまらないが、沖縄からの第一陣として、この叢書に加わったことになる。***

＊　柳田の「炉辺叢書序」、「炉辺叢書刊行趣旨」(一九二四年、『定本柳田國男集』第二三巻)および大藤時彦「「炉辺叢書」総解説」(同編『炉辺叢書解題集』、復刻版『炉辺叢書』別冊、名著出版、一九七六年)に詳しい。同じ名称の叢書は、そのまえ一九二〇年、やはり柳田によって玄文社から四冊刊行されている。

＊＊　伊波の『古琉球の政治』を初め、佐喜真《さきま》興英『南島説話』、同『シマの話』、喜舎場永珣『八重山島民謡誌』、宮良当壮編『沖縄の人形芝居』、東恩納寛惇『琉球人名考』、本山桂川『与那国島図誌』、島袋源七『山原の土俗』が、それである。ほかに続刊予告として、伊波の『宮古島民謡集』、ネフスキー『宮古島の言語』、比嘉春潮『翁長雑記』があった。なお北の文化からの贈物として、知里幸恵『アイヌ神謡集』が出た。

＊＊＊　前掲四月二二日付書簡によれば、岡村の申しでた条件は、初版一〇〇〇部、著者に五〇部進呈、再版以降は定価の一割の印税であった。伊波はこれにたいし、六〇ないし七〇部を希望している(結果は不明)。

柳田との接触はさらに伊波に、郷土研究社から『古琉球』の三版を出す機会をもたらした。『古琉球の政治』からわずか四日遅れの一九二二年四月三日付で発行されたこの版は、扉の英文表記を〝ANTIKVA LUĈO EKVIDITA EN LA LUMO DE PRI-LUĈAJ STUDOJ DE F. IFA.〟とエスペラントに変えたこと、河上肇が一部修正した「跋」を寄せたこと＊、および「古琉球三版の序」を加えた以外、再版と同じである。その「三版の序」は、柳田のつけてくれた途によって、学問上の前途が開けてきたとの伊波の心のはずみを伝えている。「柳田国男氏が琉球からお帰りになつて、南島を研究しなければ、日本の古いことがどうしても解けないといふことを吹聴されてから、琉球研究熱が漸く高まつて参りました。そして私の『古琉球』はかういふ機運に乗じて版を重ねようとしてゐます」、「近頃健康を恢復しましたので、暫らく中止してゐた『おもろさうし』の研究に従事してゐますから、喜んで下さい」。こういう自序を、彼は、「大正十一年二月二十二日第四十六回の誕生日の晩」と日付を入れて結ぶのであった。

＊　河上の修正は、「跋」の末尾の部分を、「自由人格者の自由団結によりて、真に四海同胞の実を挙ぐること、豈に読書人の空想とのみ為すべけんや。然らば『古琉球』一巻、誰か千年の後に於て、後人今を悲むの一資料たらざるを保せん」云々の文字を入れたところにある。

「おもろさうし」の校訂

柳田が慫慂し伊波があらためて取りくみはじめた『おもろさうし』の仕事が、公けにされるまでには、さらに関係者の尽力が必要とされ、それだけに時間がかかった。その経緯は、柳田の回想によればつぎのようである。「〔沖縄で〕伊波君とは『おもろさうし』の話をし、その校訂〔校訂事業への援助〕を引受けて帰ってきた。それから日が経って、大正十三年一月九日の日記にこの校訂のことが出ている。西洋から帰って一カ月足らずだったが、私は上田万年さんに会って、「どうしてもこれを出版したいと思いますので、骨を折って下さいませんか」と頼むと、話のよく解る人なので、直ぐに運動をはじめてくれ、それを幣原坦《しではらたいら》さんに引継がれた。こうしてみなが好意をもってくれて、約一年かかって、たった三百部*だったが、出版費は学士院から出して貰った」(『故郷七十年』)。

＊ 実際には印刷六〇〇部、うち売品三〇〇部であったという(宮良当壮編『沖縄の人形芝居』巻末の『校訂 おもろさうし』広告)。沖縄へは四十部余渡った。それによって「各郡で読まれるやうになつ」たことを、伊波は喜んでいる(「盗難を歌つたオモロ 附 オモロ研究の態度について――真境名氏への私信」(一九二五年、全10)。

ここに語られた『校訂 おもろさうし』全三冊が、菊判、アンカット仮綴の体裁で刊行されたのは、第一冊、一九二五年三月二〇日、第二冊、同年六月三〇日、第三冊、同年九月三〇日であった(発行者南島談話会、発行所郷土研究社)。校訂者の伊波は、一の巻頭に置いた「序」(全6)を、「大正十三年七月二十五日、沖縄図書館の郷土史料室にて」書き、三の巻尾に置いた「校正を終へて」(全6)を、「大正十四年八月二十五日、小石川の寓居にて」記している。その「序」に彼は、「柳田国男氏等の尽力の結果、帝国学士院補助の下に、琉球の聖典ともいふべき『おもろさうし』が刊行されることとなり、私がその校訂の任に当ることが出来たのは、身に余る光栄といはなければならぬ」との言葉を留めた。この刊行は、彼の離郷→出京をはさんで遂行された事業であった。

同時にこの仕事は、『琉球聖典おもろさうし選釈　オモロに現はれたる古琉球の文化』(石塚書店、一九二四年一二月、全6)という「副産物」を生んだ。巻頭に置かれた「序に代へて――『おもろさうし』の歴史」は、この書物の由来をのべた末尾の七行を除いて(「副産物」の表現はその箇所にある)、『校訂おもろさうし』の「序」とおおむね同文、かつ同日付で、ただこちらは私的な刊行物として、日付のあと、「沖縄図書館の郷土史料室にて」のまえに、「十五年間わが隠れ家たりし」の文言を添え、そこを拠点としての過去を顧みつつ、離郷を決意しての感慨を洩らしている。

それらの意味で伊波にとって、『おもろさうし』の選釈と校訂は、離郷にさいして郷土の人びとへの置き土産であるとともに、新生に当ってヤマトにたいする自己紹介となるべき書でもあった。

『選釈』の「序に代へて」と「例言」、『校訂』の「序」と「例言」は、相俟って伊波の『おもろさうし』論をなし、あわせて彼のこの古典への向いあいかたを示している。それらで彼は、『おもろ』の位置づけを行い、諸本伝来の歴史と、みずからの歩みをも含む『おもろ』研究の歴史をのべ、さらに校訂の方針を明らかにした。なかでも、二十数頁に及ぶ「序に代へて」＝「序」は、『おもろ』に初めて書誌的考察を加えた論考となっている。

伊波の『おもろ』観は、これを、「琉球の万葉集」、いな「むしろ古事記・万葉・祝詞の三者に該当するもので、琉球の聖典ともいふ可きもの」とするにある。そこにはたぶん三つの含意がある。彼は、まずそれをウタとする。したがって彼はそれを何よりも、ウタワレルモノとして理解しようとする。そうしてその特徴として、一句一句書きならべている点とか、頭韻法に相当する繰返しや対句が頻用されていることを挙げる。つぎにそれを、神事に関わるものであったとする。その点で『おもろ』は当然、のろその他神職たちに用いられ、琉球の開闢や神々、王、英雄たちを謡った作品集となる。さらにそれを、航海、貿易、天体の美、風景、恋などを謡いあげた点で、古琉球の思想や生活、言語を窺う無二の材料とする。そこには、琉球の文化の源泉をみようとする『古琉球』以来の姿勢が、より整序されて表明されていた。

こうした『おもろ』理解にもとづいて諸本の伝来を系統づけたのち、伊波は、『校訂』では、師の田島利三郎から譲り受けた写本（田島が旧国王尚家所蔵本を筆写し、旧おもろ主取家安仁屋家の正副の二本によって校合したもの）を底本とし、尚家所蔵本・仲吉朝助所蔵本（安仁屋家本副本より筆写）・安仁屋家本によって校合したと、典拠を明らかにする。

この底本の選びかた、校合のしかたについては、今日、批判が少なくない。柳田も『故郷七十年』で、「いろいろ悪口をいう人もある」と認めつつ、当時としては「他に方法がなかった」とのべている。その後、「日本思想大系」第一八巻『おもろさうし』(岩波書店、一九七二年)の校注者となった外間守善は、この『校訂』を伊波本と名づけて、校合の不徹底さや底本自体の欠陥などを指摘し、諸本を比較検討のうえ、仲吉本(伊波に贈られ、彼の歿後、琉球大学に譲与され、現在は琉球大学附属図書館伊波文庫蔵)を底本としている。『校訂』は、伊波と彼を支えた人びとの営為への、なつかしさのこみあげる装釘であり造本だが、『おもろ』学上の位置は、外間が指摘するとおりなのであろう。

ただ同書の欠陥をあげつらうのみでは、いささか公平を欠くとも感じる。第十二の七十八(通し番号では七二九)のおもろは、琉球の婿入婚を示すと読める大へん面白い作品である(伊波はその婿が玉や着物を持逃げしたことに力点を置いて、以下「盗難を歌つたオモロ」とする)。その第一スタンザは、原本では、

ちやむかねちや
むこゑけりやの
ちやむこはひや
よはひやよ

となっていたのを、これでは意味をなさないとして、伊波は、つぎのように配列変えをして読み解いた。すなわち、

ちやむかねちやむこ　　ちやむかねは
ゐけりやのちやむこ　　気のきいた奴だと思つたら
はひやよはひやよ　　これはしまつた

(ちやむかね＝人名、ちやむこ＝その対語、ゐけりや＝利口な、はひやよ＝ハイヨー＝しまった)

がそれで、そののちこの読み方が踏襲されて、現在に至っている。

それればかりでなく、こんな経験は伊波に、おもろを解釈するうえでの方法上の省察をももたらした。「当時のオモロの校訂者たちには、このオモロの意味がはつきりわかつてゐなかつたやうな気がします」、「此頃オモロの注やオモロの校訂者たちによつて編纂された『混効験集』の語釈にかなり誤りのあるのを発見して、オモロを解釈する場合に文献のみをあてにしてゐては駄目だといふことを切に感じてゐるのです」。そうして彼は、「あけもどろの花」を、『混効験集』の「朝早く咲く花」との解釈を却けて「曙の太陽」と解したのもその一例としつつ、「オモロの疑問□地方の方言で解けるのが沢山ある」とのべた(以上、「盗難を歌つたオモロ」一九二五年五月二六日)。

さらに、不徹底さや欠陥を超えて、この『校訂』や『選釈』で、本文の処理上もっとも印象深いのは、原本復元への忠実さであった。それは、すでにみたように『古琉球』で打ちだされていた方針であったが、彼はその方針を持して譲らなかった。忠実さは、とくに二つの点にあらわれている。一つは、「句読のうち方も原本の通りにした」ことであり、これはたとえば、思想大系本では「鳴響《とよ》む読谷山《よんたむざ》」＝名高き読谷山、第十四の五十七（通し番号で一〇三八）とされる箇所が、「とよむ、よんた、むざ」と表記されたことである。そこには、「オモロの句読は、単なる句読ではなく、謡ふ時に必要なしるしではないかと思はれる節がある」との観察があった。いま一つは、「オモロは各人の口から伝へられたものを写したものであるから、その仮名遣はもとより一定してゐない」、それを「原本のまゝに記載」したことである。たとえば前掲の第十四の五十七は、一行目が「きこゑ、よんたもざ」、終りの六行目が前引のように「とよむ、よんた、むざ」であるが、そのままにしてある。

このような原文尊重の方針は、伊波が『おもろさうし』を、本来それがいかにあったかの場所から捉えようとしたことを示している。もともとそれは、読まれるものではなく、儀礼の場で謡われるものであり、彼はそうした性格の作品として、『おもろさうし』を読んできたのであった。「三、四年前になくなつた旧おもろ主取安仁屋真苅《しんかい》翁は、自分の家が、祖先以来、おもろの謡方及び其に関する儀礼等を伝へ、及びおもろ双紙の散佚を守る役であることを堅く心に銘し《ママ》てゐたので、私が訪問する都度オモロを謡つて聞かせたばかりでなく、「みおやだいりおもろさうし」の発音を私に教へてくれた。そして私はこの発音法によつて、オモロを読んで来た」。謡われるものとしての「おもろ」は、伊波の耳朶に響いていた。その本来のすがたを新しい読者に伝えたいというのが、『おもろさうし』全体を活字化する機会を与えられての、伊波の願いであり決意であった。*

＊　以上の引用は、『選釈』の「序に代へて」と「例言」に拠った。公的な刊行物であるせいか、『校訂』ではその箇所は、削除されたりぼかされたりしている。『校訂』巻末の「校正を終へて」には、方針についての言語学の立場からの考察があり、主取の発音さえ、変化してきたものとのべている。

『校訂 おもろさうし』の最大の意義は、それまで写本としてしか伝えられてこなかったこの琉球の古典が、初めて全文活字化され、六〇〇部という少部数ながら各方面に配布されて、写本消滅の虞《おそ》れを解消するとともに、「おもろ」研究、琉球理解の途を大きく拓いたところにある、といわれる。その点はたしかに、その通りであろう。だがそれに当って伊波は、朗詠ないし口誦という「おもろ」が本来もっていた性格を、可能なかぎりそのままに、文字世界へと承け渡ししようとしたのである。

『校訂』の「副産物」としてものされた『選釈』は、読んで楽しい書物である。『おもろさうし』二二冊、一五五一首（現在では一五五四首と数える）中から九八首を選び、語釈を含む解釈を加えた作品であるが、「例言」にいうとおり、「詩歌としてすぐれたものばかりでなく、歴史的に価値のあるものに重きを置」き、背景としての「史実を比較的くはしく説明する」方針をとり、さらに「オモロも出来るだけ時代順にならべ」たので、「オモロに現はれた古琉球の文化史」の趣きをもつ。採りあげられたおもろの主題は、琉球開闢、天体の美、諸王、をなり神、船、出陣、戦争、阿麻和利、貿易、恋、築港、アカインコ、鼓、日の出、航海の安全、巫女、豊作、久高行幸、雨乞、御冠船等々にわたる。そのうえに「附録」として、宮古や八重山の歌をつけている。

田島からおもろ資料を譲られて以来、ほぼ二十年を経て、伊波は『おもろ』の世界を自家薬籠中のものとしていた。そんなゆとりが、『おもろ』に託して古琉球を語る彼の筆を（もともと彼は生硬な文章を書かなかったが）、常にも増してのびのびと自在のものとした。たとえば、第十三「船ゑとのおもろさうし」の二二〇番「すゞなりがふなやれのふし」すなわち、

　[1]あが[2]おなり、みかみの、
[3]まぶら、[4]でゝ、[5]おわちやむ、[6]やれ、ゑけ

[7]おと、おなり、みかみの、
[8]あや、はべる、なりよわちへ
[9]くせ、はべる、[10]なりよわちへ

〔語釈〕1あが＝我が、2おなり、みかみ＝姉妹の生ける霊、3まぶら＝守らむ、4でゝ＝とて、5おわちやむ＝来ませり、6やれ、ゑけ＝舟をやるときのかけ声、7おと、おなり＝妹、8あや、はべる＝綾蝶＝美しい胡蝶、9くせ、はべる＝あや、はべるの対語＝奇しき胡蝶、10なり《ママ》わちへ＝成り給ひて

には、つぎのような解釈をつけている。

我《あ》が同胞《はらから》なる女神《めがみ》、我《あ》を守らむとて、来ませり。（エンヤラヤー！）。妹の生ける霊《みたま》、美しき胡蝶となりて、奇しき胡蝶となりて。の意。「やれ、ゑけ」といふ船を行《や》る時のかけ声などがあるところから見ると、このオモロを航海中に唄つたことがわかる。沖縄では今日胡蝶はあの世の使者といはれてゐるが、オモロ時代には生ける「をなり神」(即ち顕《あき》つ神、姉妹)の象徴とされたことがわかる。琉歌にも、

船《ふね》の艫《とも》なかい、白鳥《しらとや》が居《ゐ》ちよん、白鳥《しらとや》やあらぬ、おみなりおすじ。

といふのがあるが、これは船の艫に、白鳥《しらとり》が止まつてゐる、否々、白鳥《しらとり》ではない、私を守護してくれる、姉妹の生ける霊である、の意だ。これで見ると白鳥《しらとり》が「をな

り神」の象徴であることもわかる。沖縄では航海中白鳥《しらとり》が船の柱などに止まるのを縁起のいゝことゝされてゐた、それは陸が近くなつたことを知らして呉れるから。さういふところから白鳥《しらとり》は自然その守護神なるおみなりおすじの象徴にされたのであらう。

（中略）

白鳥《しらとり》がかういふやうに航海の守護者になる「をなり神」の象徴になつたので、古琉球では、船に鳥の名をつけて、船を造るのを親鳥が雛を孵すに譬へてゐた。（ルビ、傍点、句読点は原文のまま）

こんな叙述を眼にすると、さながら古琉球世界を、著者とともに逍遥する気持になる。そういう作品を伊波は、離郷直前に、故郷への贈物としたのであった。

折口《おりくち》信夫《しのぶ》との出会いも、伊波にはすこぶる新鮮な体験であった。「古琉球の二詩人――オモロネヤガリとアカインコ」（『改造』第七巻第二号、一九二五年二月、全2）は、伊波が自記するように、折口の「日本文学の発生」（一九二四年）にヒントをえて書かれた。そうして彼は、折口の「万葉びと」から「おもろびと」なる範疇に思い至る。そのことを旧友の真境名笑古（真境名安興）に伝える彼の筆は、つぎのように歓びに溢れるものであった。「笑古兄！／「おもろ人《びと》」といふ熟語は初耳でせう。折口信夫氏の万葉びとにまねて私はオモロを歌つてゐた古琉球人を「おもろびと」と呼ぶことにしました」、「お互いはこれから「おもろびと」の気持になつて、この古代文化の宝庫に這入り込まうではありませんか」(「盗難を歌ったオモロ」)。それ以後二人は、折口のがわからみて、「親友としての感情が、どうかすれば、先輩といふ敬意を凌ぎがちになつてゐる程睦しい、私の友」となる(「組踊り以前」、伊波普猷『校註 琉球戯曲集』〈春陽堂、一九二九年〉に寄せた序文、全3)。*

＊ 那覇市史編集室には、折口の、伊波への献呈の辞のある著書『万葉集』上(文会堂書店、一九一六年)、『万葉集辞典』(同、一九一九年)が所蔵されている。会う前に知己の関係だったかもしれない。もっとも献呈の辞に年月日の記載はない。

離郷へ

こうした失意と希望を抱えつつ、一九二四年の伊波は、すでに離郷を決意して、その準備のため、例年になく身辺多事であった。「年譜」には、「この年、図書館視察をかね、『校訂 おもろさうし』を携えて上京、二カ月余滞在、柳田・折口を訪問して帰郷」とある。自分の出京準備のため夏休みを利用して東京滞在中だった金城芳子が(当時、久米島尋常高等小学校の教員)、このとき伊波に会っているから、伊波のヤマト訪問は夏から秋にかけてのことであったろう。すでに真栄田冬子は東京にきていて、友人の永田(魚住)千代と小石川戸崎町(現・文京区)に間借りして暮していた。それだけに伊波の出京には、「沖縄脱出の下準備の意味もあった」と金城の眼には映っている。このとき、普猷、冬子、芳子の三人は、京都への旅をし、そこで民俗学者ニコライ・ネフスキーと落ちあって、四人で保津川下りを楽しんだりした(『なはをんな一代記』)。

一二月、伊波は図書館長を辞任する。その直前、それまで足しげく郷土資料室に通ってきていた麦門冬末吉安恭《あんきょう》(一八八六―一九二四年)が急死して、伊波にショックを与えた。麦門冬は、俳人ジャーナリストとして当時の沖縄の文芸界を担う一人であったともに、多方面にわたる好事家的知識と観察眼の持主であった〔追記〕。その彼を悼む言葉に託して、伊波は、郷里の人びとへの別離の気持を綴った。「末吉君は私が蒐集した琉球史料を最もよく利用した人の一人だつた。十五年間私の隠れ家であつた郷土史料室を見棄てるに当つて、私は君と笑古兄とに期待する所が多かつた」、「末吉君のやうに見聞したことをノートに書きつけないで、たゞ頭の中につめ込む習慣を有つてゐる私は、彼の急死を目撃して、大なるシヨツクを感じた」、「私は死にたくない。どんなことがあつても、生きて行かう、自分の生命の生長するまでは、そして死ぬ時分には、たとひ郷里の墳墓には葬られなくとも、*郷里の人たちの頭の中に葬られるやうにしよう」(「嗚呼末吉君!」

『タイムス』一九二四年一二月一四日、全10)。

＊　沖縄では、島外で死亡し、遺骨をえることのできない死者の霊魂を「潮川渡り《シューカーワタイ》」と呼び、その地でさまよい、忌むべきこととされている。家を捨ててゆく以上、その覚悟のあることを示さずにはいられなかったのであろう。

追記　麦門冬については、のちに新城栄徳氏から、同氏編・刊『文人・末吉麦門冬』(『琉文手帖』第二号、一九八四年一二月)の出ていることを教えられた。小冊ながら、彼の写真・筆蹟・随筆選に、伊佐眞一編の「末吉麦門冬と新聞」「著作目録(抄)」などを収めており、麦門冬研究の基礎文献をなす。また研究の現況については、新城栄徳「南方熊楠の研究成果続く「麦門冬」にも注目集まる」(『タイムス』二〇〇四年九月二三日朝刊)に紹介がある。

伊波にとって離郷とは、自分の収集した史料と離れることでもあった。その断念をもあえてして、またどこに屍をさらそうともとの決意をもって、彼は転生へ踏みきろうとした。一九二五年二月、過去との訣別のしるしとしてか、名物にもなっていた長鬚を剃りおとして出京、小石川戸崎町一二番地のささやかな一戸に真栄田冬子と同居する。数え年五〇歳であった。

六「孤島苦」と「南島」意識

「清貧」の暮し

覚悟してきたことではあろうが、東京での暮しはきびしかった。伊波普猷に定収入はなく、東京女子高等師範学校図書館に勤める真栄田冬子の俸給四〇円が、生活を支える基礎的な収入であった。やがて帝国女子専門学校と千代田女子専門学校に職をえたが(前者は一九二六年、後者は二八年)[*]、まもなく冬子が図書館をやめたため、苦境は深まりこそすれ軽くならなかった。出京して改造社社員となっていた比嘉春潮の口ききで、沖縄出身の実業家比嘉良篤の援助を受けたと伝えられ、折口信夫もこまかく気を配った。[**]

* 伊波の帝国女専就職については、谷崎昭男「伊波普猷「年譜」について」『さろん日本文化』第五号(一九八二年四月)に詳細な考証があり、それが「年譜」のいうように二七年でないこと、などを明らかにしている。

** 一例として、「元来世事にうとく日常生活の苦難に悩まされることの多い伊波さんを、暖かい友情で助け励まされたのは折口先生であった。いつだったか、反町弘文荘に稀覯本の琉球宝案が出たことがあった。三百円ぐらいだったが、伊波さんは欲しいには欲しいがとても手が出ない。折口先生がこれを知って黙って金を用意し、伊波さんを無理に誘って自動車で駆けつけたが僅か十五分ぐらいの違いで売れてしまっていた。（中略）ほこりを傷つけないように気を配りながら、時々ひそかに財政的援助をしていられたようであった」とある（比嘉春潮「折口さんと伊波さん」『折口信夫全集』月報第二二号、一九五六年）。冬子の従妹で一九三一年から三九年まで伊波家に同居していた比嘉美津子氏によると、折口のもとへ両三度、伊波の書面をもって、工面の使いにいったという。

暮しの苦しさから、家庭に波風の立つ場合も少なくなかった。普猷は、「年《トウシ》や寄《ユ》て行ちゆい　銭《ジン》やまた無《ネ》らん　霞喰《クワ》て暮らす　島ぬあらな」と、旧知の比嘉静観に書き送ったりしている。ただかつて伊波の薫陶を受けた女学生たちのうち、知念芳子が金城朝永と、また永田千代が魚住淳吉とそれぞれ結婚して、近所に住んだことは、普猷と冬子にとって慰めであったろう。三家族は肩を寄せあうようにして暮した。

小石川戸崎町は、徳永直の『太陽のない街』のモデルとなった一角である。界隈で一、二度転居したのち移った借家は、崖っぷちの小さな平屋であった。古い格子戸をあけると狭い三和土《たたき》があり、すぐ二畳の玄関の間となり、左に八畳程度の応接間、玄関につづく廊下の左がわにはベッド・卓袱台《ちゃぶだい》・机を置いた伊波の居室があった。応接間は畳敷の上に粗末な籐椅子三脚を並べ、居室ともども壁面は書棚で埋っていた。紅型《びんがた》のテーブル掛けが彩りをそえ、沖縄の匂いが漂うてはいた。とはいうものの、一九二九年、東京帝大文学部国文学科に入学してこの家を訪うた青年仲宗根政善には、「質素であった。質素というよりはみじめ」との印象さえ与えた。三三年、普猷と冬子は、中野区塔ノ山二八に移転するが、それもじつは、家賃が滞り追いだされたのだという。

そんな状態にあっても、伊波には、みずからを卑しくすることは、まったくなかったようである。仲宗根は、彼に生活苦のかげりが感じられないのに驚き、金城芳子はそれを「清貧」と称している。見方によっては、伊波のそうした恬淡ぶり、あるいは〝才覚〟のなさが、彼らをいっそう窮境に追いやったともいえる。

むしろ伊波は、郷里で長く道草をくったがこれからは勉強できると、日々の発見に心のはずみを抑えかねる風情さえあった。「東都に再遊学」の気持とものべている(「首里」の語源は結局わからない」『新報』一九三二年一〇月二六日―一一月一三日、全1)。新しいヒントをえると、うるさがられつつも冬子に向って、飽きもせず話しかけた。もっとも冬子も原稿の清書を手伝ったりした。それだけに仲宗根らが訪れると、長髪を掻きあげつつ、眼を輝かせて何時間でも語りつづけた。一九三三年に伊波を訪ねた服部四郎は、伊波が、「奥様とお二人きりで小さな借家にお住いになっているのを見て、心を痛め」

るとともに、にもかかわらず、「極めて朗らかで、屈託なく大声でお話しになるのには感銘を受け」ている(「伊波普猷先生の功績」『新沖文』三二)。そうして原稿料が入ると、好物のビーフステーキを食べにでかけたり、貧乏に頓着しない暮しぶりでもあった。

故郷を去っても、いや去ったがゆえにいっそう、故郷への想いは深かった。家庭ではいつもうちなあぐちで話し、塔ノ山に移ってからは、野菜くずなどを肥料として、裏の空地に苦瓜《ゴーヤー》を作り、ゴーヤーチャンプルーやゴーヤージュースを楽しんだ。それも、東京で連作すると退化するといって、毎年、那覇から新しい種子を送ってもらうという、気のいれようをみせた。来客に、「沖縄では十五夜の月で新聞が読めますよ」といって、涙ぐんでいるときもあった。

『おもろさうし』を身辺から離さなかったように、沖縄への想いは、片時も彼の脳裏を去ることがなかった。冬子の従妹比嘉美津子が、一九三一年一二月、冬子を頼って出京し普猷に到着の挨拶をしたさい、「君は藤村の『破戒』は読んだかね」、「あれはぜひ読み給え。われわれは丑松の心を知らなければならない」と、いきなり問いかけたりした。丑松の心を知ることによって、沖縄人としての自覚をもつようにとの諭しであったろうと、後年、彼女は回想している。*

＊　右の叙述は、文中に注記のほか、仲宗根政善「伊波先生の思い出」、金城芳子「思い出の

落穂拾い」(以上、外間守善編『伊波普猷　人と思想』所収)、比嘉美津子「伊波普猷先生の思い出」(『新報』一九九一年八月一五日朝刊)、および同氏談話による(のち『素顔の伊波普猷』ニライ社、一九九七年、として集成)。

ハワイ訪問

その間に伊波は、実業之布哇社の招聘によって、一九二八年九月末に日本を出発、一〇月六日から一二月二〇日までハワイを訪れ、諸島内の各地で講演するという、生涯でただ一度の外国旅行に出ている。ハワイのあと彼は、カリフォルニアとメキシコに足を伸ばし、翌二九年二月に帰国する。同社社長当山《とうやま》哲夫は、沖縄県中頭郡与那城《よなぐすく》村(現・うるま市)出身で、一九〇六年、ハワイに渡航、辛酸をなめたのち、『実業之布哇』誌を興して、日系言論界の指導者の一人となった人物である。昭和天皇の「御大典奉祝記念」として伊波の講演会を企画しての招聘であった。

伊波の携えていった演題は、「神話に現れたる日本建国の精神」、「日本国家観念の三変遷」、「琉球の古典オモロについて」、および琉球語による「過去三百年間の琉球史」(後述の『沖縄よ何処へ』の骨子か)であり、彼は、会場ごとにこのうちの一ないし二題目を取りあげた。前二者の演題を用意したのは、招聘の趣旨に添おうとしたためであろう。

このほか彼は、『実業之布哇』に、「ハワイに於ける日本語の運命」と題する一文を掲載したという。掲載誌は現存しないが、献呈を受けたハワイ大学総長の返信に、「ハワイ大学、学校、文化団体を通じて日本語、文化を充分保存したい考へ」とあるのから推せば、少数民族の言語としての尊重を説くものであったろう。

講演会の主催者は、実業之布哇社を初め、各地の沖縄県出身者組織や有志あるいは仏教青年会などで、どこでも盛況だったと伝えられる。県出身者だけに止まらず大勢の日系人を集め、県人たちの意気を高める一大イヴェントの観を呈している。ことに琉球語の講演とそれにつづく八重山民謡「やくぢゃま節」の朗唱は、彼らを酔いしれさせずには措かなかった。また伊波が、ホノルルやヒロばかりでなく、積極的に各地のプランテーションに赴いたことは、多くは苦難のなかで生きている人びとを、いたく喜ばせたであろう。

その一方でハワイ訪問は、伊波に多額の研究資金をもたらしたと窺える。講演は多くの場合有料であったが、ハワイを離れるにさいし、各島より聴講料として主催者に提供された謝礼は、①オアフ島四耕地二二四ドル八五セント、②ホノルル『実業之布哇』四一四ドル四〇セント、③カワイ島六五ドル三〇セント、④マウイ島四三八ドル五五セント、⑤ハワイ島四三二ドル六五セント、合計一五七五ドル七五セントにのぼり、そこからホノルル滞在費、アメリカ大陸への船賃、その他を差引いて一二八〇ドルが、彼に『おもろ』研究費として贈呈された。* そのなかから伊波は、那覇の家族に送金もしたらしい(金城芳子「師の生誕百年祭に思う」『新沖文』三二)。

* 以上の記述は、現在見うるかぎりのハワイ滞在中の伊波関係記事を採録した同地在住の比嘉武信「ハワイの伊波普猷――新聞資料で見る足跡」(『新報』一九九〇年八月二二―二八日朝刊)および同編・刊『新聞にみるハワイの沖縄人90年』(一九九〇年)による。このほかハワイ訪問については、大田昌秀「伊波先生のハワイ訪問とその影響」(全集月報5、一九七四年)がある。アメリカ大陸における伊波の動静を知る材料としては、サンフランシスコ美術館玄関前のロダン「考える人」の下に立つ写真(旅行で世話になった人びとに贈るため作成)とロサンジェルス美術館前に立つ写真(「昭和三《マ》年二《マ》月二十一日」の日付、ゾルゲ事件に連坐する沖縄出身の画家宮城与徳ら四青年とともに)が遺されているが(『生誕百年記念アルバム伊波普猷』)、詳細は不明である。〔追記〕

追記　そののちに出た野本一平『宮城与徳　移民青年画家の光と影』(沖縄タイムス社、一九九七年)によると、伊波は、サンフランシスコに上陸後、ロサンジェルスに至り、さらに南下しインペリアル・ヴァーレーからメキシコ入りしてメヒカリを訪ね、そこから北上してふたたびインペリアル・ヴァーレー、ついでブローレー、そうしてフレスノと、一カ月足らずの間にカリフォルニア州を縦断するかたちで約一千キロメートル、各地で講演しながらの強行軍をこなした。彼の講演のテキストは『沖縄よ何処へ』であったとのことである。なお、比屋根照夫

「羅府の時代　宮城与徳と南加青春群像」(『新沖文』八九—九三、九五、一九九一年九月—九二年一〇月、九三年五月)、宮城與徳生誕百年を記念する会編・刊『君たちの時代　宮城與徳生誕百年記念誌』(二〇〇六年)も参照。比屋根はさらに、「伊波普猷と日系ハワイ移民　第二次大戦下の社会意識」(『タイムス』二〇〇六年一〇月五日朝刊—〇七年一月二五日朝刊、計一五回)で、発掘した史料をも駆使しつつ、伊波の日系ハワイ移民への視線が、彼らがそのもとで呻吟するプランテーション制度を撃つとともに、カナカ民族との連想において文化的個性の復権を説く一方で、偏狭な「日本精神」を批判するものであったことなどを詳細に論じ、その角度から、彼の思想の全容に迫っている。

東京での活動と思索

そういう軌跡を描きながら、伊波は、どのように思索と探究を積み重ねていったたろうか。

「年譜」や「著作目録」に眼をさらしてゆくと、伊波の東京移住は、琉球・沖縄についての専門家のヤマトへの上陸＝登場を意味した、との感に襲われる。二つの点でそのようにいうことができる。

一つは、ヤマトのジャーナリズムへの登場であった。それまで一部の単行本をのぞく作品を、沖縄の紙誌をつうじて世に問うていた伊波に、初めて多様な舞台が提供されることとなった。故郷の紙誌への寄稿が持続する一方で、伊波の原稿は、総合雑誌と目される『改造』『文藝春秋』『太陽』、文芸誌と目される『新小説』、民俗学系の啓蒙誌『旅と伝説』、好事家の雑誌と目された『犯罪科学』などや『東京朝日新聞』などに、少なくとも一時、つぎつぎに発表されていった。そのほか、新潮社の『日本文学講座』と『日本文学大辞典』、『岩波講座日本文学』、新光社の『日本地理風俗大系』、改造社の『日本地理大系』、日本放送出版協会の『ことばの講座』、明治書院の『国語科学講座』などの講座や叢書に、琉球・沖縄関係の項目を執筆している。

それらの刊行物への執筆は、ここ数年来相まみえる機会をえた柳田国男、折口信大や、旧友の橋本進吉、さらに伊波を深く敬愛する比嘉春潮らの配慮によるところ少なくなかったであろうとともに、当時のジャーナリズムにおける琉球・沖縄への関心の一定の高まりにもよっていたであろう。とはいえ、そうした関心は、所詮、ジャーナリズムの関心の一隅を占めたに止まり、したがって発信される記事の総体からすれば微々たるものに過ぎなかった。伊波の執筆は、一媒体に一回限りという場合も少なくなく、その限度内でのヤマトのジャーナリズムへの登場であった。

こうした環境は、否応なく伊波を、ヤマトにおける琉球・沖縄文化の紹介者という位置に置いた。おもに一般誌や叢書類への寄稿の表題は、「古琉球の二詩人」「オモロ」

「南島の歌謡に現はれた為朝《ためとも》の琉球落」「苦の島」「琉球と南蛮関係」「琉球の売笑婦」「琉球国劇の役者」「那覇の読み方」「琉球婦人の黥《はづき》」「琉球の戯曲に現れた玩具」「琉球と大和口」「八重山島のマクタ遊び」「古琉球貴族の性生活」「琉球の舞踊と演劇」「琉球の墳墓」「琉球の年中行事」等々となっている。それらを眺め、中味を読んでゆくと、もとよりいずれも彼の探究の結晶とはいうものの、「琉球とは何ぞや」との問いを基調とするかつての姿勢よりは、「琉球とは斯《か》く斯く然《し》か然《じ》か」との解説者としてふるまう姿勢が、立ちまさってくるようにみえる。自作への改訂癖は以前からあったが、このころから同じ内容の作品を、大抵の場合字句をいじってではあれ、複数の媒体に発表することがふえた。それについて柳田は、「同じ内容のことを二度も三度もいうのはどうも困るね」と、比嘉春潮にしばしばこぼしたという（「年月とともに」）。ジャーナリズムで暮しを立てようとする場合に直面しがちの、辛さであったといえよう。

いま一つは、ヤマトの学界少なくとも研究グループに迎えいれられたことであった。「年譜」にはそのさまがよく窺われる。

一九二五年二月に出京するとすぐ、三月六日、四谷の三河やで激励会が開かれ、柳田国男、金田一京助、折口信夫、橋本進吉、安藤正純、松本信広、中山太郎、岡村千秋らが参会した。それを手始めに、学会、研究会や講演会への出席が相つぐことになる。三月一九日には、第二回東京アイヌ学会に招待通知を受けて出席した。違星滝次郎の講話を聴き、感激したのはこのときのことである。ついで八月五日には、北方文明研究会の創立会に、柳田、折口、金田一、岡村らと出席している。さらに九月五日には、啓明会主催の琉球美術品展覧会、琉球講演会で、それぞれの演題を掲げる柳田国男、鎌倉芳太郎、東恩納寛惇、伊東忠太、山内盛彬らと並んで、「古琉球の歌謡に就きて」と題して講演した。そうして一〇月二四日には、柳田、折口、岡村らとともに『おもろさうし』の研究会を開くことになる。

研究会などへの参加は、そののちも続いたとみられる。記録されている分だけ眺めても、一九二七年六月二九日には、柳田主催の南島談話会に、金田一、岡村や金城朝永、比嘉春潮らとともに、九月一一日の柳田の「老嫗夜譚」を中心とする雑話会には、岡村、折口、金田一や中山太郎、早川孝太郎とともに、さらに翌二八年四月二七日には、東京朝日新聞社での「八重山歌舞合評」座談会に、それぞれ出席するという具合である。ハワイから帰ったのちにも、二九年五月一一日、第三回民俗学談話会で「ハワイ土俗談」と題して講演している。こうして三五年八月には、柳田国男還暦記念の日本民俗学講習会で、「南島稲作行事採集談」と題して二時間にわたる講演を行うことになる。*この年二月から半年にわたり、国学院大学の学生や有志に『おもろさうし』を講義する機会をえたのは、折口の発心と斡旋によるものであったろう。

＊　日本民俗学史上画期的なこの催しの全貌は、柳田国男編『日本民俗学研究』(岩波書店、一九三五年)としてまとめられている。

その翌一九三六年には、伊波自身が還暦を迎える。周囲の心遣いは温いものがあった。二月には、沖縄と東京で還暦祝賀会が開かれ、八月の第二回日本民俗学講習会では、そのうちの一日が伊波還暦記念日にあてられ、琉球に関する座談会が催された。さらに九月には、在京県人有志により還暦記念の南島文化研究会が創設され、毎月一回、彼は『おもろさうし』を連講することになったという。

そのうち沖縄での祝賀会を主催したのは、沖縄郷土協会と沖縄日報社であった。それを機に記念論文集刊行の企画がもちあがり、翌一九三七年七月一日付で、伊波先生記念論文集編纂委員(代表者島袋全発)により、『南島論叢』が、沖縄日報社から刊行された。柳田、折口、金田一、小倉(進平)、橋本や昇曙夢《のぼりしょむ》、宮城真治、東恩納寛惇、仲宗根政善らの論考二四篇を収め、さらに旧友照屋宏の「伊波君と私」、金城朝永による著書論文目録と年譜を附した。題簽《だいせん》は折口が書いた。費用は、日報社の親泊政博《おやどまりせいはく》(のち琉球新報社社長)がひとりで負担した。その間の事情を知る仲宗根は、「親泊氏は、出版の欠損をお一人で背負い、生活に窮しておられた先生に、印税の全額をお送りして援助された。

親泊氏の月々の給料のほとんどは、その欠損のうめあわせに当てられた」と記している（「伊波先生の思い出」）。

伊波の出京はちょうど、柳田がさまざまの研究会・談話会を発足させつつ、本格的に日本民俗学の樹立をめざした時期に当っている。柳田の国際聯盟委任統治委員在任は、一九二一年から二三年にわたるが、その間の一時帰国期の二二年四月二一日、南島談話会を発足させた。それを手始めに、二三年末には自宅で民俗学に関する第一回の談話会を開き、さらに二五年八月五日には、前述のように北方文明研究会を創設している。琉球講演会などの企画については、繰りかえすまでもない。そうした意気込みがつのって、二四年七月から、日本青年館発行の雑誌『青年』誌上に、「誌上談話会」との欄を設け、みずからを「座長」と呼びつつ、「消え又は変化して行く昔からの仕来りなど」についての観察記録の投稿を求めるに至った（柳田国男研究会編『柳田国男伝』）。もっとも青年たちの反応はにぶく、そのこころみは失敗に終る。が、柳田は、失敗をさえ糧として、「孤立の研究者たちを連絡し」、「必要なる一切の資料」を「この共同の文庫に陳列」（「編輯者の一人より」『民族』第一巻第一号）しようと、二五年一一月、『郷土研究』（一九一三―一七年）以来の自分の雑誌『民族』の創刊に踏みきるのであった。伊波はこのような気運に際会したことになる。

興隆の気運にあった研究グループへの参加は、伊波を刺戟するとともに、彼に発表の場をも与えた。雑誌『民族』『方言』『民俗学』や『南島談話』*などへの、かなり持続的な執筆は、これらのグループなかんずく柳田の誘引によるところ少なくなかったであろう。けれどもそんな関係を超えて、柳田や折口あるいは橋本らの学問への伊波の敬意は深かった。仲宗根は書いている。「橋本先生の厳正な実証的な研究をほめておられて、大先輩であるかのような謙虚な丁重なお言葉づかいだった」、「また、柳田国男先生、折口信夫先生の直観力の鋭いことに驚嘆しておられた」(「伊波先生の思い出」)。

* 南島談話会の機関誌(一九三二—三三年)で、『旅と伝説』の附録として刊行された。

こうした知友関係のなかに身を置いて、伊波は研鑽に日を送り、その結実を、それらを初めとする専門誌に報告していった。そこに掲載された論考の表題を幾つか列挙すると、「ひだる神のこと」「琉球史上に於ける武力と魔術との考察」「をなり神」「南島古代の葬儀」「私生児を意味する琉球語」「有気音と無気音に就いて」「ガジュマルの語源に就いて」「かざなおり考」「琉球語」「あられといふ語に就て」「「物を頭にいただく」語」「ヤガマヤよりモーアソビへ」「アヤゴ等に現れたクイキャー踊」「門を意味する語」「石原あさ道に就いて」「琉球語彙」「蚕蛹の琉球語」「「日本館訳語」を紹介す」等々となる。一見して、民俗と言語に関心を集中させていっていることが読みとれる。*

＊ もっとも伊波が、一般誌と専門誌によって厳密に書きわけたということではない。彼の文章のスタイルはいずれの場合も、論文風というよりはエッセイ風で一貫していたし、主題も掲載誌によって明確に区分されていたわけではない。ただ一般誌の場合、主題を指定しての注文原稿となることが多かったであろう反面、専門誌の場合には、みずから志した成果の発表との性格をもったから、自然に差ができたとはいえる。

同時にそこに、柳田や折口の発想・着眼・指摘からの影響をみることも、困難ではない。一例ずつ挙げるならば、『方言』第一巻第四号(一九三一年一二月、全4)所載の「蚕蛹の琉球語」は、その前号所載の柳田の「音訛事象の考察」に、さなぎの方言としての「西何方《にしどっち》」「ニシャドッコ」などが全国に分布しているとあったのを承けて、琉球語ではto: ja: ma:といい、「唐は何方《どっち》」に由来するとのべた論考である。また「古琉球の祭式舞踊」(『沖縄教育』第一六一―一六二号、一九二七年月日未詳、全7)は、「おもろ」の本来の語義を、それまでの「おもひ」説から、「お・もり」つまりお杜すなわち神前で謡われた歌とする説へ転換させようとした論考であるが、明記しているように、折口の「もり」についての説明や「まれびと」論からヒントをえて発想されている。ヤマトの学界は、伊波にとって強烈な刺戟であった。

こうした新しい環境に身を置いて、伊波は、原稿を書きつづけるとともに、在沖縄時代を含めての論考に手を加え、漸次、書物としていった。出京以後還暦ごろまでに公刊された作品は、『琉球古今記』(刀江書院、一九二六年一〇月、全7)、『孤島苦の琉球史』(春陽堂、一九二六年一〇月、全2)、『沖縄よ何処へ』(世界社、一九二八年九月、全7)、『南島史考(琉球史を中心としたる)』(私立大島郡教育会、一九三一年七月、全2)、『南島方言史攷』(楽浪書院、一九三四年一一月、全4)の五冊を数える。ほかに、沖縄における浄土真宗の布教者仲尾《なかお》次政隆《しせいりゅう》の生涯を描いた小冊子『真宗沖縄開教前史』(明治聖徳記念学会、一九二六年、全9)と、組踊の台本を校訂した『校註 琉球戯曲集』(春陽堂、一九二九年一〇月、全3)を世に送っている。さして売れた形跡はなく、そのことに伊波は淋しい想いをかくせなかったが、*ともあれそれらは、この時期の彼の思索の結晶であった。

＊ ある夜、仲宗根は三省堂裏の夜店で、一冊四〇銭の古本の山のなかに『校註 琉球戯曲集』をみつける。そののち伊波宅を訪れて、彼が、「この頃書く書物は、世人はさっぱり読んでくれない」と、問わず語りに歎くのを、うつむいて聞くことになる(「伊波先生の思い出」)。

論考のままの作品を含め、出京前後からほぼ十年間くらいの著述を通観するとき、伊波はどんな学問的境位に踏みだしつつあったといえるだろうか。一つは「孤島苦」という角度であって、二つの角度が根をおろしていったようにみえる。琉球・沖縄をみるに当たり、いま一つは「南島」という角度である。そうしてそのいずれにも、柳田国男が大きな影を落している。

「孤島苦の琉球」

「孤島苦」の概念は、すでにのべたように柳田国男によってもたらされた。繰りかえすと、一九二一年の沖縄訪問のさい、柳田は、島に生きる不便と不満を内心にもつ若者たちに向って、「世界苦」と「孤島苦」という物指をもちだし、彼らの抱く不幸感が彼らだけに止まるものでなく、中央とみなされがちの日本にも、地球の規模で共通するとともに、いわゆる離島の人びとにはより深刻だと指摘した（「島の人生」）。そこには柳田の、(一)不幸感への固執が、却って知らず知らず島の若者たちの視野を狭めている状況を打破するとともに、(二)彼らの離島への差別意識を払拭し、その苦しみがより深いことに気づかせようとの、狙いがあった。

けれどもそんな狙いとは別に、「孤島苦」との表現は、伊波の心につよく響いたに違いない。そのころソテツ地獄に直面して彼は、啓蒙によって沖縄の覚醒と自立をめざすという方針の限界を痛感し、絶望感に浸されはじめていたからである。「孤島苦」は、そういう彼にとって、事態の総体を一語で表現し、それに明確な枠組を与える言葉であった。伊波は、その語を用いることによって、琉球・沖縄の歴史と現在を一貫性をもって説きあかしうると考えるに至ったようである。ほとんど同時に刊行された二冊の書物、『琉球古今記』と『孤島苦の琉球史』には、そうした琉球・沖縄観が色濃く染めだされている。

伊波の「孤島苦」認識の表白は、「苦の島(琉球と八重山島の話)」(『太陽』第三二巻第八号、一九二六年六月、全2)、「孤島苦の琉球」(『沖朝』同年六月五日―?、全7)にもっとも端的にみることができる。のち前者は、「南島の自然と人」と改題して、『孤島苦の琉球史』に「附録」の一篇として収められ、後者は、『琉球古今記』の巻頭に置かれることになる。

エッセイとしての「苦の島」の印象は強烈である。所載誌『太陽』のその号は、「博文館創業第三十九周年記念増刊」と銘打たれ、「自然美の日本」特集号となっていた。「心理上より観たる自然美」を初めとして、「琵琶湖のほとり」「本邦の海岸美」「忘れ得ぬ北海道の山野」「雲煙画趣」など、日本の自然美を称える文章が並ぶなかで、「苦の島」との表題は異質で、沖縄を突きだしたとの感を与える。

その内容は、「あがる三日月がふし」や「やくじゃま節」によって、琉球びとの自然観を紹介しつつ、琉球がいかに歌の国であったかを強調するものとなっているが、そのさい伊波の姿勢は、自然美の称揚を求める編集者の意図に、ほとんどしっぺ返しをするていのものであった。まえがきに当る箇所でいう。「中央の人達が考へてゐるやうに、琉球の土地は豊饒では無く、其の近海には魚類が群つてゐるのではない。もし琉球が天然に恵まれてゐるものがあるとしたら、それはたゞ其の美しい自然のみである」。美しい自然のみで果して喰えるかとの想いが、そこにはたぎっている。それだけに、まえがきに当る箇所をつぎのように結ぶ。「兎《と》に角《かく》、神話その他に現れた孤島苦が、彼等の生活基調となつて、そこから彼等の歴史が展開していくと思つたら、間違ひがない」。

それればかりではなかった。沖縄が理不尽にも苦難の十字架を背負わされているとの気持に駆りたてられてであろう、このエッセイで伊波は、ほかならぬ柳田にさえも突っかかるような表現をあえてした。「四、五年前、柳田国男先生は、親しく南島を跋渉せられて、土俗学の立場から、南島人は日本民族の核心になつた部分の移動の道筋に遺つた落ちこぼれであらう、といふことを、其のエポツクメーキングの近著『海南小記』中の阿遅麻《ママ》佐の島の条に述べられた」としたのが、その箇所である。よく知られているように柳田は、「阿遅摩佐の島」(一九二一年)で、コバの分布を手がかりとしながら、いわゆる北進説を主張したが、「落ちこぼれ」とのニュアンスを含ませていたわけではない。がそれを、伊波は「落ちこぼれ」と捉えかえし、そうした落伍者性と「瑞穂の国」との対比で、「磽地《こうち》」でのその後の苛酷な暮しを関連させつつ、琉球・沖縄の位置づけを行ったのである。

そのように書きすすめるにつれ、苦難の故郷への無念が胸中にひろがっていったのであろう。伊波は、つぎの言葉を結びとする。いわく、「既にその方言の活力を失つた島民が、八重山の詩人が、かつて「小さき蟹の歌」に、その諦めを表現したやうに、其の孤島苦を自分自身の言葉で表現することが出来なくなつて、たゞ之を歴史によつて圧しつぶされた悲痛な顔付でのみ表現してゐるのは、堪へられないことである。そして、この「苦の島」を抜けだした「さまよへる琉球人」が、日本の津々浦々で、奇異な眼で迎へられてゐるのは、悲しむ可きことではないか」。またいわく、「琉球が、古代生活の様式を多く保存してゐるといふので、亡びつゝあるアイヌが、国宝として、珍重がられるのと同じ意味に於て、学者の注意を惹いてゐる以外に、世の識者わけて政治家の注意を惹かないのは、遺憾なことである」。

つづく「孤島苦の琉球」(ここでは『琉球古今記』所収による)は、そうした「孤島苦」の角度からの琉球・沖縄史論となっている。そこでは、とりわけ新しい史実が開陳されているわけでない。伊波の旧稿の点綴との観さえある。ただそれらを材料としつつ、「琉球数百年の孤島苦の歴史を略述」しようとの、歴史にたいする伊波の向きあいかたに、この論考のかけがえのなさがみられる。

「孤島苦」の琉球・沖縄史は、伊波によってほぼつぎのように描かれる。

沖縄の苦境の淵源を探ると、神話にゆきつく。この地では米が足りず、アマミキコが懸命に祈った結果、鷲がニライ・カナイから稲の穂をくわえて飛んできた。この神話を引いて伊波は、「神話にあらはれた孤島苦」がこのように生活基調になったとする。「実際、琉球に幾度かおこつた革命と擾乱とは、食糧問題が主因」といい、この地が枯れ国であることを強調する。ついで三山時代から統一王朝としての第一、第二尚氏時代までを略述し、第二尚氏時代を「幸福なる時代」としたのち、島津時代に入る。

おのずから熱を帯びたペンでまず明らかにされるのは、島津支配のもとで琉球人が、いかに「思ふ存分に搾り取られて、たゞ食ふためにのみ生きてゐるといふ有様であつた」か、「両属政策の下に生活して、彼らがどんなに苦しんだか」との事実である。だが、それ以上に伊波が力を注いだのは、そうした境遇が、彼らにいかに深い「心的傷害《プシヒツシエートラウマ》」を与えたかの考察であった。こうして彼は、この時代の琉球を「娼妓に売られてヒステリックになつた青春期の女性」にたとえ、「自分の国でありながら、自分で支配することが出来ず、甘い汁は人に吸はれるのだから、責任感が薄らぎ、依頼心が強くなり、奴隷根性が出来た」と、言葉を連ねて指摘する。

それゆえに、と伊波はいう。「一種の奴隷解放」としての琉球処分に際会して、「折角自由の身になつたのに、将来の生活が如何に成りゆくかを憂ひて泣き悲しんだ」。彼はここでは、沖縄人の特色とされる感情の豊かさよりも、その欠点と彼の考える意志の弱さに注意を集中する。「殆ど三百年間もこの大切な意志を動かす自由を与へられなかつたゝめに、恐らく世界中で一番意志の弱い人民になつてゐる」。しかも貧しい県であるのに、他県にまさる重税を課せられ、疲弊の極にある。「もう助からないやうな気もする」。こうして伊波は、柳田の「地方文化建設の序説」の一節を引き、「沖縄県の問題は単に沖縄自体の小問題でない」と結ぶのである。

苦の集約体としての琉球・沖縄像が、このように提示される。この像は、そののち伊波の生涯を貫く琉球・沖縄認識の原型となった。一九二八年、ハワイ、カリフォルニア訪問にさいし、彼が準備した小冊子『沖縄よ何処へ』は、「孤島苦の琉球」とほぼ同一内容であるとともに、表題そのものが、この苦の島の未来についての、苦渋に満ちた問いかけを示していた。また「孤島苦の琉球」は『琉球古今記』*の巻頭に置かれ、同書の総論としての位置を与えられていたとみることができる。そればかりでなく「孤島苦の琉球」のモチーフは、後述するように、『沖縄歴史物語』(東京版＝一九四七年、ホノルル版＝一九四八年、全2)へも連なることになる。

＊　この書物は、はやくから『古琉球』の続篇と考えられていた(『沖縄女性史』所載の広告)。

「孤島苦」の内実を精細に掻きだそうとする伊波の営為は、さらにつづく。その名も『孤島苦の琉球史』という書物は、こうしてできた。「一「南島」の曙」「二「やまと旅」」「三 三山鼎立と支那関係」「四 三山統一と海外貿易」「五 中央集権と祭政一致」「六 島津氏の征服と両属政策」「七 琉球処分以後」から成るその内容の大方は、著者が「例言」で自認し、また全集第二巻の「解題」で詳論されているように、旧稿のあれこれを再構成したものに止まる。その独自性は、「例言」での表現を藉りるならば、(一)「其の名称の示す通り、琉球一千年の孤島苦」を通史として描きだそうとしたこと、(二)琉球びとに「日本最古の植民地人」との枠組を与えたことにある。

孤島苦を軸とする社会観は、伊波のハワイ観察にもあらわれている。旅行の成果としての作品は、(一)「布哇のレイ」(一九二八年か)、(二)「ハワイ土俗談」(講演、一九一九年)、(三)「布哇物語」(一九三一年)、(四)「布哇産業史の裏面」、(五)「ポリネシヤ人の故郷」(以上一九三二年)、(六)「キャプテン・クックの布哇探険と彼の死」(一九三三年)の六篇を数え、編者たちの努力によって全集第一〇、一一巻に収められた。* ハワイ観察としては三つの特色をもつと見受けられる。

＊ 所載誌等書誌については、全集「解題」を参照。なお、(五)(六)は、W. D. Westervelt の新著 "Hawaiian Historical Legends" の一部を、かなり自由に翻訳したものという。ウエス

タヴェルトは、「布哇に四十有余年も住して其の言葉及びフォークロアに精通した米国宣教師」との注記がある。

特色の第一は、「布哇土人」への関心であった。それは、ハワイの先住民にしてかついまや少数民族となり、しかも未開視されてきた人びとへの理解を意味する。そこで伊波は、彼らを未開とする見方に抗しつつ、かなり高い文化を有していたとの主張を繰りひろげ、「愛」「友情」「好意」などをあらわす「アロハ」ほど、彼らの真情を示す語はないとした。「この雰囲気に這入ると無愛嬌の英国人も、尊大な支那《パケイ》〔人脱カ〕も、野卑な葡萄人《ポルキー》も、漸次「カナカ心《ごゝろ》」になつていくらしい」。とともにこのアロハが雑婚を初めとする「『人種的熔炉』の燃料」となり、ハワイを「人種博物館《エスノロジカルミユージヤム》にして社会学実験室《ソシオロジカルレボレートリー》」たらしめているとのべた。

第二は、ハワイの産業の仕組みいい換えれば産業上の専制体制への関心であった。ハワイの基幹産業である甘蔗栽培‐製糖業について、(四)の小見出し「布哇糖業の起原」「煙突の歎き」「悲しき民謡」「資本家の悪夢」「法外な搾取」「賃銀奴隷」に示されるように、伊波は、資本の支配を仮借なく剔抉した。しかもハワイの場合、宣教師みずからが往々にして生産機関の把握に腐心したとする。そうしていう。「この経済的専制の王国は、貿易上からいつても、軍事上からいつても、米国の為には前哨地たる役割を演ずるに必要な地点だといはれてゐるが、年毎に充実していくその軍備を見ても、布哇に於ては絶対に階級闘争が許されないといふことがわかる」、「かうした土地柄に於て、無産者を親に持つ日系市民の前途は実に哀れなものと言はなければならぬ」。

第三は、日系人のアメリカ社会への同化についての関心であった。主として(三)がこの問題を扱っている。そこで伊波は、日本移民の将来について、「人種的熔炉」のこの地にあって、全人口の四〇パーセントを占める日系人だけが、異人種とあまり結婚せず、日本語教育に力を注いで、同化を拒む風潮があるのを、憂慮をもって指摘せずにはいられなかった。その原因を彼は、日本の家族制度といたずらに愛国心を鼓吹する風潮にみた。そうして日系人のアメリカ市民化やそれに伴う日本語の消滅*を、不可避であるとともにむしろ望ましいこととした。

＊「ハワイに於ける日本語の運命」が、日本語の尊重を説くものであったとしたら、この主張と一見矛盾することになる。が、伊波の考えは、日系人が〝国粋〟的にかたまることに警鐘を発するとともに、そのうちなあぐち観と同じく、将来におけるハワイでの日本語の消滅を予期しつつ、自然に消滅させ、かつ文化の一つとして保存しようとするところにあったとみられる。

第一の特色は、伊波がハワイを、白人本位にでもなく日本人を初めとする移民本位にでもなく、先住民への深い理解にもとづいて把握し、かつ彼らを未開とする通念を打ち破ろうとしたことを示していた。第二の特色は、彼が、この地における資本の専制ないし資本・国家抱合体制を暴露しつつ、ハワイ楽園説に異議を申し立てたことをあらわしていた。この時期、伊波はその生涯で、マルクス主義にもっとも接近したことになろう。そうして第三の特色は、彼が、移民をもって国威発揚の一手段とみなそうとする論議に、手きびしい批判を加えたことをものがたっている。「従来の日本の識者の多くは、ホノル、にパースオーバーして、観光旁々《かたがた》日系市民に日本精神を鼓吹する外に、布哇の真相に触れることが出来なかつた」。「識者」の独りよがりぶりと、それが日系人にもたらす残酷さへの憤りを、抑えかねる一文であった。

それらには、「島ちゃび」を軸としての沖縄へのたえざる関心が投影されていた。第一の特色は、琉球列島の先住民である沖縄びとへの理解をという訴えに重なり、第二の特色は、同一業種としての製糖業への連想を誘いつつ、ヤマトによる収奪への警鐘を発しており、そうして第三の特色は、救いがたいまでに他者に無感覚な、ヤマトの国威発揚主義への、抜きがたい嫌悪感に根ざしていたといえるだろう。これらの視点ゆえに、おそらく伊波は、ハワイをもっとも深く理解しえたひととなった。

苦境にあえぐ故郷に想いを馳せながら、「島ちゃび」＝「孤島苦」の観念は、そののちも伊波を捉えつづけた。「琉球史上に於ける武力と魔術との考察――護佐丸に就いての疑問より出発して」(『史学』第五巻第三号、一九二六年七月、のち修筆して『琉球古今記』所収、全7)は、掲載誌で一〇七頁にわたる雄篇であるが、彼の絶望感と故郷の人びとの、覚醒への願いを、痛いほどに伝える。* そこで彼は、(一)忠臣護佐丸の実態とその伝説化の意味、(二)第一尚氏と第二尚氏とにおける支配原理の相違を、相互に関連させつつ論述している。

＊ あとがきによると、この論文は一九二二年ごろ骨組みができ、二、三の教育部会で講演の主題としたこともあったという。「郷里琉球の読者」に読んでもらおうとしたとある。

この論文で伊波は、(一)については、護佐丸忠臣論を儒教的に潤色された説として、それまでの持論にもとづいて否定するとともに、彼が抵抗せずに自害したのでなく、抵抗して敗北したから自害したのだと、新史料によってのべた。そのうえで護佐丸忠臣化の過程を、「忠臣」＝「従順な奴隷」としつつ、つぎのように歯に衣着せず指弾する。「これは当時の政治家が、自分等の主義政策に合ふやうに、事実を作りかへて、国民道徳の材料に利用したもので」、その結果、彼や同種の人物は「理想的琉球人」とされるようになった、と。

また(二)については、第一尚氏の支配原理が武力主義的であったのにたいし、第二尚氏のそれは、被支配層の宗教を取りいれ、魔術と武力によるものとなった、とした。そうして、「いかなる征服国家も、魔術を無視しなかつた」とのべて、統治の心理的カラクリを明らかにし、フレーザーの『君主の魔術的起原《マヂカルオリジンオブキングズ》』に、少なくとも「半面の真理」を認めた(とともに、それゆえに統一後ことに島津支配後、今度は民族的宗教が無用視され、「神々の死」がくるとのべる)。が、このように支配にとって「魔術」が不可欠という論述も、結びの一文を読むとき、これを導きだすための前提に過ぎないとの感を与える。「近代人は、きつと古琉球人の迷信を笑ふに違ひない。が、彼等も同様に、一種の魔術にかゝつてゐることを知らなければならぬ。たゞ彼等の場合には、魔術の形式が近代的になつてゐるだけで、彼等も、古琉《ママ》人同様に、魔術にかゝつてゐながら、それを自覚しないのだから、天下は泰平なのである」。

　同時にそれは、世直しへの渇望となった。渇望が最高潮に達したとき、想いは、琉球固有の表現形態をとって、彼のペン先を衝いて出た。琉歌三首より成る「世相をうたへる」(一九三二年、全10)、琉歌六首より成る「島ちやび」(『新報』一九三二年三月二日、全10)、およびもともと後者へのはしがきのつもりでものされた「島ちやび考――〝孤島苦〟に擬すべき古代琉球語」(『新報』同年二月二七日、のち改稿して「孤島苦を意味する古琉球語」『旅と伝説』第四巻第一一号、同年一一月、全8)*が、それである。ここでは、「島ちやび」

から三首引くことにする(注記は伊波の記述から摘記)。

＊「島ちゃび考」では、『混効験集』に拠りつつ、「きもちゃべ」が「心痛み《キモイタ》」を意味したごとく、「島ちゃび」は「島痛み」の転訛に相違ないと推定し、また孤島苦に当るドイツ語の Insel Schmerz は、直訳すると「島痛」とのべている。

島の若者や与所島に渡て、遊び庭《みや》のさねくにや荒れはてゝ(さねく＝芝生)

世直しの神や何処《づま》にそなれゆが。島の浮沈与所になちよて(そなれゆが＝悠々閑々として居られるか)

にが世あま世なす運動《はたらき》よしゆんで、やかれよも筑に尾行《おとも》されて(やかれ＝うるさい)

さらにこの世直しへの渇望は、折りに触れて謡いこめられた。一九三三年一月、航空ページェントの記事を読んでも、想いはそこへ落ちたとみえる。「飛行機」と題するおもろを伊波は、「おもろ人の気持」になって作っている。その年が酉だったことから、飛行機に鳥のイメージを重ねあわせ、つぎのように謡うのである。「紫の綾雲、／おし分けて出ぢへたる／ふへの鳥の舞《まや》ひ。／如何《いきや》し来る鳥が。／常世《にらい》の大《おほ》ぬしの／御使者《おさし》は有らにや。／神代《あまんよ》にあたる様《や》に、／にらい・かないから、／世持《よもち》せぢすでて／三穂《みほう》くうて戻《もど》たる／綾《あや》わしさらめ。／年ぎや八《や》と、年ぎや十《と》と／孤島苦嘆《しまちやびなげ》ちやる／おま人よ、歓《あま》えれ。／酉年のはじまりに、／世果報《よがほう》す来《き》ちやれ。／ゑけ、近《きやか》す見上げれば、／是どにらいのかまへ積む／真《だに》の世持大御船《よもちおうね》」。そのように詠んできて、この新作おもろはこう結ばれる。「老人《おひひと》。若人《わかひと》、／めども、わらべ迄《ぎやで》、心《きも》い強《ぢよ》く養《やしな》て、／各自《など》の道あけれ――／おれど世直しのてや力。／沖縄御間切《おまぎれ》／心一《あよふて》つならば、／苦世《にがよ》す甘世《あまよ》なさめ。／直《なお》り世《よ》は実《げ》に／是からど始まる」。

こうした怒りと悲しみが高まった結果であろう、伊波は、沖縄にとって秘めておきたいに違いないその恥を、あえてさらけだす挙に出てもいる。「八重山島のマクタ遊び」（『旅と伝説』第三巻第四号、一九三〇年四月、のち「八重山のまくた遊び」と改題して、『をなり神の島』所収、全5）が、それである。*

* 姉妹編として「古琉球貴族の性生活」（『犯罪科学』一九三〇年六月号、未見、のち「親国人の性生活」と改題して、『をなり神の島』所収、全5）がある。

マクタ遊びとは、八重山で土地の支配層が、村の娘たちを呼んで踊らせかつ性行為の対象とした遊びを指す。それについての見聞を記したのち、伊波はこう書く。「かうして、島の支配階級は、農村の女子の貞操を蹂躙することを、自分たちの特権であると考へ、又蹂躙される方でも、それを当然だと思つた時代があつたのである」。このような沖縄びと内部の抑圧－服従関係は、そのまま外来の支配者と島民との関係にも転化される。こうした性的収奪の実相を、I県令(岩村通俊)の場合として実例を挙げてのべたのち、伊波はこんなふうに、このエッセイを結ぶ。「こんな事までさらけ出しては困ると思ふ人があるかも知れぬが、(中略)まの当り見た人の口から聞いたまゝを書きしるして、日本最初の植民地を研究する人の資料にしたい」(傍点は引用者)。『孤島苦の琉球史』といい「八重山島のマクタ遊び」といい、この時期に伊波には、沖縄を「日本最古(初)の植民地」とする認識が打ち立てられた。

そんな苦の島のイメージは、何につけても伊波に思い返されるのであった。服部四郎が少壮にして、「「琉球語」と「国語」との音韻法則」(『方言』第二巻第七、八、一〇、一二号、一九三二年七—一二月。のち『日本語の系統』〈岩波書店、一九五九年〉所収)を世に問い、言語学界を驚かせたときの伊波の感想もまた、その一例とすることができる。彼は服部の才能と努力に手放しの敬意を払いつつ、想いは結局、自分の後継者をみいだしかねるとの焦りを込めて、沖縄へと戻ってゆくのであった。「この種の秀才を医科の方面にのみ送つて、私の事業を受けつがせない孤島苦を悲しむ」(「「首里」の語源は結局わからない」)。

「琉球」「沖縄」から「南島」へ

「孤島苦」の意識が反芻される一方で、ヤマトでの生活と思索をとおして伊波普猷には、琉球・沖縄を「南島」と把握する意識も、顕著に発酵しつつあった。

「南嶋」の語は『日本書紀』にみえるとされ*(目崎茂和「南島」『大百科』)、すでに七世紀末には、今日の琉球列島を指す名称として用いられていたと指摘されている。降っては新井白石の『南島志』(一七一九年)を先頭に、その地の風俗・文化・歴史を探究ないし紹介する書物、雑誌、新聞や団体に、「南島」を冠するのは、むしろふつうの現象となった。『大百科』を繰っても、名越左源太の『南島雑話』(一八五〇—五五年)、西村捨三の『南島紀事外篇』(一八八六年)、笹森儀助の『南島探験』(一八九四年)、幣原坦の『南島沿革史論』(一八九九年)等々と並び、宮原清二らが作った新聞『南島時報』(一九一〇—二六年)や、奄美産糖の流通独占をねらって設立された南島興産商社などの紹介もある。

* 『日本書紀』文武二年(六九八年)四月の条に、「壬寅、遣下務広弐文忌寸博士等八人于南嶋覓ち国。因給ニ戎器ニ」とある(大平聡「歴史研究と南島」『沖縄研究ノート』1、一九九二年二月)。また、伊波は、元正天皇養老四年(七二〇年)一一月の条に、南嶋人二三二人に位を授け云々との記事のあることを指摘している(「沖縄考」一九四一年九月一日執筆、『沖縄考』創元社、一九四二年、所収、全4)。これは『続日本紀』巻八に当る。

一九二一年を画期とする柳田国男の「南島」研究という名称は、その延長線上に発想されたものであったろう。その地を論じるのに、琉球や沖縄の名称は避けられなかったが、むしろ彼らは、そのことを承知のうえで、偏見や政治色を刻印されていた琉球や沖縄に終始することを避け、また奄美群島を包含するとの意味をも込めて、価値中立的でかつ文化的なイメージをもつ語として、「南島」を選んだといえるかもしれない。*『海南小記』で柳田は、「南の島」との表現をも用いている。この想いが、一九二二年四月、沖縄・奄美を対象とする研究会を発足させるに当って、柳田に、この会を南島談話会と命名させることになる(研究会を避けた点も柳田らしい)。

＊　村井紀『南島イデオロギーの発生　柳田国男と植民地主義』(福武書店、一九九二年)は、「「南島」による植民地主義(「日韓併合」)の隠蔽」との視点を提示する。まったく気付かなかった視点であり、つよく魅かれる一面、十分には自分で跡づけることができず、柳田の「南島」という名称の選択を書き終えたまま、一応このように評価する。

この会に象徴される柳田の仕事は、沖縄・奄美の文化研究の新しい気運を起したが、それは「南島」研究と意識された。「南島」の語があらたにひろまるのは、それを背景としている。佐喜真興英採集の『南島説話』(一九二二年)、東条操編の『南島方言資料』(一九二三年)などの著作や、一九二七年の真境名安興・島袋源一郎・島袋全発らによる南島研究会の発足、翌二八年の機関誌『南島研究』の創刊なども、いずれもそのなかでの営為であった。

すなわち柳田の沖縄・奄美探究は、その地の研究に「南島研究」という枠組を与えた。*そうして伊波も、しきりに「南島」の二字を使用することになる。

* ただし折口信夫は、わたくしの知るかぎり、「南島」という概括的な名辞を使用していない。彼に思い描かれるのは、あくまでも歴史的個体としての「琉球」「沖縄」、さらには「国頭」「首里」「八重山」等々であった。また「北方」に対峙する概念としての「南方」は使ったが(「古代日本文学に於ける南方要素」一九四三年、全集第八巻)、それはひろく西太平洋一帯の島々を指す概念としてであり、そこでも、「南の方の島々」「南の人」との表現を用いて、「南島」の語を注意ぶかく避けた。

もとより伊波は、それ以前に「南島」の語をまったく使用しなかったわけではない。一例を挙げれば、『古琉球』(一九一一年)所収の「琉球史の趨勢」中に、「沖縄人は日本国の建国以前に南島に分れて来て国を建てた日本人の一支族」(傍点は引用者)とある。が、使用頻度は少なく、彼の基本的な視角は、それを琉球・沖縄とするにあった。

けれどもこの時期以後、琉球・沖縄・奄美を指すのに、「南島」の語を連発しはじめる。その最初の例が、いよいよ沖縄を去ることを決意したころ、一九二四年七月二五日の日付で書かれた「序に代へて――『おもろさうし』の歴史」(『琉球聖典 おもろさうし選釈』への序文)であった。そこで彼は、『おもろ』の辞書というべき『混効験集』の編纂を主導した識名《しきな》親方盛命をたたえて、つぎのようにのべている。「南島の研究者が、今日琉球の聖典を研究する便利を得たのは全くこの人のお蔭といつて差支ない。識名親方の名は、南島研究の続く限り、記憶されるであらう」。「南島」を重ねるこの表現は、結びに近い部分での、「二、三年この方南島研究が漸く盛んになつて、琉球に関する書籍が続々刊行されるやうになつたのは、喜ぶべき現象」との一句と響きあうのである。

それをきっかけに伊波は、「南島」の語を多用しはじめるようにみえる。出京後の講演「古琉球の歌謡に就きて」(『財団法人啓明会第十五回講演集』一九二五年一二月、のちわずかに修筆して『琉球古今記』所収、全7)には、それがくっきりと浮びでる。柳田の「南島研究の現状」につづいて収められたこの講演は、伊波本来の南進説を、柳田の北進説によって修正し、南進北進折衷説を立てた論考として知られているが、彼における『琉球』「沖縄」像から「南島」像への転換を画する論考ともなっている。伊波がこの講演でいかに「南島」を頻用したかは、つぎの一例で十分であろう。「兎に角南島と日本本土との関係が非常に密接であつたことはこゝで断言することが出来ますから、内地にあつた古代の生活が現に南島に保存されてゐるのが多いのは怪しむに足らないことです。

さうすると、南島にある民間伝承の影が、一度は日本民族の祖先の生活の上にも翳《かざ》してゐた、と考へるのも無理な推論ではないと思ひます」云々。ここでは伊波の自己認識は、まったくみずからを「南島」人とするものと化している。

『琉球古今記』の「序文」(一九二六年八月二七日)は、そのことをもっとも端的に示す事例となろう。「この書に収めた十数篇は、私が一個の南島人として、主に内部から南島を観たもので、いはゞ南島人の精神生活の一記録ともいふべきものです」。

それらをきっかけに伊波は、「南島」の語を頻用するようになったばかりでなく、論文や書物の表題にも使用しはじめる。「古琉球の歌謡に就きて」の講演を行ったのとほぼ同時期の「独逸に於ける唯一の南島研究者(エドムンド・シーモンの事)」(『帝国大学新聞』一九二五年八月一七日、全10)を先頭に、「南島古代の葬儀」(『民族』第二巻第五号、一九二七年六月、同補遺あり〈同巻第六号〉、全5)、『南島史考(琉球史を中心としたる)』(全2)、*『南島方言史攷』(全4)、さらに「南島の稲作行事」(『新報』一九三六年一月一―二九日、全5)などが、それである。そればかりでなく、本来の表題を、「南島」の二字を含む表題へ変更する場合もあった。『孤島苦の琉球史』を作るさい、第一章を『古琉球』巻頭の「琉球人の祖先に就いて」に修正を加えて「「南島」の曙」と題し、附録の一つとして「苦の島」を「南島の自然と人」と改題して収め、また「琉球婦人の黥」(『日本地理風俗大系』第一二巻、新光社、一九三〇年三月、全9)を改稿して、「南島の黙」(『ドルメン』第一巻第五号、一九三二年八月)としたのが、それであった。故郷をみる枠組が、「琉球」「沖縄」から「南島」へと大きく転換したということができる。

＊『南島史考』は、一九一八年一月、奄美大島の古仁屋《こにや》小学校で、「沖縄島を中心とする南島史」と題して行った講演の筆記をもとに、筆記者の竹島純(当時校長)がのち伊波の諸著作や諸種の参考書を勘案してまとめ、できた書物である。序文を求められて不本意との気持を表明している(全2への外間守善・比嘉実「解題」および伊波「序に代へて(南島人の精神分析)」、竹島「南島史の講習と本書印刷につき経緯」)。その点で、厳密には伊波の著書というのが憚かられる。一八年に伊波が「沖縄島を中心とする南島史」との表題を選んだのは、おそらく初めて奄美に足を踏みいれ、奄美をも包含した島々の歴史と文化を、一体のものとして考えようとしたからであろう(ただし小見出しや文中に「南島」の語がかなり使われているのは、その部分のもとをなす伊波の論考における字句の用法と照しあわせるとき、竹島の発意によると思われる)。なお、「序に代へて(南島人の精神分析)」は、「序に代へて(琉球民族の精神分析)」(藤田親義『琉球と鹿児島』著者自刊、一九二四年)をもととするが、その副題にも「琉球」から「南島」への移行が窺われる。

「琉球」「沖縄」から「南島」へのこうした転換について、伊波はなにも語っていない。とはいえ、少なくともある時点から意識して、彼がこの語を選びとっていったことは、ほとんど疑問の余地がない。その転換にはたぶん複合的な動機があった。彼が東京に移住して、そこから沖縄を眺めるようになったことも、一因といえよう。奄美を視野に入れるようになったことも、もう一つの原因に数えられよう。奄美は本来、琉球弧に包含される地域とはいえ、琉球王国によって征服された歴史をもち、それだけに伊波には、その島々を「琉球」の名によって塗りつぶすことを避けたいとの配慮が働いたに違いない。*とはいえ最大の原因は、柳田の提唱する「南島研究」という枠組の影響というべきであろう。

＊　伊波の奄美史観は、奄美のひと茂野幽考『奄美大島民族誌』(岡書院、一九二七年)への「跋」に、もっともまとまってのべられている。その要点は、「彼等は実に沖縄人以上に虐げられた人民であつた」とみるにある(既述)。

伊波は必ずしも柳田に同化していったのではない。前引の、「琉球が、古代生活の様式を多く保存してゐるといふので、亡びつゝあるアイヌが、国宝として、珍重がられるのと同じ意味に於て、学者の注意を惹いてゐる」との一句には(「苦の島」)、琉球・沖縄の文化にのめりこむヤマトの学者への醒めたまなざし、心理的なすき間が示されている。事物の対象化に終始すればよい人びとと、対象化される自己を含む彼との位置の違いが、見据えられている。そんな言葉を稀には表出させながら、しかも伊波は、柳田の設定した「南島」パラダイムの徒の一人として身を投じていったことになる。伊波からみての柳田との関係については、柳田の慫慂が伊波を学問の世界へ立ち返らせたとか、琉球民族の出自をめぐっての南進説か北進説かとの視点からのみ、論議されることが多い。しかし柳田の伊波に与えたもっとも大きな影響は、琉球・沖縄をみる視角を「南島」と変えたというところにあった、とわたくしは考える。*

＊「南島」を連発して恬然たる研究者が少なくないことを、わたくしはいぶかしく思っている。

琉球を「傍系」とする意識

「古琉球」研究から「南島」研究へと転換した結果、伊波の学問はどのような特徴を帯びるだろうか。二つの特徴がしだいに備わってきたようにみえる。

その第一は、琉球を「傍系」とする意識の発生であった。「日本文学の傍系としての琉球文学」(『日本文学講座』第一五巻、新潮社、一九二七年、全9)が、表題ともどもそれを典型的にものがたる。*

＊ただしこうした講座の場合、この表題をつけたのは伊波か編者かの問題が遺るが、わたくしは伊波と考えている。伊波の論考は、この巻の「特殊研究」のなかに配置されているが、

前後を占める「往来物研究」「アイヌ文学研究」「朝鮮文学研究」にたいし、いかにも個性的だからである。彼は、与えられた「琉球文学研究」という表題を、彼自身の視角を打ちだすべく変えたのであろう。

「オモロ」「オモリ」「クワイニヤ」「おたかべの詞・御拝《ミハイ》つゞ・ひのもん」「琉歌」「組踊」「八重山諸島の民謡」「宮古諸島のアヤゴ」とつづくこの論文は、琉球文学の梗概をコンパクトにまとめた作品であるが、「所謂《いはゆる》南島人」との見出しをもって書き起され、つづいて「オモロ」以下文学固有の項目に入るという構成をもっている。「所謂南島人」との見出しのもとに叙述されるのは、彼らの出自についての伊波のこの時点での考察である。それは、「最初にいつて置きたいのは、南島の住民が日本民族の遠いわかれであるといふことだ」との持説の開陳に始まり、みずからの南進説を軸としつつも柳田の北進説との折衷として結ばれる。

この主張は目新しいものではない。とはいえ、それを読むとき心に迫るのは、『古琉球』の巻頭論文「琉球人の祖先に就いて」といい、『琉球古今記』の「孤島苦の琉球」といい、『孤島苦の琉球史』の「「南島」の曙」といい、さらにこの「日本文学の傍系としての琉球文学」の「所謂南島人」といい、トータルな視野をもつ作品に向おうとするとき、つねに彼が、「われわれとは何か」との問いをもって出発せずにいられなかったとの事実である。

そうしてここでは、「所謂南島人」との自己認識に至った。「所謂」の二字に、「南島人」が他称であって、ワレワレハソウ呼バレル存在ナノダとのあきらめと、同時にこだわりが込められている。南の涯の人間と目される存在との意識をただよわせるこの表現は、表題中の「日本文学の傍系としての」という形容と、正確に対応する。

同時に、琉球文学を日本文学の「傍系」と捉える意識は、琉球文学中の先島文学をみるに当り、さらにそれを「傍系」とする意識を発生させる。「八重山諸島の民謡」「宮古諸島のアヤゴ」の項に移るにさいし、伊波は書く。「以上琉球文学のことを述べ了つたから、その傍系ともいふべき先島文学について述べることにしよう」(傍点は引用者)。そこでの叙述は、先島ごとに八重山を歌の島と讃美しつつ特徴づけるところにあるとはいえ、かつて『古琉球』で八重山の詩歌を南国の詩歌の精髄としたのと異なり、日本文学にとっての傍系の傍系と位置づけていた。

「傍系」意識の発生は、伊波の表現にいま一つの変化をもたらした。日本語を基本的に「国語」と表現するようになったことであった。もとよりそれ以前に「国語」の用例が絶無であったわけではない。『日本百科大辞典』所収の「りうきう・ご(琉球語)」で、「今国語になくして琉球語にある音節を列記すれば」云々と記述したあげく、「以下述べしところによりて、国語と琉球語とは委曲末節に至るまで相類似せるを見るべし」と結んだのは、その例である。とはいえ、伊波の従前の用法は、基本的に「琉球語」を「日本語」と対比させるにあった。「りうきう・ご」でも、冒頭の琉球語を定義した一節に、「日本語の姉妹語にして、沖縄・宮古・八重山及び大島の四方言に分たる」とある。こうした用法は『古琉球』所収の諸論考以来のものであり、「P音考」「琉球語の掛結に就いて」など、いずれも「琉球語」「日本語」との表現を用いていた。それ以後のたとえば『琉球語便覧』でも、「出版の目的からいふと、むしろ琉球語が主で日本語が従」というふうに、表現の基本的な方法は変っていない。だが、伊波のなかに「南島」―「傍系」の意識が醸成されるにおよび、「日本語」と並んでの「国語」の多用が始まるのである。

『琉球聖典 おもろさうし選釈』には、『おもろ』の用語を、日本語と対比して説明した「釈」の部分に、ままそれがみえる。「物知り」に、「国語では古来学者といふやうに解されてゐるが、琉球語では今でも巫覡《ふげき》のこと」とのべたのなどは、それである。しかもその頻度は高まり、「おもろ選釈に就て――松岡静雄氏に答ふ」(『東京朝日新聞』一九二五年二月二三日、全10)では、「琉球語」＝「南島語」にたいして「大和言葉」＝「国語」との表記を用いるまでになる。

「日本語」から「国語」への表記の移行は、表記上の問題に止まらず、琉球語についての言語学上の認識の変化をともなった。「日本語」と「琉球語」というとき、両者は並立する存在であって、同一の祖語から分れた姉妹語の関係となる。『古琉球』所収の「琉球人の祖先に就いて」以来、伊波がしばしば、B・H・チェンバレンの説として、つぎのように図示してきた関係である。

(祖語) ┌ 古代日本語 ―― 近代日本語
　　　 └ (古代琉球語) ―― 近代琉球語

だがこれが「国語」と「琉球語」の関係になるとき、「琉球語」の分離は、「日本語」が「国語」として形成されたのちのこととなる。仮りに図示すればつぎのようになろう。

原始(古代)国語 ―┬― 現代国語
　　　　　　　　 └― 琉球語

樹木にたとえると、琉球語は、日本語にたいして同根のもう一つの幹をなしていたのが、日本語という幹から張りでた枝と目されるに至った。チェンバレンの共通祖語説に異を唱え、ほぼ右のような琉球語出自説を打ちだしていた国語学者安藤正次に、伊波がこのころにじり寄ってゆくのは、彼のうちにおける「日本語」から「国語」への認識の変化を基調としてのことであった。そうしてそのような「国語」認識が打ちたてられて初めて、「琉球語」は、「方言」と認識されることになる。その名も『南島方言史攷』と銘打たれた書物は（傍点は引用者）、こうした問題意識の集成であったということができよう。

巻頭の「自序に代へて」*で、伊波は、琉球語の位置づけをつぎのように行った。いわく、「琉球語として日本語と対立するものとして取扱はれて来たのであるが、（中略）近来日本語中の方言として取扱はれることが多くなつた。しかし日本語の方言としても、日本本土の言語と対立すべき大方言である」。同時にこのように、琉球語を方言と位置づけたことは、琉球語圏での各種方言への意識を尖鋭にさせた。それだけにいう。「琉球語内の方言的差異は甚《はなは》だ大きい。大別して、沖縄・宮古・八重山・大島・徳之島・鬼界・沖之永良部の七方言とする。これ等の中に更に多くの方言に分れる。標準語と見るべきは首里の言語である」。これもまた、文学における「傍系」意識の場合と同じく、標準語―メジャー方言としての琉球語―マイナー方言としての七方言―さらに多くのサブ方言との序列意識の形成であった。

＊「昭和九年七月七日」の日付をもつこの文章は、末尾の自記によれば、もともと一九二八

年、『日本文学大辞典』のために書いた文章（橋本進吉加筆）の修筆とある。

琉球語を国語からの枝分れとする主張は、この書物所収の第一論文「琉球語の母韻組織と口蓋化の法則」（もと『国語と国文学』第七巻第八号に掲載）に、端的にみることができる。そこで伊波は、『おもろ』（『選釈』の百首）と『万葉』（巻一、折口信夫『口訳万葉集』の訓みによる）におけるa、i、u、e、oの五母音の頻度を比較して、両者間に著しい類似があるとの指摘から説き起し、チェンバレンの原始琉球語三母音説を批判し、琉球語にも国語同様に古くは五母音があったと報告した。そうしてこの論文で彼は、「首里語を中心とした沖縄方言」、「国語及び南島方言」、「原始国語」などの表現をしきりに用いていた。

このように「南島」意識は、ヤマトと琉球・沖縄について、第一に嫡系‐傍系、国語‐方言の意識を成立させた。その意味では、「南島」研究の盛行という現象のうちに、わたくしたちは却って、いわゆる日琉同祖論の一定の完成をみるべきかもしれない。けれども伊波は、嫡系・国語による傍系・方言の制覇を望ましいとしたのではなかった。

逆に伊波は、そうした統一へのつよい抵抗感を保持しつづけていた。「那覇の読み方」（『旅と伝説』第三巻第二号、一九三〇年三月、のち『南島方言史攷』所収、全4）に、その発現をみることができる。そこで彼は、那覇は元来ナファまたはナーファと発音されていたが、標準語の普及とともにナハとなってしまった。そればかりか近頃では、ナワと読ませようとの主張まであらわれたとのべ、それを手きびしく批判する。「無理に変化させてナワとしたら、第一沖縄人の語感が承知しない」。

書きすすめるにしたがって感情が高ぶってきたらしく、そのあげくつぎのようにいい放つことになる。「所謂国語統一論者の論理の遊戯の為に、自分たちの姓名や生れた土地の読み方を、勝手にもぢられるのは、かなり不愉快なことである」。「統一」という名のもとに「国語」が土足で踏みこんでくるのにたいし、「少数」「例外」の擁護を訴えてやまない気迫が、そこにはみなぎっている。*

＊　この論考の末尾で伊波は、ナハがナワとも読まれてゆくおもな原因を、歴史的仮名遣の採用に求め、かつて一時採用されていた「標音的仮名遣」が継続していたら、こうはならなかったろうとのべている。

ただ伊波は、どうあがいても脱けだせぬ「苦の島」のイメージのはてに、それを歴史の法則＝運命として受けいれようとしたのであった。『岩波講座日本文学』第三回配本に寄せた論考「琉球文学」*（一九三一年八月）の結びは、玉城朝薫の創出した組踊について語っているのだが、ヤマト文化の「南漸」と「国語」の制覇による、琉球の「言霊《ことだま》」の喪失を、歎いてやまない一節となっている。**「いはゞ、玉城は破産しかけた祖先の遺産を色々やりくりして整理しようとした惣領の如き者で、和語を盛んに輸入した平敷屋《へしきや》〔朝敏〕***以下は、やたらに浪費して家運の衰退を早めた次男三男の如きものであらう。玉城の死後二百年にして、其の精神的遺産は遂に破産の已《や》む無きに到つた。即ち明治文化の南漸と共に、国語の借用が夥しくなり、その単語は国語のそれにすげかへられ、その語法さては言廻しまで国語的になつた。かうして琉球語は既に「言霊」を失つた****」。

*　この論考は、「「日本文学の傍系としての琉球文学」と全面的に重複する」との理由で、全集には省かれている。しかしここでの引用部分は、「傍系」論考にはない。

**　折口信夫は、「組踊集」というべき伊波の『校註 琉球戯曲集』に、序説に当る論考「組踊り以前」を寄せている。そこで折口は、「伊波さんの此本は、かうした組踊りの衰運を輓き戻さうといふ情熱から書かれたものである。だが、朝薫のやまと・うちなの古典詞章の幻を、現実の芸能の上に活して見ようとして、それの成功した、琉球劇の花の時代を、今一度つく〴〵と顧みて、なごり惜しみをする事になりさうな気がする。寂しいけれども、為方がない」とのべた。二人の交わりは深かったが、その理由の少なくとも一半は、近代による喪失感を共有していたところにある。なおこの論考で折口は、組踊の生成を、ヤマトからの影響にも中国からのそれにも求めず、村踊りが発達して複合組織化したものと想定して、伊波の組踊観に深い影響を与えた。

***　和文学者にして反逆者ともされる平敷屋朝敏（一七〇〇―三四年）についての、伊波の

ヤマトとの共通性の探求

評価は全体として低い。論及すること自体、きわめて少なかった。

**** この一節は、「琉球作戯の鼻祖玉城朝薫年譜――組踊の発生」(『民俗芸術』第一巻第六号、一九二八年六月、のち修筆して『校註 琉球戯曲集』に「附録」の一つとして収録、全3)の結びの部分からの抜萃に近い。それとなるべく重複しないように、「言霊」の亡びをみつめる伊波の言葉をつぎに「朝薫年譜」から引用する。「国語(この場合は「日本語」でなく「自国語」をさす)は民族の呼吸である。おもろ人も「みせゝるの言葉」で呼吸した。だが、島津氏の琉球入以来、南島人の呼吸は苦しくなつた。(中略)わが朝薫は、自分も亦自国語で呼吸して見たいと考へて、或は「みせゝるの言葉」を復活せしめ、或は世阿弥近松の用語を借用し、不自由な自国語を加工して、所謂組踊の言葉を作り上げた。(中略)かうして、琉球民族は再び自国語で呼吸し出したが、江戸文化の流入は、その永続を許さなかつた。特に明治文化の南漸に至つては、更に一層彼等の呼吸を困難ならしめた。(中略)言語学者は、南島に於いて言語の破産の適例を見ることが出来よう」。伊波の歎きの深さを知るに足る。彼はほぼ同様の表現を、「組踊の独自性について――玉城親方の二百年記念祭にあたりて」(『新報』一九三三年二月一三―一八日、『日本民俗』第一巻第一二号、一九三六年六月、全9)でも繰り返している。なお、「劇聖玉城朝薫氏二百年祭」は、三三年三月一二日から四日間にわたり盛大に行われた。

「南島」研究によってもたらされた第二の特徴は、琉球の独自性を探るよりは、ヤマトとの共通性を探ることへと、伊波の重心が移動したことであった。

移動の最初の著しい例は、『校訂 おもろさうし』巻頭の「序」と巻末の「校正を終へて」のあいだにみることができる。

「大正十三年七月二十五日、沖縄図書館の郷土史料室にて」書かれた「序」は、「オモロの光で琉球の古代を照らし」云々と、『古琉球』初版の「自序」と部分的に重複する。そこでの伊波の基本的な意図は、古琉球文化そのものの解明に焦点をあわせていた。図書館長としての実績に触れた箇所でも、「この十五年の間に、私は特に琉球研究資料五千冊を蒐集して、琉球研究の基礎を築いた」と、「琉球研究」の基礎を築いた点を目負している。

けれども、「大正十四年八月二十五日、小石川の寓居にて」書かれた「校正を終へて」で目立つのは、「国語」を本位として琉球語を考えようとする姿勢であった。その姿勢は、両者の共通性を強調し、古代日本語が「本土」よりもかえって「南島」に多く保存されているとの指摘を導く。いわく、「日本本土ではとうに死語となつたもので、今現に南島で使用されてゐるのが多いのは不思議な位である」。こうして琉球語が「国語と同語根」であることが力説されるとき、琉球語ひいては『おもろ』の研究は、さして難事でないとさえいわれるに至る。「音韻の法則と語法さへ心得てゐたら、国語の知識の豊富な人に取つては、オモロの研究などはさう艱難でもないやうな気がする」。『古琉球』初版の「自序」での、「宛然外国の文学を研究するやう」との困難さの実感は、ほとんど一八〇度の転換をとげている。

そののち伊波の研究は、琉球文化のヤマト文化との共通性を探ること、前者に後者の原型が保存されていると主張することに、力点を置くに至る。

その種の例は、そのころ以後の著作に幾らでも見いだすことができる。「をなり神」(『民族』第二巻第二号、一九二七年一月、のち修筆のうえ『をなり神の島』所収、全5)は、「古来日本民族には、曽て自分等の間に住んだ人を、其死後に、或は極めて稀にまだ生きてゐる人を、一社の神に祭る風習があるが、其遠い別れになる南島人の間にも、現に彼等と共に生活してゐる人を、そのまゝ神として崇める風習が遺つてゐる」と書きはじめられている。「南島古代の葬儀」には、「風葬がひとり南島の古俗であつたばかりでなく、日本々土の古俗でもあつたことは、国語で葬送のことをハフリといつてゐるのがいい証拠」とある。「かざなおり考」(『民族』第三巻第四号、一九二八年五月、のち「羽毛を翳す風習」との副題をつけて『をなり神の島』所収、全5)は、「我が国の神事に古く「一つ物」と称し、祭儀の重要なる位置を占むる者が、山鳥の羽、若くは薄、蘆の類を笠或は身に附けて参列する土俗があつた」との中山太郎の説を、『おもろ』で敷衍しようとした作品であり、「南島には、古代生活の様式がより忠実に保存されてゐる」と結ばれた。

以上は祭祀を含む民俗学的考察の例であるが、その基調は、この時期にふえる言語学的研究においても同様であった。「あられといふ語に就て」(『民俗学』第一巻第一号、一九二九年五月、のち修筆して『南島方言史攷』所収、全4)は、『おもろ』にみえるこの語が「古代日本語では、歌の意であり、古代琉球語では啼の義」で、「歌と啼とは縁故のあるもの」というのを結論とした。「琉球語の造語法二つ三つ」(『旅と伝説』第四巻第三号、一九三一年六月、全8)は、「琉球語の語彙中には、原始国語の遺言らしいものがあり、分立後に発達した大和言葉を借用したのもある」と始められた。「蚕蛹の琉球語」(『方言』第一巻第四号、一九三一年一二月)は、前述のように、「さなぎ」の方言の沖縄における場合を検討した論文であった。

伊波の遺稿として遺された『琉球語大辞典』*(全11)の編纂経過は、一九三二年二月九日付の「『琉球語大辞典』編纂経過概要」(同上)により窺うことができる。そこにはこうある。「昨年中は、主として古典及び辞典を出来るだけ渉猟して、南島語と縁故のある語を沢山書抜いて、比較対照した『を試みた』が、南島語が国語三千年の歴史の横断面であることを今更のやうに感じました」。このようにのべてさらに彼は、南島語には

「古代語」が多く見いだされるばかりでなく、平安朝から室町にかけて日琉交通の頻繁化とともに「大和言葉」が輸入されており、その「侵入」は島津支配ののちいっそう甚だしくなったと語をついでいる。

＊文末の金城朝永の「附記」によれば、伊波が、引きつづき帝国学士院第一部（人文科学）研究補助受領者に選定されたため、その研究経過報告として提出したものとある。文中の〘 〙は、全集の編者が、一九三二年三月一一日付の書簡とともに新村出あて送られた伊波自筆の報告によって、修正したもの。

こうして伊波は、「南島語」に「縁故のある語」を、日本の古語のなかに探しだす作業にのめりこんでいったようである。(一)「万葉語と琉球語」(『万葉集講座』第三巻「言語研究篇」、春陽堂、一九三三年六月、全8)、(二)「上代文学と琉球文学」(『上代日本文学講座』第二巻、一九三三年一二月、全6)、(三)「琉球の方言」(『国語科学講座』第七巻「国語方言学」、明治書院、一九三三年一二月、全8)、(四)「鶏肋集四　トーダーチーの解釈より万葉集の「手抱而」の訓へ――笑古兄の霊にさゝぐ」(『新報』一九三四年三月一九―二四日、のち「琉球語の「トーダーチー」の解釈より万葉集の「手抱而」「手拱而」の訓へ」と改題し、『国語研究』〈第二巻第五号、一九三四年、未見〉収録を経て『南島方言史攷』収録、全4)、(五)「おもろの研究――古代国語の助詞「い」の用法の瞥見」(『文学』第三巻第九、一二号、一九三五年九、一二月、全6)などに、その成果をみることができる。

これらの研究には、伊波のモチーフの移動が、あらがいがたく露出している。*「南島」に「本土」の古形をみようとするその方向は、琉球研究の目的が、「古琉球」の実態を明らかにすることよりも、「本土」の古形再構成への効用という地点へゆきつかざるをえない。(五)を彼はつぎのように結ぶ。「第二の『万葉集』ともいふべき『おもろさうし』についての認識が今少し深められて、一日も早くその祖語再構の資料に使用せられんことを切望して已まない」。論文「おもろと我が上代国語との関係」(『上代国文』第一巻第一号、一九三五年五月、全9)では、その視点は極度にまで推し進められる。「単に本土と同じ流れであるといふ事の説明だけでなく、一つでも多くさうした古い民俗や言語が残つてゐはしないか、といふ事を探り出すのが、吾々の琉球研究の主眼でなくてはならない」。琉球研究が所詮、「本土」研究にとって材料提供の役割を果すに過ぎないとは、沖縄学の父からきくには、あまりに淋しい言葉であった。この時期に伊波がエネルギーを集中させた民俗研究と言語研究は、このように、「本土」との共通性の探究および「本土」研究の手段としての琉球研究を、二本の柱とした。

* 琉球語のあれこれを記紀や万葉に探ろうとする方法は、当時からすでに批判の対象になっていたようにみえる。雑誌『方言』第四巻第一〇号(一九三四年一〇月)は「琉球語特輯号」

として編まれたが、その「編輯後記」は、つぎの一句で始まっている。「従来、記紀や万葉集の中の古語を琉球語の中から見つけてくることを以て琉球語の研究であるかの如く心得え《ママ》てゐるやうな傾向がありましたが、さういふ時代もすでに過去のことゝして振りかへられるやうになつてゐます」。この号に伊波は、「琉球語概観」（全4）を寄せ、また編集全体に助言を与えているが、若い研究者たちにとって、この先達の方法は、あまりに単純素朴にみえたのであったろう。

もっとも、このように琉球研究がヤマト研究に吸引されていった結果、琉球語の比較研究という視野も開けるに至った。

「フカダチ考――下痢を意味する琉球語の研究其他」（『新報』一九三〇年三月二五日―？、ここでは、『南島方言史攷』所載論文による、全4）で伊波は、南島方言と東北方言の共通性に着目した。さらに伊波は、山口麻太郎『壱岐島方言集』（刀江書院、一九三〇年）を読んで、琉球語との一致点の多さに瞠目し、「琉球方言と壱岐方言との比較対照」（『旅と伝説』第四巻第一号、一九三一年一月、のち『南島方言史攷』所収、全4）を書いた。

比較検討が、伊波にとって、どんなに新しい視野をもたらしたかは、前掲の論考のいずれにも、「夢想だも」「驚いて」などの語を書きつけていることから、たやすく理解できる。それは、彼が〝中央〟に位置を定めて、故郷を「南島」とみうるようになったため、初めて身につけえた視野ではあった。と同時にその視野は、つぎのように、「南島」をより密接に日本に結びつける支柱とも意識されたのであった。「〔壱岐方言との比較対照の結果として〕南島語と原始国語との関係、さては鎌倉室町両期に於ける南島と九州との交渉などに就いての知識を、より豊富にすることが出来て、一種の歓喜をさへ感じてゐる」（「琉球方言と壱岐方言との比較対照*」）。

＊　比較検討の対象は、朝鮮・中国の文献や発音に及んだ。言語に関わる論考でいえば、（一）「朝鮮人の漂流記に現れた尚真王即位当時の南島」（『史学雑誌』第三八編第一二号、一九二七年七月、のち「朝鮮人の漂流記に現れた十五世紀末の南島」と改題して『をなり神の島』所収、全5）、（二）「有気音と無気音に就いて」（『音声学協会会報』第五号、一九二七年八月、全8）、（三）「海東諸国記《ママ》附載の古琉球語について」（『国語と国文学』第八巻第三号、一九三一年三月、のち再度の改題をへて『南島方言史攷』所収、全4）、（四）「「日本館訳語」を紹介す」（『方言』第二巻第九号、一九三二年九月、のち『南島方言史攷』所収、全4）、（五）「「首里」の語源は結局わからない――東恩納学士の浦添旧都説を裏書きすべき一史料」（『新報』一九三二年一〇月二六日―一一月一三日、全1）などが、それである。なかでも（三）は、『海東諸国紀』の附録「琉球国」中の「語音翻訳」（一五〇一年）を対象に、ハングルによって当時の琉球語の発音を復元し、その音韻変化を跡づけようとした作品である（同書については、中叔舟著、田中健夫訳注『海東諸国紀　朝鮮人の見た中世の日本と琉球』岩波文庫、一

九九一年、のその部分への菅野裕臣解説「言語資料としての『海東諸国紀』」を参照した)。

ではは伊波はなぜ、これほどまでに研究の重点を、ヤマトとの共通性を探ることに移行させていったのだろうか。わたくしはそこにも、「苦の島」認識との連関をみたい。

「孤島苦の琉球」の結びの部分で伊波は、柳田の「地方文化建設の序説」(一九二五年一〇月、『定本柳田國男集』第二九巻)から、つぎの一節を引き、みずからの結論に代えている。「沖縄窮乏の原因は、単に天災をもつて充つることは出来ぬ。遠くは中央都市の搾取と、その政策の責とであり、近くは、沖縄それ自体の支配階級の消費過多によるものである。彼等は生産の母たる島人より、取るべき総ての物を搾り取つた。/が、それは又、日本その者の状態でもあるのだ。(中略)現在、沖縄の如く破産に瀕してゐる村々、谷々が、どの位、世間の目の外にあふれてゐるかも知れないのである」。

都会本位や消費のみの国際化を痛撃し、都会と地方の関係を「本国と属国との関係」に譬えた柳田のこの主張は、伊波の心に激甚の衝撃を与えずには措かなかったであろう。こう引用したのち彼は、「孤島苦の琉球」を、「これで見ても、沖縄県の問題は単に沖縄自体の小問題でないことがわかるであらう」と結ぶ。「苦の島」からの救済に切迫感をもてばもつほど、伊波は、それが特殊的に沖縄に限られた現実でなく、日本全体に関わると強調する方向へ傾いた。その心理が、彼の、沖縄もそうした日本の環の一つとの認識を強化すべく作用したであろう。「傍系」を踏みにじるなかれ、みずからの問題として「傍系」を救うてほしいとの、日本にたいする切願が、そこには込められていた。

新おもろ学派からの批判

それは孤独な思索であった。しかも、その思索をいかに重ねても、前途に確乎たる光明がみえるには遠かった。そういうなかで、『おもろ』をひもとき口ずさみ検討する日々がつづいた。

そんな伊波を、突然手きびしい批判が襲うことになる。新おもろ学派を自称する一群の人びとによる批判である。

新おもろ学派については、『おもろ』研究史上看過できない存在とされつつも、史料の滅失にもより、本格的な研究はまだない。わたくしにとってその全貌は、『大百科』の「新おもろ学派」「おもろ研究会」「おもろ研究史」（いずれも比嘉実執筆）で窺いうる存在に止まっている。そのうち「新おもろ学派」の記述を抜書きすれば、「一九三二年（昭和七）ごろから、那覇において島袋全発を中心にしておこなわれた〈おもろ研究会〉のグループ」で、「世礼《せれい》国男・比嘉盛章・宮城真治らが参加した。おもろ解読のうえで、島袋の展読法（「おもろさうしの読み方《ママ》——展読法の研究」一九三三）、世礼の反復法（「琉球音楽歌謡史論」一九四〇、「久米島おもろに就いて」一九四二)など、すぐれた論を生み出し」たとある。わたくしは、そこに紹介されている三本の論考のうち前二者と宮城真治の諸論考および比嘉盛章「古琉球の国都は首里か浦添か? おもろ文献より見たる浦添国都説の史学的価値」(の第二〇回、『新報』一九三三年三月一四日)を読むことができたが、そのかぎりでは、島袋の**「おもろさうしの読方」に、彼らの考え方がもっともまとまって提示されているとの印象を受けた(四二〇頁「補記3」参照)。

＊ 前のパラグラフで「新おもろ学派」を自称としたのは、この論考に、その語が使用されているからである。

＊＊ 島袋全発(一八八八―一九五三年)は、『沖毎』記者、県立第二高等女学校校長、真境名安興のあとを承け第三代の沖縄県立図書館長を歴任、郷土史家としても活躍、歌人でもあった。一九四〇年の方言論争(後述)では、県当局の方言撲滅政策を批判して、図書館長の職を追われた(比屋根照夫「島袋全発」〈『大百科』〉、同「濤韻島袋全発論覚書=〝新人〟世代の〝悲哀〟――伊波・月城・全発をめぐって」〈『新沖文』三三〉)。

「おもろさうしの読方=展読法の研究」(『沖縄教育』第一九八号、一九三三年一月)は、かなりの気負いをもって、『おもろ』の読み方を提唱した論考である。まずそれは、『おもろ』研究がいまや伊波の専有から解放されなければならぬと説く。いわく、「人或ひは、おもろ研究は限られた先輩の領分で、濫《みだ》りに後人の踏入る可らざる聖域であるとなさん。(中略)さういふ誤解こそ、先人に対する冒瀆であり、祖先尊崇の赤心なき輩である」。ここには、(一)『校訂おもろさうし』により、この作品が初めてだれもが近づきうる存在になった、(二)その反面、長年にわたる『おもろ』研究への彼の精進により、『おもろ』といえば伊波との認識が確立しつつあったという、二つの状況が投影されている。新おもろ学派の人びとは、活字化の結果として『おもろ』を検討する機会をえた。だがそうした検討のすえ、伊波の読み方とは異なる読み方を提示しようとの衝迫を抑えかねる域に達した。その場合、絶対的ともみえる〝権威〟に刃向おうとの気構えが、彼らの口調を過度に挑戦的とした。

では具体的にどのような新しい読み方を提唱したのか。『おもろ』の読み方をめぐっていちばん問題とされてきたのは(いまも、されているのは)、往々にして行の初めに置かれている「一」あるいは「又」の字をどう解釈するかであった。一例を挙げると、開巻劈頭の「あおりやへがふし」は、

一きこゑ大ぎみ　ぎや、
おれて、あすび、よわれば
てにが、した、

たいらげて、ちよわれ
又とよむせだかこが
又しよりもりぐすく
又まだまもりぐすく

（『校訂 おもろさうし』の表記による）

となっており、伊波を初めそれまで『おもろ』に関説する人びとは、この表記のままに読んできた。それを島袋は、琉球音楽を嗜む比嘉盛昇から示唆され、旋律に着目して、つぎのように「展読」するのが正しいとした。

一聞得大君ぎや、降れて遊びよわれば、天が下、たいらげて在れ。首里森城。
二とよむ勢高子が、降れて遊びよわれば、てにが下、たいらげてちよわれ。真玉森城。

これを手始めに島袋は、数首を挙げて、たとえば、「首里の王《てだ》と、天に照る日《てだ》と、同《ま》時《ぢゆ》に在《ちよわ》れ○み懐《かな》し王と天に照る日と(まぢゆにちよわれ)」(第五の一「おちいちへ、しよりちよわちへからのふし」)というふうに、括弧内に字句を補って読み、つぎのように激しい言葉を連ねる。「この括弧をその儘《まま》解いた方が、おもろに、古人に、詩に、音楽に、人間の生命に忠実なる所以ではなからうか。(中略)書き足さずに勝手に「又」の字を消して口を拭くのが却つて後人の小主観であり、生意気であり、古人に対する冒瀆であり、文献に対する不忠実であり、リズムを感ぜざる音痴であると断言し度くなる位である」。伊波の『琉球聖典 おもろさうし選釈』における本文表記は、「一」や「又」を全部消去してあるから、右の引用文後半の「「又」の字を消して口を拭く」が伊波を指すことは、明らかである。こうした文脈で新おもろ学派は、先進としての伊波に挑戦状をたたきつけた。

これは、伊波にとっては、後ろから弾丸が飛んできたようなショックを与えた。後継者が出ないことを、歎く気持がむしろつよかったのに、故郷には突如として若い世代の『おもろ』研究グループが出現し、自分に刃を向けてきたのである。それだけに伊波は、一再ならず、論考のなかに彼らにたいして、感情を抑えがたい趣きの文章をはさみこむことになる。

その一つにいう。「恩師田島利三郎先生の霊に捧げる為に、私は斎戒沐浴してこの稿を書きはじめる」。自分の方法は、何百回となく繰り返し読み、そのうちにひらめく「天啓」をもととする。*「私はいつもかうして砂原から真珠をあさつて歩くやうな気長い仕事をしてゐる。論理の飛躍の出来る人達の目から見たら、なまぬるいに違ひないが、事実さうだから仕方がない」、「私は先生を介して父祖の精神的遺産を譲受けた惣領だが、初手からこの遺産は自分一人で私すべきものではないと思つたから、英国人がロゼツタストーンを刷つて、各国の学者に配つた気持で、帝国学士院補助の下に、『校訂おもろさうし』を六百部刷つて、学界に紹介したのだ。（中略）願くは、政界人の故智を学ぶことなく、和気靄《ママ》々の裡に、絶えず材料や意見を交換し、謙遜な態度をもつて、しかも苟合に堕せず、銘々の立場から、所謂第二の『万葉集』の研究に精進したいものである」、「私はもつと神歌学《オモロジー》に精進して、先生の学恩に報いなければならないといふ気になつてゐる。青年神歌学徒《ヤングオモロニヤン》も、その研究の初穂は、どうかこの古典研究の先駆者の霊に捧げて貰ひたい」（「媾曳《あいびき》を歌つたオモロ」『南島談話』第四号、一九三二年四月＊＊）。

＊　詩人的な肌合いもあってか、たしかに伊波にはひらめきで構想がひらけるという色調が目立つ。彼の文章の特色の一つをなす「思ひ半ばに過ぎる」という句も、論考のそうした質から自然に頻用されるようになったものであろう。想を練る時間が長く、書きはじめると速かったという（比嘉美津子氏談）。

＊＊　本稿にも再度の改稿と改題がある。ここでは、最終稿を基本的に底稿とした全6によった。

そこには、先進に向い非礼と目される態度への、抑えきれぬ憤りが立ちのぼっている。それだけに伊波は、「青年神歌学徒」をつよい語調でたしなめる。彼らを「論理の飛躍の出来る人達」といい、その論理の切れ味をとうてい自分の及ばぬところとするごとくみせながら、その実、奇矯な論理の空中楼閣に過ぎないとの意味をにじませる。* そうしてことさらに、『おもろ』に取りくむさいの敬虔さに言及し、おもろびとと同化することによってその心奥を明らかにするのが、自分の方法だといいたてた。自分のそれまでの努力が総否定されようとすることに、反射的に憤りをもったからに違いないが、同時に、故郷の後進にそのように扱われることについて、彼は心淋しかったのでもあった。

* べつの論考で伊波は、新おもろ学派の人びとを、「広く資料を蒐集せずしてたゞ思付きで臆測を逞《たくま》しうすることの如何に危険であるか」と批判している(「まづ資料の蒐集から　竹柏園本『琉歌集』と組踊に就いて」(『新報』一九三二年八月二九日―九月三日、全9)。

けれども新おもろ学派の出現は、否応なく伊波を、自分の仕事の過去・現在・未来について想いをめぐらせる境位へ追いこんだ。すでに彼は五〇歳代の半ばを過ぎていた。批判にさらされそれに打撃を受けかつ反撥しながら、一日一日と老いの坂を降りてゆかざるをえなかった。自分がともかく、これだけのことをなしとげたとの自負は、もちろんないわけではなかった。しかし日がまさに暮れようとして前途遼遠との想いは、よりつよく彼を捉えた。それらのとつおいつの想いは、果してこれから何ができるか、また何をすべきかへの考慮にも繫がった。中学時代からの盟友真境名安興の死(一九三三年一二月二八日)は、* 伊波にいっそう、そうした総括を迫らずにはいなかったであろう。

＊ 真境名を悼む文章として、「真境名君の思出」(『沖縄日報』一九三四年一月二〇―二二日、全10)がある。

おそらく伊波の感懐は、その日その日によって揺れた。だが、つぎの範囲内での行きつ戻りつであったとはいえよう。いわく、「東恩納君の言葉を拝借して言ふと、私の三十年の努力は、「漸く泥と破片とを選り分け、目にも止まらぬやうな破片をつぎ合はせて、漸く全形の予想がついたと云ふ所まで進んで来た」やうです。(中略)だが、かういふ研究は、なるべく早く片付けてもつとしつかりした研究に指を染めたいのが、私の朝夕の念願です」(「つきしろ考――オモロの民俗学的研究」『新報』一九三三年一月二二日―二月一〇日、のち修筆して『をなり神の島』所収、全5)。その一方でこうもいう。「三十年は夢のやうに過ぎた。(中略)私は已むを得ず戦線を縮小して、自分でなければ出来ない仕事にのみ全力を注ぎ、時間と健康と能力とを出来るだけ経済的に使つて細かく深く研究することにきめたが、私の小さい望みは、三十五年もかゝつて『古事記伝』を完成した本居宣長にあやかつて、オモロのテキストクリティークを学界に提供することである」(「「首里」の語源は結局わからない」)。また、期待した後進仲宗根政善に、こう書き送ったりした。「どうか古老たちが「にらい・かない」に旅立たないうちに、オモロの中から不明の語句を抜出して、疑義を質して貰ひたい。実際オモロ中にはまだわからない語句が沢山あつて、もてあましてゐる。（中略）日暮れて道遠しの感がある」（原「おもろの研究より——古代国語の助詞「い」の用法の瞥見」の末尾に添えられた一九三五年一月一〇日付仲宗根政善宛書簡、全6「解題」参照）。

そのころ日本は、一九三一年の「満洲事変」をきっかけに、中国支配への策動を強め、国内では軍部支配への途を加速しつつあった。しかし伊波は、それらについてはごくわずかの断片的な字句しか遺していない。「目下北満や上海で、精鋭な飛道具を用ゐて、支那人の心胆を寒からしめてゐる日本人」とか（「球陽雑話」『犯罪科学』第三巻第四、六号、一九三二年四—五月、全10）、「不幸にして日支事変が長引き」とかのごく断片的な辞句が（「「首里」の語源は結局わからない」）、それである。そこに時局にたいする彼の消極性をみることは可能であろう。またその消極性が、時局を憂慮する姿勢と、傍観する姿勢と、時局にたいして注意深く生きようとする姿勢との混和を示すということも、あるいは可能かもしれない。それらを肯《うべな》いつつ、しかしわたくしには、このころの彼の胸中をよりひろく蔽っていたのは、時局への関心であるよりは、沖縄はいかに苦境を脱却しうるか、あるいは一九三三年の玉城朝薫二百年祭を盛大に行いうるか、またその二百五十年祭を、沖縄は果して行いうるのかといった、故郷への想いであったように思われる。

七　「父」なるヤマト

時局の緊迫と「おもろ」世界への沈潜

そのころ沖縄には、ヤマト化のあらたな波が押し寄せつつあった。一九三一年の「満洲事変」に始まる戦時態勢強化の一環としてである。その一つとして、県当局による「方言」撲滅の提唱があり、一九四〇年、柳宗悦《やなぎむねよし》ら月刊誌『民藝』同人とのいわゆる方言論争を惹き起す。* けれどもヤマト化は、もとより言語の問題だけに止まらなかった。改姓改名の手続が簡略化されてその熱気が高まり、また琉装・琉髪の全廃や埋葬方法・墓地構造の改革のキャンペーンともなった。** それらと併行して、大日本国防婦人会の県本部や分会を初めとする県民の組織化が進められていった。

＊　この問題への伊波の関わりかたについては後述する。

＊＊　堀場清子『イナグヤ ナナバチ 沖縄女性史を探る』(ドメス出版、一九九〇年)を参照。

この時期のヤマト化の鼓吹・強制は、従来のそれと比較するとき、三つの特徴をもった。第一は、改姓改名、琉装・琉髪の全廃、方言論争にみられるように、ヤマト化がはるかに徹底的にしかも性急に進められたことであった。第二は、西原文雄が解明したように、「沖縄特有の文化(非「日本」的文化)に対する当局の徹底した抑圧」の反面で、沖縄人の海外発展や紅型、陶器、織物など工芸品への積極的な称揚がはかられたことであった。これを西原は、「ある種の沖縄文化を否定することによって沖縄人民に卑屈感を与える一方で、ある種の文化を保護・奨励することによって、県民に誇りを持たせる」「アメとムチのたくみな使いわけ」と称している(「昭和十年代の沖縄における文化統制」『沖縄史料編集所紀要』創刊号、一九七六年三月)。そうして第三は、南方作戦の可能性が高まるにつれ、軍事的観点が優越し、それゆえにこの地に、ヤマト以上のヤマト化が要請されるようになったことであった。

久しく愛国心や国防観念の不足や欠如を指摘されつづけてきた沖縄県民が、一九三四年、沖縄聯隊区司令官石井虎雄の陸軍次官柳川平助あての極秘文書「沖縄防備対策」(金城朝夫解説、『流動』第四巻第一〇号、一九七二年九月)以来、突如その愛国心を称揚されはじめるのは、こうした情勢の変化ゆえにほかならない。言語の中央集権化は国語政策上の一貫する方針であったが、「一家揃つて標準語」のスローガンのもと、うちなあぐちによる表現を封殺しようとした方針は、その究極の形態をなした。この方針は、たんに心性のヤマト化を促すに止まらず、「爾今軍人軍属ヲ問ハズ標準語以外ノ使用ヲ禁ズ。沖縄語ヲ以テ談話シアル者ハ間諜トミナシ処分ス」との、軍からの要請を根柢に置いていた(「軍司令部日々命令録」、大城将保編・解説『沖縄秘密戦に関する資料』不二出版、一九八七年)。

それはまた、近代日本のしんがりと目されてきたこの地が、第一線へと押しだされる過程でもあった。地位のそうした変化は、複雑な陰影をともなって、沖縄びとたちを奮いたたせるところがあったであろう。一九三八年七月一二日の『大阪朝日新聞』鹿児島・沖縄版は、それまでヤマト化のためズック靴を要請されていた学童が、物資不足から方針がはだし奨励と一変すると、「跣足なら元祖／〃これから俺らの時代だゾ〃」と「鼻高々」であったと伝える(『イナグヤ　ナナバチ』所引)。それは、自卑から自負への転換の小さな一事例をなしている。それらを含め、ひたむきな自発性をも喚起されつつ、この地は一九四五年の沖縄戦を迎えるに至る。*

＊　大城立裕は、『県史』五各論編4「文化1」(一九七五年)の第一部「総説――文化史概観」で、「乗りおくれないのみでなく、むしろ他府県をリードする位置に立つかも知れないという幻想を県民に抱かせたのは、「大東亜共栄圏」構想の一環としての「南進論」であった」とのべ、思想史上の例を二、三挙げている。

「満洲事変」からそれにつづく華北分離政策の展開、その結果としての日中戦争の全面化、さらにその結果としてのいわゆる太平洋戦争へと拡大する過程で、要塞化される故郷と、そのなかでヤマト化を強いられる人びとを想いながら、ほぼ六〇歳代の伊波普猷は、どんな思索を繰りひろげただろうか。

終始一貫して伊波は、時勢にたいするなまの感想をほとんど筆にしなかった。むしろ逆に、身辺にあわただしくなる「非常時」から「総動員」へのかけ声をよそに、彼は、ひたすら『おもろ』の世界へと沈潜していったごとくみえる。法政大学沖縄文化研究所に収蔵されている戦火たけなわのころの彼のノート類は、『おもろ』についての細字での、解きほぐしがたいほど迷路ふうの覚え書から成っており、伊波が、『おもろ』世界の思索に明け暮れていたことを窺わせる。だがもとより、そのように時局の緊迫化とせりあうように、心を『おもろ』世界に凝集させてゆくのは、静かなしかし確固たる信念なくしてはかなわぬ所行であった。そのこと自体、時局への彼の基本的に同調しえぬ心持をあらわしていよう。

それだけにこの時期にあっても、伊波の思索はつねに、『おもろ』を初めとする琉球古典の研究という、一見迂遠な形態と方法をもって紡ぎだされた。こうして書きつがれた一連の作品として、『をなり神の島』、『日本文化の南漸　をなり神の島続篇』および

『沖縄考』に収められた諸論考がある。このほか、かつて編纂の『校註 琉球戯曲集』所収の組踊一一篇を語釈した『琉球戯曲辞典』を刊行し、東恩納寛惇・横山重《しげる》と共同編纂の『琉球史料叢書』全五巻(名取書店、一九四〇年)のうち、第二巻『琉球国由来記下』と第三巻『琉球国旧記』に「解説」を書いている。それらことに『日本文化の南漸』所収の論考の主要部分は、考証につぐ考証が往々にして果てしもなく横路にひろがり、八幡《やわた》の不知藪《やぶしらず》に迷いこんだとの感をも与えかねない叙述となっているが、半世紀以上まえの彼の姿を追ってその迷路を辿ることにより初めて、十五年戦争下で伊波が沖縄学に込めた想い、ひいては彼の時局観が、おぼろげながらも姿をあらわすのである。

信仰の原型を求めて

『日本文化の南漸』(以下『南漸』とも略称)を軸とする諸論考で、この時期の伊波は、何に執心していったのだろうか。沖縄の信仰の原型を解明することに、とわたくしは考える。

「をなり神の島続篇」との副題をつけられた著書『日本文化の南漸』の発行は、一九三九年一〇月一五日、編集作業を終えての「序に代へて」は、前年三八年一一月二三日の日付となっている。そこに載せられた四篇の作品は、「火の神考」＝三六年二月、「君《きん》真物《まもん》の来訪」＝同年五月、「影薄き国つ神」＝同年七月、そうして大作「あまみや考」＝同年八月―三八年四月と書きつがれていった。

『南漸』に先立つ『をなり神の島』の刊行は、一九三八年八月三一日、その「序」は、同年八月八日に書かれている。『南漸』を構成する論考を脱稿したのち、『をなり神の島』の編集に取りかかったとみてよく、「序」にも、本来一冊にすべきところ、「あまみや考」の分量が途方もなくふえたため、二冊にしたとの記述がある。

その『をなり神の島』は、書名に採用された「をなり神」以下一四篇の論考から成る。収録の順序はおおむね、論考の脱稿または発表順に依り、採りあげられた主題は、「をなり神」を初め、「南島古代の葬制」「朝鮮人の漂流記に現れた十五世紀末の南島」「かざなおり考」「琉球更紗の発生」「生長する石」「親国人の性生活」「八重山のまくた遊び」「ヤガマヤとモーアソビ」「アヤゴに現れたクイキャー踊」「鬼界雑記」「古琉球の武備を考察して「からて」の発達に及ぶ」とつづく(副題および年月を省略)。いずれも「南島」の祭祀・信仰や風俗に関する論考とはいうものの、主題はばらばらで、書物全体としてまとまった考察をなしてはいない。そうして最後に置かれた二篇の論考「つきしろ考」と「南島の稲作行事について」だけが、この書物所収の自己完結的な他の論考と異なり、新しい分野に踏みだし今後その構想をひろげてゆこうとの試論的また序論的な性格をもっている。

多分伊波は、この二篇を巻末に据えることにより、『をなり神の島』から『日本文化の南漸』へのつなぎにしようとしたのであろう。彼自身は、両書に収めた一八篇の論考を一貫した思索の結晶と考え、『をなり神の島』の「序」で、「をなり神」から「つきしろ考」までの一三篇を第一期、「南島の稲作行事について」から「影薄き国つ神」までの四篇を第二期、最後の「あまみや考」を第三期としている。が、わたくしはむしろ、「つきしろ考」から「あまみや考」までが、この時期における彼の本来の研究であり、それ以前の作品は、そこから一応切り離して捉えるべき、諸種の主題についての論考と考えたい。*

＊ 外間守善は、全5でのこれらの両書への「解題」で、伊波のいう第一期を序論、第二期を本論、第三期を結論と名づけつつ、「つきしろ考」を『南漸』への「直接的な先触れ」と位置づけている。わたくしは、「つきしろ考」以降を、それ以前と分ちたいと考えるが、外間の「つきしろ考」の位置づけには賛成である。

同時に伊波は、『南漸』としてやがてまとめられるべき諸篇を脱稿したことで、はるかにつよくそちらに引きつけられていたに違いない。『をなり神の島』の「序」は、同書の序文としての体をほとんどなしていず、「あまみや考」についての記述が大半を占めている。『南漸』こそ渾身の力を込めての力作という想いが、彼の心にみなぎっていたのであろう。その意味では、『南漸』が「をなり神の島続篇」と副題されるよりはむしろ、『をなり神の島』が、出隆《いでたかし》の名著『哲学以前』を藉りるなら、「『南漸』以前」の性格を帯びている、とさえわたくしには思われる。

以上のように想定するとき、「つきしろ考」に始まり、「南島の稲作行事について」「火の神考」「君真物の来訪」「影薄き国つ神」を経て、「あまみや考」に至る論考で、伊波はどのような思索を繰りひろげたといえるだろうか。*

＊　同じ時期、伊波は、それらの論考の部分や要約を、まとまるにつれ、あるいは着想をえるにつれ、折々発表しているが、「年譜」や全集「解題」にゆずり、省略することとする。

もともと友人真境名笑古への私信のかたちで書かれた「つきしろ考」は、琉球がどのようにして宗教的な統一に至ったか、についての探究である。当然その作業は、原型に遡り、その原型がいかに変容したかを考察することになる。

伊波はその探究を、沖縄本島東南端に位置する佐敷《さしき》から、つぎのように始める。佐敷は沖縄を統一した第一尚氏発祥の地である。その地の苗代の、沖縄の統一者尚巴志《しょうはし》が初湯を使ったという屋敷の跡には、「つきしろ」という石神が祀ってある。それはそもそも、佐敷の小按司《こあじ》としての尚氏一族の産土神《うぶすなのかみ》であった。「つきしろ」は月代つまり月神が憑依するものの義であり、「南島」ひいては日本の古俗に、太陽崇拝とともに太陰崇拝の風習のあったことを示している。ところが、あるいは、それゆえに、この「つきしろ」は、佐敷の小按司が挙兵したころは軍神に昇格してせじ(=神威)も高まっており、尚巴志は、三山=北山・中山・南山=沖縄の統一に向けて、軍神「つきしろ」を奉じて進軍したであろう。統一するとともに、「つきしろ」の神威はますます高まったに相違なく、しかもそれは、第一尚氏の征服王朝が短期間に顚覆されて、第二尚氏の王朝となっても継続した。第二尚氏は第一尚氏を滅ぼしながらも、「尚」という姓を譲りうけたことに象徴されるように、前王朝を受けつぐかたちをとったからである。第一尚氏の祭祀は、それにたずさわる女官ともども、たいてい第二尚氏に引きつがれたに違いない。こうして佐敷の苗代の小さな産土神は、琉球王朝によって、出陣のさい(具体的には八重山征服への)奉じられる軍神になった、と伊波は、『おもろ』などを引きつつ考察を重ねた。さらに彼は、民俗の面からのこのような考察の上に、佐敷方言が首里語の主要分子になったのではないかと、言語の面からの推論を重ねあわせている。

　この魅力的な考察の基本は、琉球神話(いやそれに限らず、およそ神話というもの)の成立のカラクリを明らかにした点にある。普遍性と絶対性を帯びて人びとを、精神的に、したがって肉体的にも、捉えこんでゆく信仰が、じつは本来、特殊性と相対性に彩られていたことが、きめこまかく腑分けされている。そのことは当然、そうした信仰が永遠性を刻印されているものでないとの認識を、喚び起すであろう。同時にそれが、政治的支配の成立にともなう汎歴史的な現象であることも、説きあかされている。その点を伊波は、ここでもフレーザーを引くことによって定式化する。「武力によつて他種族を征服し得た一種族が、その優越な地位を保つためには、被征服者を魔術的にも征服することが必至的要件であつた」、「征服者の神を被征服者に強制し、征服者の偉大な魔術の力を崇拝させる事によつて、異種族を自己の種族と同化した」。彼は、手の内のカードをみせるとともに、それに託して、この論でのみずからのモチーフを明確化している。

正統的な信仰のこのような相対化は、その信仰によって埋没させられあるいは死滅してしまった諸信仰への認識を発生させ、「南島」の信仰の原型を窺わせるに至る。折口信夫「春来る鬼」(一九三一年)における海から来る神の説を引用したのち、伊波はいう。「古い信仰は、沖縄の津々浦々に残つてゐたに違いないが、一旦久高島に上り、それから知念《ちねん》(当時の行政区画で佐敷町の隣村、現在は南城市知念)に渡つて、斎場御嶽《せーふぁーうたき》に鎮まれた神のみが、わざ〳〵首里まで進出して、歴史家の御厄介になつたのは、どうしたわけでせう。いふまでもなく、この地方を根拠地として勃興した第一尚氏が、中央に侵入して、六十余年間君臨した為で、東方《あがりかた》の民間伝承が中央のを征服し、従つてその発祥地の嶽々杜々が、国家的祭祀の中心にもなつたと思ひます」。そこでは沖縄の伊勢神宮としばしば類比される斎場御嶽の祭祀さえもが、政治的支配の所産と位置づけられていた。

さらに「今帰仁《なきじん》拝み〔国頭本部《もとぶ》半島の今帰仁を首里から遥拝すること〕がそれに次いで大事の一つになつた」のにも、理由があるとして、伊波はつぎのようにのべる。「尚巴志は北山《ほくざん》〔今帰仁を含む沖縄本島北部〕を亡ぼすや否や、第二の王子尚忠を今帰仁城に駐在させて、北山の遺民を監視せしめ、神職をも派遣して、其神を鎮めさせ、それが第二尚氏の時代までつゞいたから、今帰仁半島で育まれた民間伝承及び祭祀が、中央に取入れられた」。そうして、もし尚巴志のかわりに、北山王の攀安知《はんあんち》が三山を統一していたら、北山の信仰が主要な地位を占めたに違いない、とした。ここでは、「南島」における信仰の形成について、もう一つの可能性さえ語られていた。この視角は、すでに神体が失われ神名のみをかろうじて留める地主神《じすじん》への注目をもたらした。

新しい着想に、伊波の心は湧きたったことであろう。末尾で、「〔これを書いて〕私の研究も、どうやら目鼻がついたやうな気がします」と、満足感を洩らし、彼の仕事についての東恩納の、「漸く泥と破片とを選り分け、目にも止まらぬやうな破片をつぎ合はせて、漸く全形の予想がついたと云ふ所まで進んで来た」との評言を、肯いつつ書きそえた。このように「南島」の信仰の原型とその変容に斧を入れたことが、伊波にあらたな目標を与えた。

稲作と火の神

伊波の内部で「つきしろ考」につづく作品として位置づけられている「南島の稲作行事について」は、もともと一九三五年夏、柳田国男の還暦記念として開催された日本民俗学講習会での講演「南島稲作行事採集談」(柳田国男編『日本民俗学研究』岩波書店、一九三五年、所収、全5)を訂正増補した論考である。かつて識名の故老玉城亀から採取した種子取《たんとり》(＝種子蒔き)のときの唄アマーオエーダー(＝天つ御田《みた》すなわち神田《かみだ》)を、『琉球国由来記』や『おもろさうし』その他によって敷衍しつつ紹介し、ほとんど姿を消してしまった沖縄の稲作行事を、記録に留めようとしている。

稲作を主題としたのは、それが、柳田を祝賀する催しでの講演であったことにもよるだろう。とともに、沖縄では稲作がまさに亡びようとしていたために、それにまつわる行事の採集と記録化が急務と認識されて、*そのことへの覚醒を促そうとの気持が高まり、かつ、この問題が原型と変容を探る好個の事例と考えられたことにも起因していよう。

＊　子どものころには多かった水田が、見わたすかぎり甘蔗《おぎ》畑と蕃藷《いも》(さつまいも、琉球いも、唐いも)畑に取って代られたことへの、愛惜の念が、伊波にはなかったといえない。「尠《すくな》から

ずその風景を害してゐる」うえ、「この二つの農作物の栽培には、五穀などの場合のやうなデリケートな所がなく、又それに伴ふ季節々々の行事も、殆どないといってい丶から、野良仕事が愉快な芸術的実行とならず」という彼の言には、そんな想いが託されている。とはいえ、彼はそれを元へ戻そうとするのではない。「この二植物、とりわけ、蕃藷の移植されたお蔭で、島民は饑餓から救はれたのみか、その出産率の高まつたことも事実」といいつつ、伊波は、仲吉朝助の、「之に代るべき産業が発見されない限り、島民はいつ迄も片足で立つてゐるやうなものだ」との言を引いている。

幼少時の見聞や写真・挿絵までまじえての本文の記述は、詳細をきわめ、荒ごなしから刈入れ後の稲の大祭まで、祈りと一体の労働の流れをゆったりと追っている。文字による写生帳を繰ってゆく感がする。それをとおしてしだいにせり上ってくるのは、火の神の信仰であった。

火の神とはかまどの神(台所に祀られる三個の石を「よりまし」とする)であるが、旧暦五月の稲の穂の熟するころの稲の穂祭にせよ、六月の刈入れ後の稲の大祭すなわち「南島の新嘗祭」にせよ、いずれも火の神への祭祀であることが、力説されている。前者の場合、「火の神を通して、「にらい・かない」に稲の成熟を祈」ったし、後者の場合も本来、火の神を中心とする祀りであり、祖霊への祀りは、その「後の祭り」というべきものであった、とする。それゆえ、「後の祭りはいはゞ祖神を中心とする慰労会ともいふべきものであるが、今の若い人達は、それに御馳走が多い為に、それを折目(＝節《よ》折《おり》、〝遊び〟を伴う祭りの日)の本体だと思ひ、いつしかこの大祭の本義を忘れるに至つた」。

この論考は、このように、沖縄における稲作行事の復元をとおして、沖縄びとの信仰の原型としての火の神に辿りついたという文脈をもっている。それを足がかりとして伊波は、『日本文化の南漸』所収の最初の三つの論考となる「火の神考」「君真物の来訪」「影薄き国つ神」に取りかかることになる(『南漸』は以上三論文と「あまみや考」の計四論文から成るが、分量上は「あまみや考」一篇で六分の五弱を占める)。*

＊　全5への外間守善・比嘉実「解題」によれば、「火の神考」以下三篇は、一九三六年二月一三日から七月二〇日にわたって、『琉球新報』などに掲載された。他方、「南島の稲作行事について」の改稿は、同年七月二〇日と論文末尾にあるので、前者の執筆後であったとみられる。そのせいで後者には、前者での考察の結果が、論証抜きで挿入されている箇所がある。

ほぼ一九三六年前半に継続して書かれた「火の神考」「君真物の来訪」「影薄き国つ神」の三篇は、あわせて一組とみられるべき作品である。

最初の「火の神考」は、前稿の「南島の稲作行事について」を承けて、火の神が、琉球の人びとにとっていかに根源的な信仰の対象であるかをのべるとともに、その性格を説きあかした論考である。そこで伊波はおおむねつぎの諸点を指摘した。

(一)火の神は、「稲の事を統べ知る神」としての「「にらいの大ぬし」の分身とも云ふ可きもので、「にらい・かない」から渡来して、聞得《きこゑ》大君《おほぎみ》御殿《おどん》・三《み》殿内《とのち》及び祝女《のん》殿内《どのち》等に鎮座し、又琉球諸島の嶽杜《たけもり》・神あしやげ・根所《ねどころ》・殿《との》等でも、国つ神・産土神《うぶすなのかみ》・氏神等と共に祀られてゐる」とともに、「上は尚侯爵家より下は賤《しづ》が伏屋に至るまで、竈のある所には何処にでも祀られてゐる」。(二)火の神の祭事には、道教の影響がみられるものの、その信仰は道教の伝来以前から琉球にあった。(三)むしろ火の神の信仰には、日本古代の思想と共通のものがあり、そのことは、『古事記』十之巻中の、稲のことを統べ知る大年神《おおとしのかみ》の項や、近年の民俗学の採集によってわかる。(四)祝女殿内などで大きな石三個をもって一組とする∴形のかまどを、火の神として祀っているのは、それがもと海から上ってきて、海岸の石をヨリマシにしたことに由来する。その意味で火の神は、「「にらい」の全権大使」というべき存在である。*(五)政治的統一にともない、精神界の君臨者としての聞得大君の権威が確立したのち、神殿に火の神を祀り、さらに「首里の三殿内・地方の祝殿内等にも、等しく火の神を祀らせ、嶽々杜々のいべつかさ・神あしやげ等の神々根所等の祖霊と「相手《あひちへ》なて」、同様のことをなすべく、火の神に祈らせ」

たので、「琉球の神道はいつしか組織化され、之によつて所謂三十六島の政治的統一は助成された」。

＊『民間伝承』第四号(一九三五年一二月)の「会員通信欄」所載の一文で(全10に「近況」と題して収録)、伊波は、このごろ『琉球国由来記』中の伊平屋《いへや》島の「のだてごと」「みせゝる」を研究した結果、「とりわけ米麦等の作事の時祭祀を受ける神がニライ・カナイから来た火の神であると云ふ事がはつきりわかり『南島の稲作行事』の補遺として『火の神考』を草し、国つ神との関係を闡明して見たいと思つて居ます」と記している。

こうして火の神は、琉球の人びとにとっての主神であるとともに、にらいからの外来神の性格をもち、また稲作行事と深い関係を有し、さらに信仰としては、政治的統一とともに全域にひろまった、と説明されたことになる。

つづく「君真物の来訪」は、琉球の最高神女聞得大君によりつき、それゆえ琉球古神道の最高神とされる君真物、とくにその遠来神としての性格の考察である。琉球の人びとは、にらい・かないを、ふだん火の神を通して祀っているが、そこからは、「かないの君真物」または「にらいの大ぬし」と呼ばれる神が、時を定めてやってくると信じていた。伊波はその神のことを説きあかそうとする。

『由来記』や『おもろ』を初めとする文献を駆使してのそこでの論議は、枝葉の部分を捨象すれば、ほぼつぎの通りとなろう。（一）この遠来神の一行は、北方からやってきて、一旦、辺戸《へど》岬あるいは今帰仁半島に上陸し、首都を訪れて歓迎された。（二）それらは澳《おう》を足だまりとして上陸したに違いない。奥武《おう》という小島が多いのは、その痕跡といえよう。（三）さまざまの文献や伝承は、津々浦々で君真物がいかに歓待されたかを伝える。（四）折口信夫の研究によれば、こうした行事は、「南島」に限られたものでなく本土にもある。こうして、遠来神崇拝は「交通不便な島嶼故、経済的文化的に、最初から海外との交渉を必要とした為に、国つ神は遠来神に圧倒された」という点で、「南島」人の生活史の基調になっていたとするのが、伊波の結論となる。

　このように「火の神」「君真物」と、主神が外来神・遠来神であることは、「南島」ではそれだけ「国つ神」の影が薄いという事実を反映する。その問題を正面から論じたのが、つぎの論考「影薄き国つ神」である。そこでの論旨は二段階に分れる、とみられる。

　前半の論旨は、伊波をして語らせればつぎのようになる。「日本々土で、諾冊の二神以下多くの国つ神が方々に祀られてゐるに対して、南島では、国土創造の神アマミキヨ以下の国つ神の祀られてゐる事が判然してゐない」、「主なる理由は、治乱興亡が激しかつた為に、其処所に鎮座してゐた王者《よのぬし》若しくは城主《しろぬし》の祖霊が、社稷《しゃしょく》の滅亡に際して、その子孫と運命を共にしたところにある」。

後半ではそれを承け、ほとんど湮滅《いんめつ》に帰した国つ神信仰の実態を明らかにしてゆくことが、急務と説く。まず伊波は、村々の祭祀の場というべき神あしやげ、根所《ねどころ》＝根家《ニーヤ》、殿について、「土地の人はその主神の何であるかを知らない」が、「多分産土神即ち鎮守の神」であろうとのべ、つぎにそこでの祭祀は、「祝女殿内がその管轄内の何ケ村かの根所を統率して祭祀を営んではゐるもの丶、祝女《のろ》は膳立てが出来た時、招聘されて祝詞《おたかべ》を唱へるだけで、実際問題は根人等が協議して取扱つて居」るとした。そうして「沖縄中の根所を隈なく訪れて、祭祀の有様や口碑等を採録する」ことを、意義深い仕事とのべた。

喪失に抗する思索

つきしろ・稲作行事・火の神・君真物・国つ神と、視点と焦点を少しずつ移動させせつつ「南島」の信仰の原型とその変容を、なぜ伊波はこのように追いつづけたのだろうか。その狙いは四つあった、とわたくしには思われる。

第一のそうして基本的な狙いは、一九二〇年代以降、故郷をみるさい基調となってきた亡びの認識から、沖縄をいかに蘇生させるかを求めるところにあった。故郷を衰亡から回復させるためには、なまはんかな対症療法では効果を期待しうべくもなく、人びとの精神生活の原点というべき産土信仰にまで立ち戻らなければならない。その岩盤に立脚するとき初めて、沖縄の人びとの精神の主体性が、それまでの負の集積から訣別して、樹立の方向へ開展しうるだろう。伊波の脳裏には、その想念が渦巻いたに違いない。

「君真物の来訪」の末尾に記された感想は、伊波のそんな狙い、という以上に歎きを端的にものがたる。「交通不便な島嶼故、経済的文化的に、最初から海外との交渉を必要とした為に、国つ神は遠来神に圧倒された」、「由来南島人は、その同胞の言ふことには、耳を傾けないのに、同じことでも外来者の口から出ると、すぐそれに共鳴する傾向を有つてゐるが、これなども世代から世代に伝へられて、個々の成員を拘束する社会心理の露れではあるまいか」。

第二の狙いは、原型と対比するとき、信仰の現状がいかに変形させられ、したがって虚構性を帯びているかを、沖縄を場として論証することであった。伊波は、政治的統一とともに信仰の統一も実現し、それがまた政治的統一を助長したことを繰りかえし指摘している。彼はまた、祝女さえ、政治的統一とともに信仰の統一者になった存在とのべ、祝女以前の信仰・祭祀の実態を湮滅から救いだすべきことを提唱した。沖縄の聖地斎場御嶽の相対化をも行った。

一九三六年という、これらの論考が書かれた年代を背景とするとき、伊波のこうした執心は、時勢批判としての狙いを秘めていたことが炙りだされる。ほぼ同時期の「祖神について」(『沖朝』一九二六年八月一〇日、のち『古琉球』改版所収、全1)は、太古では兄妹の結婚が例外でなかったとのべた短文であるが、結びに強烈な言葉をさりげなく据えている。いわく、「南島の研究は、日本民族の古代生活を闡明《せんめい》するに旁証となるもので、しかもあらゆる材料を遠慮なく解剖台に上せて、自由に実験することが出来る所に面白みのあることを、一言附記して置く」。

その前年には美濃部達吉の天皇機関説事件が起り、それから四年後には津田左右吉が日本古代史研究によって起訴されるなど、日本文化研究は国体論の立場から塗りつぶされようとしていた。そういう状況下で伊波は、沖縄を素材とするとき、そこにはタブーが存在せず、したがって日本古代史を明らかにするためのヒントに満ちた研究を自由に行えることを、あえて宣言したのである。

第三の狙いは、沖縄における琉球神道復活への動きを牽制し批判するにあった。「影薄き国つ神」で伊波は、すでにのべたように、神あしやげ、根所、殿などの調査の緊要性を説いていたが、それには、「例の琉球神道の復興を論議するよりも、より急務であらう」との注釈を加えている。

琉球神道の復興は、十五年戦争下で、沖縄固有の信仰の体系を国家神道に包摂するため執られた施策の一つであった。大まかにいうと、この地の神道信仰は、ウタキ(御嶽)と呼ばれてきた聖地での自然神崇拝と波上宮《なみのうえぐう》を初め琉球八社と呼ばれる神仏習合信仰から成り立っていた。それらを国家神道に包摂しようとする施策は、わたくしのみるところ、つぎのように遂行されようとした。

まずウタキについては、それを再編して村ごとに神社を建立しようとする一村一社の方策があった。『大阪朝日新聞』鹿児島・沖縄版一九四二年九月四日は、「お嶽拝所を神社に/一村一神社建立の計画」と伝えている。* 当時、県の嘱託としてその立案に当った鳥越憲三郎によれば、原則として各字のウタキを合祀して村に一つの村社を建て、天照大神を主神としそれまでの神を配祀することなどを骨子としたという(「沖縄の天皇制」、谷川健一編『叢書わが沖縄』第五巻「沖縄学の課題」木耳社、一九七二年)。沖縄の聖地とされる斎場御嶽が天照大神を筆頭神とする県社斎場神社に衣がえさせられようとしたのも、その一環であった(「県社斎場神社/御祭神決まる」『朝日新聞』沖縄版一九四三年六月四日)。

* この点は、西原文雄の前掲論文にもべつの記事を引用して関説している。

後者の琉球八社については、それより早く、内務省による琉球八社の復興計画としてあらわれた。『大阪朝日新聞』鹿児島・沖縄版一九三八年九月四日は、「沖縄の精神振興へ/内務省が向ふ五ケ年計画で/神社の復興に乗出す」と題する東京発の記事を載せ、その動向をつぎのように伝えている。「内務省神社局では今回明年度新規事業として沖縄の精神振興計画、旧状を止めぬまでに廃頽した沖縄八社の復興事業に五ケ年計画をもつて乗出すことゝなり取敢ず明年度予算として一万六千円を計上、大蔵省に対し要求することゝなつた／沖縄には神社が極めて少く、いはゆる沖縄八社の中波上神社はさきに復活されて官幣小社に列せられてゐるが他の七社は無格社で極度に荒廃し切つてゐる、支那事変はじまつて以来日本精神の高揚とみに加はり出征軍人の武運長久祈願を中心に県民の神社崇敬著しいものあり神社の復興建設を要望するにいたつたので／政府としてもこれを喜ぶべきこととし大いにその要望に応へて乗出すことゝなつたものである」＊。

＊　さらに護国神社の創設なども、これに加えることができる。『大阪朝日新聞』鹿児島・沖縄版一九四〇年七月三日に、「沖縄県護国神社／創建許可さる／二日神社局から発表」の記事がある。ともかく鳥居を各地に建てようとした。

伊波は、沖縄がそのようにして国家神道に包摂されてゆくのに、つよい危機感をもったことになる。それはたぶん、時局に埋没してゆくという以上に、文化的な意味での沖縄の喪失感に根ざすものであったろう。類似の趣旨を、彼は、「あまみや考」でも繰りかえしている。

第四の狙いは、伊波がなぜこのようにまで沖縄における遠来神の優位を説きあかすのに執心したか、に関連する。遠来神というとき、彼の脳裏にはヤマトの存在が意識されていたに違いない。むしろ、琉球の文化をどのようにヤマトと関係づけるかへの腐心が、遠来神へのこうした執心を生んだというべきであろう。そのさい遠来神の来訪は、ヤマトからの人びとと技術の渡来を意味し、その点でそれらは、優越的位置に立つとともに、災厄のみでなく利福をもたらしたと認識された。いわゆる「南漸」の構想のあらたな発芽であった。

これら四つの狙いは、戦時体制とともに沖縄を根こそぎするようなヤマト化が襲いつつあるなかで、伊波が、むしろそれに触発されるように、琉球・沖縄の文化的な位置づけへの意欲を掻きたてられたことを示している。そこで彼は、故郷の精神面における原像を究めることによって、琉球・沖縄の喪失に抗し、その記憶を人びとのうちに呼び醒まそうとした。またヤマトで吹き荒れる国体論の嵐に、一矢を報いようともした。同時にその反面で、ヤマト化との整合と調和のうえに立つ琉球・沖縄像を打ちたててゆくこととなった。そうしてその論議は、彼が自分をねじまげて時勢との妥協として編みだしたものではなく、持論としての同祖論・南進論の延長線上に、時勢のもとで揺れ動きつつ懸命に思索を重ね、かたちづくっていったものとなっている。

「あまみや考」

大作「あまみや考」は、そういう思索の集大成として書かれた。そこでの、推論に推論を重ね、また迷路をさまようごとき論旨は、諸現象の腑分けと原像再構成への、伊波のひたむきさを示している。彼のそうした心境のひだひだを掻きわけることをやめ、枝葉にわたらず、その論議を整理すれば、わたくしのみるところ、この論考の眼目は、つぎの三点にわたる。

第一は、琉球・沖縄の原点としての伊平屋島の提示であった。全七章から成る「あまみや考」の最初の四章、分量で約半分が、沖縄本島北部国頭の西北にあるこの島の、とくに宗教的性格の論究にあてられている（正確には「伊是名《いぜな》島」であるが、当時は「伊平屋島」と総称していたという）。

そこで伊波はまず、第一尚氏も第二尚氏もともに伊平屋島を逃げだして、本島に渡った家系とし（第一尚氏の場合、そのあと佐敷に勢力を張る）、その島での王家の祈願所としてのそのひやぶの素性を明らかにしようとする。彼は、『琉球国由来記』からそのひやぶを祀るミセゼル（祝詞）三篇を取りだし、推論を重ねつつ、つぎのような結論を導いた。

それによると、そのひやぶは、降雨灌漑をとりしきる神であったが、しだいに威力を増し、島民はそれに、雨ばかりでなく、島の幸福や王家の繁栄をまで祈願するようになり、いつしかそれを、心身を守り霊魂を鎮める神と考えるに至った。またしぜん、風に関する祈願をもするようになったが、そのため竜田の神のような性質を帯び、その面からも神威はますます高まった。第二尚氏の鼻祖となる金丸は、農事に熱心だったから、疑いもなくこの神を信仰していたであろう。こうして神威が高まるとともに、本来の属性が忘れられ、守護神としての属性だけが遺る結果となった。首里にある園比屋武《そのひゃん》御嶽《うたき》の石門が南面しているのは、王家も、そこから伊平屋のそのひやぶを遥拝するためであったに違いない。そのひやぶの語源は、そのが本体で、ひやは「大親」、ぶはタブーを意味する語と推定されるが、その由来はわからない。またそのひやぶの畳語法《リジウプリケーション》からかなひやぶとのいいかたもできた。*

＊　一九三六年の夏ごろ、伊波はそのひやぶの意味を懸命に考えていたとみえる。この年八月三—七日、国学院大学で開かれた第二回民俗学講習会の座談会で、柳田が、「首里にソノヒヤブといふのがありますが、このヒヤブがウタキとウガンとの霊地思想を解しさうに思はれる」と発言したのを承けて、伊波は、「今でも判らないんですが、首里城の左にソノヒヤンといふのがある。オモロにはソノヒヤブの同義語としてカナヒヤブがある。『琉球国由来記』にソノヒヤン、カナヒヤンが田の神となつてゐる」云々と所見を開陳している（「沖縄の午

後」一九三六年、全11）。

おおむねこのようにのべたのち、伊波は語をついで、伊平屋島のそのひやぶが、たんに第一、第二尚氏に尊崇されていたばかりでなく、第一尚氏に亡ぼされた北山王攀安知によってもいたと論じる。そうして伊波は、攀安知が、はるかに伊平屋島を望む今帰仁半島の北端に都をつくったのには、軍事上ばかりでなく信仰上の理由もあったであろうとし、さらに彼が、日本《やまと》と交易してしきりに「がはら」＝霊威をもつ玉を求めたのは、遠来神の守護によって、三山統一をめざしていたためであろうともした。さらにいう。同島の諸見にある「アマミ嶽」は、「琉球国初の神アマミキヨの故郷だと考へられてゐるアマミヤと関係を有する」と。

このように伊平屋島は、第一、第二尚氏だけでなく、亡ぼされた北山王によっても尊崇されていたとして、その神聖化がはかられる。*

＊　伊波が伊平屋島に言及したのは、これが最初ではなかった。すでに『古琉球』巻頭の「琉球人の祖先に就いて」は、神武天皇を「恵平屋島《イヒヤ》」の生れとする藤貞幹の『衝口発《しょうこうはつ》』の紹介から書き起されていた（この箇所は一九四二年の改版では削除される。皇統神話を侵すと考えられたためであろう）。そうして、もしその説が真実なら「琉球の伊平屋島は日本民族の故郷」になるが、所詮それは「空中の楼閣」に過ぎない、としていた。彼は、そのようにみ

ていた島へ立ち戻ったことになる。

第二は、沖縄北部とヤマトとの交渉の濃密さの主張であった。伊波はまず、『おもろ』の「船やれ」(＝航海)の歌を引きつつ、登場する多くの岬名や地名は、航海の安全を祈って神に手向けした場所であろうといい、祭政一致時代にいかに「おくとより上」(＝奄美、道の島、「おくと」はもと「遠い海」の義)との交通が頻繁であったかを説明する。そうして、神女も阿摩和利も護佐丸も「おくとより上」との交渉があったとしたばかりでなく、とくに沖縄本島北部地方では、「各邑落が日本々土と交通してゐたことは、数篇の神唄の語るところ」と指摘した。

このようにヤマトと沖縄北部との交通の頻繁さを前提としたうえで、伊波は、沖縄にとってのその意味を考えようとする。そのさい彼は、「神代にアマミキヨが、大和(あまみや)からこの島に渡来した時、鍛冶屋をつれて来たといふ伝承」を手がかりとした。鍛冶屋の存在は、直接には造船術ひいては技術一般の伝来を意味し、ヤマトとの交通が一面では技術＝文化の導入をともなうものであったとの主張となる。こうして、「上古から中古にかけて、北方からの移住者の群の、時を置いて屢々《しばしば》やつて来たことは、文献や口碑の語るところ」としつつ、これら「移住者の団体は、その数は僅かであつたにしろ、比較的高級な文化を有してゐて、島民には実に驚嘆すべきものに見えたはずだから、島民の生活にかなりの影響を与へたことは言を俟たない」との論議が引きだされる。

もとより伊波は、ヤマトによる沖縄への政治的支配の問題を無視していたわけではない。「古来幾度か「大和世」があつた」であろうし、今帰仁の語源がイマキジリ＝新来者統治にあることは、その証左となろうという。しかしその後裔は幾代か経るうちに大多数の島民に同化され、血統は島民のなかに溶けこんでしまったとする。そればかりか、日本との交渉がひときわ密接でその影響をつよく受けていたと思われる攀安知が、もし第一尚氏の代りに三山を統一していたら、琉球の古史神話は、日本的色彩が一入濃厚になっていただろうとまで論ずるに至る。

ここには、従来と異なるヤマト・沖縄交渉説が打ちだされている。かつての伊波の日琉交渉史の主眼点は、紀元前後における種族(民族)南下説と一六〇九年の島津による征服説にあった。前者は日琉同祖の、また後者は琉球ドレイ化の、それぞれ主張となった。しかしここではそうではない。ヤマトからの沖縄とくにその北部への渡来・移住はしばしば行われ、一再ならず「大和世」が現出しており、しかも移住者と島民は融合するまでになっており、またヤマトからの渡来は、政治的征服というよりむしろ技術＝文化の導入に力点を置いて認識されている。それらの意味で、ニライ＝北方説が彼の内部でじわりと形成されてきた観がある。

そうして第三は、ニライ＝北方説、さらに特定すれば「南島」人の奄美発祥説であった。琉球・沖縄を北方と結びつけようとするいわゆる「南漸」説は、さまざまの角度から裏づけられようとして、ここで最高潮に達する。

まず伊波は、そのころ発見され仲原善忠によって提供された『久米仲里間切旧記』*所収の祝詞を仔細に分析して、琉球古代の本来の祭祀は、にらいを北方に求めるごく単純なものであったのが、「第一尚氏の勃興と共に所謂東方地《あがりかたぢ》に道教的色彩を匂はせた、首里親国《おやぐに》色で塗りつぶされた」とした。それは、本来の祭祀をかたちづくっていたにらい＝北方信仰が、沖縄島南東端の佐敷を根拠地とした第一尚氏の制覇つまり三山の統一とともに、にらい＝東方信仰へとねじまげられ、太陽信仰と結びついてひろまりかつ盛大化していったとの主張であった。

＊　これが伊波の「あまみや考」の構想に大きな影響を与えたことは、彼自身しばしばのべ、またよく知られてもいる。それに接しての彼の歓喜の表情は、「学界春の掘出物　久米・仲里由来記談」(『沖縄日報』一九三七年一月一一日、全10)、「謎の〝おもろ前史〟が仲里間切旧記で解決／古琉球氏族制度も判明す／伊波普猷氏の新研究(談)」(同上一九三九年五月六日、全11)などに窺える。

つづいて伊波は、にらいが本来、天上にも地底にもなく、「海の彼岸にある、楽土」

と考えられていたことの論証に取りかかる。そうしていう。古琉球人は、「天人も人間に似通つた性情を有して、人間と略同じ生活をしてゐる、と考へてゐた」。「兎に角古琉球人には、これらの神霊（君真物・祖霊などの神々）は、不断は銘々の世界に住してゐて、時あつて御嶽や神あしやげにあもりつく、と考へられたもので、（中略）汎神論的若《も》しくは超越神的な考へ方は、（中略）古琉球人の知らざる所であつた」。その点を重ねてつぎのようにものべる。「彼等の間には天の思想は余り発達しなかつた筈だから、その宇宙観も従つて平面的であつたと思はれる*」。

＊　ここには記紀神話は中国思想の影響を受けて天の思想を発展させていたのにたいして、との認識が、下敷きとしてあった。

このように伊波は、にらいの本来の所在を、（一）東方でなく北方、（二）天上でなく海の彼方としぼったうえで、論考の表題となっている「あまみや」の考察に入る。だがそのとき答えはすでに与えられていたというべきであろう。地名の類似からしても、その地は当然、奄美に求められる。「琉球の古史神話によると、南島を創造した神はアマミキヨ（異名はシネリキヨ（以下省略））になつてゐるが、神歌に南島人の発祥地が、アマミヤ（異名はシネリヤ）になつてゐるところから考へると、アマミキヨにアマミ人の義のあることが知れる」。こうのべたのち伊波は、『おもろ』から「アマミヤ」が出てくる例を、

「あまみや事始《はじ》またる／首里もりぐすく／是《これ》ど黄金内《こがねうち》に譬《たと》わる」(巻五の二十八)、「あまみやから沖縄／嶽《たけ》(障壁)ででは思《おも》はな」(巻三の九)のように抜きだし、「右の諸句中の「あまみや」は、何れも南島の高天原のこと」とした。*

＊　伊波は合計四回、奄美へ赴いているが、こうした論議には、その折の見聞が生かされているようにみえる。

ではその奄美へは、人びとはどこからきたか。あれこれの考証のすえ、ヤマトに散在する海洋民としての海部《あまべ》にそれを求める。「口碑及び文献に、南島人共通の祖神なるアマミキヨが奄美大島の東北隅の海見嶽に天降りした、とあるのは、やがて西南に移動した海部の、最初にこの島に辿りついたことを語るもので、奄美と云ふ島名は、本州に散布する海部(アマ或はアマべ)といふ部落の名と等しく、その氏族の称の名残と見ていゝ」。さらに語をついでいう。「アマミ又はアマミヤが、嶽名若しくは嶽神の名となり、或は神女の限定詞となつたものが、沖縄島の北部及び西北諸島に濃厚で、南に行くに従つて、稀薄になつてゐるのは、最初島の北端に上陸して、南漸した経緯をほのめかしてゐる」。

＊　「あまべ」が「あまみ」になった理由を伊波は、田部がタミ(民)になったのと同じ音韻変化によると説明する。

長篇「あまみや考」の論旨は、わたくしの理解するかぎりでは、ほぼ以上のようなものである。そこで伊波は、沖縄びとの信仰・祭祀の原型を明らかにしようとしつつ、にらいをヤマトのほうに求める結論を導いた。「つきしろ考」に始まる彼の長い旅は、ここでひとまず終りを告げる。

その旅は必ずしも一直線の旅ではなかった。主題としては、つきしろ、稲作行事、火の神、君真物、国つ神、あるいは伊平屋島、今帰仁などと、一見したところ転々とする観を呈している。叙述のスタイルとしても、あまりにしばしば横路へ入りすぎ、論議の本筋を時として捉えにくいほどである。またヤマトにたいする軸足の取りかたも、一様ではなかった。とはいえ伊波は、這いずりまわるような考証を経て、ことにヤマトとの関係において、これまでとは異なる琉球・沖縄像を打ちだすに至っている。それはちょうど、初め振幅の大きかった振子が、しだいに振幅をせばめて、ついにぴたりと静止するさまを思わせる。

そこで打ちだされた琉球・沖縄像の最大の特色は、伊波が渾身の力を揮って、信仰・祭祀に焦点をあてつつ、第一尚氏以前の琉球の姿を明らかにしようとしたことであった。

最初のまとまった著作『古琉球』でも、彼は、琉球創始を取りあげなかったわけではない。しかし一六〇九年の島津の侵寇を琉球喪失の画期とし、それ以前に本来の琉球を認め、それを復元しようとするのが、その作品を貫く主題であった。『古琉球』という書名そのものがそれを示している。したがってそこでのモチーフは、島津侵寇以前の歴史を明らかにすることにより、それ以後の歪みを照しだすことにあり、基本的な視角は両者の対比に置かれていた。その意味で第一尚氏時代や第二尚氏時代の初期は、琉球の本来の姿を示すものと措定されていた。

しかし「つきしろ考」から「あまみや考」に至る作品では、そうではない。そこでは、第一、第二尚氏時代の現出という政治的統一にともない信仰・祭祀に加えられた作為性の指摘に、力点が置かれた。その意味では、第一、第二尚氏時代の現出は、本来の琉球像の発現でなく、逆にその変容と認識された。そうした変容が惹き起されるまえの琉球を仮りに原・琉球と呼ぶならば、それまでの「古琉球」研究にたいして、伊波はここで、第一尚氏以前を対象とする「原・琉球」研究を提起したことになる。

北方志向

それではその原・琉球とはいかなる性格のものであったか。そこでの一連の論考で、伊波はその点に力を注いだのであった。結論は、すでにのべたように、琉球発祥の地「あまみや」を北方の水平線上つまり具体的には奄美に求めるものとなった。そうして奄美は、ヤマトの海部族の渡来地としてその名が生れ、琉球へのいわば中継地とされた。そこに浮上するのは、当然、琉球の源流をヤマトとする指摘であった。

もとより伊波は、このとき初めてヤマト源流説を唱えたのではない。学問的出発以来、日琉同祖はつねに彼の念頭にあった。しかしここでの日琉同祖論は、彼のこれまでのそれをほとんど塗りかえるものがあった。

民族(種族)の南進説については、やや概念的な域に止まっていた渡来説が、海部族の奄美を足だまりとしての渡来と具体化された。その後の渡来が、(一)島津による、(二)侵寇と特徴づけられていたのが、いずれも変更された。(一)の点は、ヤマトからのその後の渡来は、ひとり島津だけでなく、半ば恒常的になされたとの認識に変り、(二)の点は、ヤマトからの渡来が征服のみでなく、移住でもあり、また技術や文化の導入をともなったとの評価に変った。それらの点でヤマトと琉球との関係は、琉球のがわからみて征服-隷従の緊張・怨念をはらむものとしてでなく、恩恵をもたらしたという調和の面がつよく出る結果となった。島津侵寇ははるかに後景に退いた。以上の変更を、伊波は明示的にのべているわけではない。しかしわたくしのみるところ論議の基調は、そのような移行を示している。

伊波の心のなかに、それほどにヤマトへの傾斜が深まっていたことを、それはものがたる。

たしかにこの時期に、伊波の心の羅針盤はつねに北を指すのである。信仰・祭祀の源流を北方に求めることは、北方にこそもっとも琉球的なものがあったという仮説を導く。それまで琉球的なものの源泉とされてきた「古琉球」は、第一尚氏の国土統一によってすでに変形を受けたもの、その信仰・祭祀も北方から東方へ曲げられたものと認識されるに至っている。また著書『古琉球』では、辺境と目される八重山＝南方への彼の思慕は深かったが、「あまみや考」を初めとする論考では、先島はほとんど彼の念頭にはのぼらなかった。アマミヤを基準とするとき、南にゆくにしたがいそれが稀薄になるとして、その意味では先島はむしろ琉球的なものの末端としか意識されなくなった。

稲作行事を主題の一つにしたことは、伊波の北方志向を象徴する一つの事実であった。それは直接には、失われつつある稲作行事を採集しようとの民俗学的な発心にもとづいていた。しかし発心の根柢には、地表を覆う蕃藷文化にたいして、その基層には稲作文化があることを指摘しようとの志向が彼を捉えていたであろう。そのように琉球の民を稲作文化圏に包含してしまうことは、琉球のヤマトへの一体感を醸しだす。『日本文化の南漸』の「序に代へて」を、「昭和十三年十一月廿三日、新嘗祭の朝」と結んだのは、仮りそめの行為ではなかった。

さらに「つきしろ考」から「あまみや考」までの一連の著作で、遠来神を主題とするそのしかたに、変化がみられた。すでにのべたように「君真物の来訪」で伊波は、南島での遠来神崇拝を、南島人が振わない理由とした。そこには、同じように遠来神崇拝であった日本民族が、そののち「之れを基調として、「宏く智識を世界に求め」、いつしかその独創性を発揮して、欧米人を威嚇する迄に躍進した」ことへの、讃歎と羨望と反省があった。そのかぎりでヤマトと南島は対比される存在と認識されていた。しかし「あまみや考」では、もはやそうした対比は姿を消している。そこにあるのは、南島がいかにヤマトを受容したかを、ひたすらに追求し論証しようとする姿勢であった。

「母の言葉」「父の言葉」

「南島」がいかにヤマトを受容したかの追求と論証にのめりこんでいった伊波は、やがてヤマトと「南島」の関係について、新しい定式を準備することになる。著書『沖縄考*』の主要論考「沖縄考**」にみえる「母の言葉」「父の言葉」が、それを暗示するとわたくしは思う。

＊　この書物の性格を、伊波は、「くはしくは「沖縄の語源の解釈によつて闡明された南島の社会史」とすべき」で、「かつて『日本文化の南漸』の「あまみや考」第七項中に触れて置

いた問題を発展させたもの」と位置づけている(「小序」)。

＊＊ 沖縄の語源を明らかにしようとした論考で、那覇をナ＝魚、ハ＝場すなわち漁場《なは》としつつ、沖縄は「沖漁場」に由来するとのべている。

「沖縄考」のなかで伊波は、こんな論議をする。「琉球語の使役の助動詞には、殆ど奈良朝の「しむ」のみが使用されてゐるといつて差支《さしつかへ》なく、平安朝に発達した「す」「さす」の変化したシユン・サシユン〔割注省略〕は、極めて稀にしか現れない」。そのことの意味を、彼はつぎのように説明する。「これは前者が大昔移住した時持つて来た所謂「母の言葉」であるのに対して、後者の中古以後に這入つた所謂「父の言葉」であることを語る」。

その現象を伊波は、つぎのように理由づける。「言ふまでもなく、これは中古以来時を置いて東方より渡来した侵入者達が、多分土着の女を娶つた為で、最も広く採用されてゐる民族学の原理によると、＊その子女等の所謂「母の言葉」に従つたことを意味する。それから所謂「父の言葉」の中には単に語彙ばかりでなく、敬語法などの如き語法上の構造まで含まれてゐるが、これなどは、例の外来者達〔割注省略〕が、数においては僅少であつたに拘はらず、文化的軍事的に一入優勢であつた為に、容易《たやす》く各マキヨ〔御嶽を共有する村落の古称〕を征服して、封建社会を創設したことを雄弁に物語る」。

＊「母の言葉」「父の言葉」の用語が、民族学者リヴァースに従ったことは、一九四五年九月以降とされる鉛筆書きの草稿「おもろにみる南島文化の基調（報告）」（仮題、全6）で、初めて明記されている。「沖縄考」では、べつの箇所で、「リヴァース（W. H. R. Rivers）がその名著『メラネシヤ社会の歴史』（*The History of the Melanesian Society*）第二巻」云々としているだけで、直接の継受には触れていない。戦時下という事情を考慮したものか。

そこでの伊波の論理は、ほぼつぎのようなものであろう。琉球語には、出自が二つの時期に分れる語彙・語法がある。ひろく存在するのは、民俗社会に通用している言葉であり、そのように基層をかたちづくる言葉を、「母の言葉」という。それは、古代日本語と共通性が多い。また敬語法が発達していず、そのことは、この言葉が、琉球がまだ政治社会を形成せず、マキヨ段階から用いられていたことをものがたる。いま一つの語彙・語法は、中古の日本語と共通性をもつが、敬語法が含まれ、のちの移住者たちが、征服者となって政治社会をかたちづくったことを示している。すなわち「父の言葉」である。とともにその数が少ないことは、新来の征服者たちが、琉球社会に呑みこまれ同化していったことの証左にほかならない。＊

＊同様の趣旨は、「沖縄考」のこの部分を敷衍した短文「母の言葉と父の言葉」（『書斎』一九四二年一〇月号、全8）にもみえる。

「母の言葉」といい「父の言葉」といい、伊波がいずれも、ヤマトとの同根性を指摘していたことは、文脈から明らかであり、その意味では「母の言葉」とされるものにも、琉球・沖縄の純粋な固有性を求めることはできない。とはいえ相対的には、「母の言葉」は、琉球社会に旧くから通用していた言葉を意味すべく使われており、その点ですぐれて土着性を帯びる。それと対比して「父の言葉」は、新来者・征服者・少数者にしてしかも被同化者の言葉として用いられている。「母」と「父」とのそのような用法は、「母」なる琉球・沖縄というイメージを喚起するとともに、「父」なるヤマトとの連想を誘う。その場合、両者の関係は、「父」を上位者、「母」を下位者とするが、同時に征服・被征服で終始するのでなく、和合・調和・抱合の性格を備えることになる。そうして「母」つまり下位者であることは、より劣位の存在との内容をもつ以上に、大地に類比される基本性恒久性を具備する存在という意味をもち、逆に「父」は、上位者のようにみえて、仮りそめの存在でしかないとの認識にわたくしたちを導く。* つまり「母」＝琉球・沖縄は、「父」＝ヤマトを受けいれることによって生きつづけるのである。「つきしろ考」に始まって「あまみや考」を頂点とし、「沖縄考」に及ぶ一連の考証的な著述で、〔追記〕伊波が主張したかったのは、ほぼ以上のようなことではなかったか、とわたくしは推測する。

＊　伊波は、「母の言葉」「父の言葉」というふうに、並べるときは必ず「母」を先行して用い、その逆はない。

追記　「母の言葉」「父の言葉」は、前者が「母語」の母胎となるという点を含めて、言語学の世界では、ひろく通用している観念のようである。田中克彦『ことばと国家』(岩波新書、一九八一年)には、その観念が、ラテン語にたいする「計画的に教え込まれなくとも、乳母のことばをまねながら受け継ぐ」「俗語」として、ダンテによって意識化され、以来、研究者たちによって、「公権力の「父のことば」を破ってあらわれてきた民衆のことば」と位置づけられてきているとの記述がある。伊波は、それらの認識史を視野に入れていたであろうかと思われるが、もとより断定できない。

これはいったい、伊波の、それまでの論理の必然的な帰結だったのだろうか。それとも時局下でのそれからの屈折だったのだろうか。またそれは、沖縄の統合への論理だったのだろうか。それとも、戦線を後退させての抵抗の論理だったのだろうか。前者の問いにたいしては、これらの作品で彼は原・琉球を探ろうとしつつ、親ヤマト路線へと、『古琉球』以来の立場を逸脱させているようにみえる。しかしつづく方言論争をみるとき、彼はそれによって、琉球・沖縄の絶滅を防ごうとしたのだと、わたくしには理解できる。後者の問いにたいしては、きびしさを増す状況下で、琉球・沖縄をいかに生きのびさせるかへの執心だけが、伊波のこうした作業への没頭を支えていたと答えたい。彼がくる日もくる日も「おもろ」をひねくりまわして倦むを知らなかったようにみえるのは、戦時下であるにも拘らずではなく、沖縄の生存が問われる戦時下であるがゆえににほかならなかった。

それだけに一九四〇年から四五年にかけて、伊波の発言は、ある時は慎重にある時は大胆に、沖縄を根絶やしにすまい、沖縄を生きのびさせようとの一点に焦点をしぼってつづけられる。そのおもな主題は言葉の問題であった。

方言論争をめぐって

この時期、言葉をめぐる伊波の論考や談話は、一九四〇年のいわゆる方言論争への発言を含めて、「塔の山より　村渠《むらかれ》」(『沖縄日報』一九三六年八月一七―二〇日、改稿して「仲村渠《なかんだかり》考」『大阪球陽新報』*一九四一年一月一、一五日、となり『沖縄考』収録、全4)、「小緑《おろく》の目白」(『大阪球陽新報』一九三九年八月二〇日、全10)、「適正な奨励法を――伊波さんは語る(標準語問題の渦紋)(談)」(『沖縄日報』一九四〇年一月三〇日、『月刊民藝』同年一月号に抄録、全10)、「方言は無暗《むやみ》に弾圧すべからず――自然に消滅させ(談)」(『大阪球陽新報』一九四〇年一一月一日、全10)、「方言と国語政策　国語の南島への宏通」(『早稲田大学新聞』一九四〇年一二月一一日、全8)の五篇を数える。

＊　同紙は大阪の沖縄県出身者を母体として、一九三七年七月に創刊された月二回刊の新聞で(安仁屋政昭「大阪球陽新報」『大百科』)、創刊者真栄田勝朗は冬子の兄であった。勝朗は芝居に打ちこんだジャーナリストで、遺著『琉球芝居物語』(青磁社、一九八一年)がある。

最初の、のちに「仲村渠考」と改題される「村渠」は(ここでは『沖縄考』所載による)、当時、皇国臣民化政策の一環として勧められ、また流行するようになった改姓名への、批判としてものされた論考である。「仲村渠」という姓の場合を取りあげたのは、そのころ筆名を、姓は「仲村」、名は「渠」としたひとがいたのと(その点で、生活者たちが暮しの必要に迫られてとの意識から、改姓名へ踏みきったのと、やや類を異にする)、これが沖縄にとってもっとも痛ましい事例と考えられたからであろう。彼は、この論考を、「仲村渠」または「村渠」の本来の意味を明らかにすることから、説き起す。

伊波によれば、「仲村渠(ナカンダカリ)」は、「村渠(ムラカレ)」つまり村別れからきた語で、本村から別れた新部落を意味する。したがってムラカレが語幹で、その上に、後《こし》・西《いり》・中・大・小・新《みひ》・奥・東・上などがつくとのべ、したがってこの言葉は、沖縄の村落発達の研究上、重要な意味をもつとした。そう指摘したのち彼は、つぎのように仲村渠現象を切って落すのである。「之を中村と渠とに分けて、渠を切り棄てた人がある。所謂首足処を異にするの類で、(中略)なまじひに「クシヤミまで本土人に似せろ」

と云ふモットーなどを作つて指導するものだから、いつしか特殊性を嫌ふ風を馴致して、姓名の自殺まで流行するやうになるのだ」(傍点は引用者)。

沖縄的なものを根こそぎするかたちでの本土化への批判は、つづく「小禄の目白」にもみられる。表題は、小禄という土地の言葉は訛りがつよいので、そこの目白もその影響を受けて鳴声がだみている、小鳥の社会にも方言の差があるのか知らん、との寓意に由来する。表題からも知られるように、やや韜晦しつつ、沖縄県での標準語奨励を批判した論考である。

批判の要点は、教育者たちによるその実践が、地域社会の生活者たちへの標準語の強制になりつつあることを衝くにあった。伊波はいう。言葉は、雰囲気によって無意識裡に習得されるものだから、まずそのような環境づくりが必要だが、教育者たちは、その点を無視し、しゃにむに標準語の注入に突進している。「その学校の区域の村落に之を強制したことなどはその一例である。わけても爺さんや婆さんに之を強制するが如きは、朝から晩まで与所行《よそゆ》きを着せるやうなもの」。その結果、たとい彼らが標準語を話すようになっても、それは所詮、「間に合せ言葉」に過ぎない、そういう「間に合せ言葉」のなかで育つ幼い者たちこそ悲劇ではないか、と伊波は論じてやまなかった。彼らは、うちなあぐちという文化の根を失い、しかもまがいものの大和口《やまとぐち》しか話せないという、言語文化の谷間に落ちこむ存在になり終るのではないかというのが、伊波の憂慮であった。

こうした姿勢を保持したまま、伊波は、一九四〇年の方言論争を迎える。方言論争とは、辞書ふうにいえば、一九四〇年、沖縄を訪れた柳宗悦ら日本民芸協会同人たちが、沖縄県庁の標準語の徹底的な励行を批判し、県当局がはげしく反撥したのをきっかけに、その是非をめぐり、県民、ヤマトの各界知識人をまきこんで、ほぼ同年一杯繰りひろげられた論争であった。* 琉球語について抜きんでた学識者であり、はやくからその運命を論じていた伊波こそ、この問題を論じるもっとも適任のひとと目されたことは、ほぼ疑いないところであろう。それにしてはこの問題への彼の関わりかたは地味であった。前述のように、「適正な奨励法を」「方言は無暗に弾圧すべからず」「方言と国語政策」(副題は省略)の三篇を数えるに過ぎない。** しかもそのうち前二者は談話であり、いずれも短く、また発表紙誌も、沖縄県民向け、ヤマト在住沖縄人向けおよび大学新聞と、一般読書界に論議を提供するには遠い少部数のものに限られていた。そのことは何を意味するだろうか。

＊　方言論争については文献が少なくないが、ここでは基本的な資料として、『月刊民藝』一九四〇年三月号「日本文化と琉球の問題」、一一・一二月合併号「沖縄言語問題」と、それ

らを中心とするアンソロジーとしての谷川健一編『叢書わが沖縄』第二巻「方言論争」(木耳社、一九七〇年)、さらに沖縄での論議をも多く採りいれた『那覇市史』資料篇第二巻中3(一九七〇年)所収の「文化問題資料(沖縄言語問題)」を挙げておく。なお、日本民芸協会の琉球文化への開眼を知る資料としては、『月刊民藝』一九三九年一一月号「琉球特輯」と、式場隆三郎編『琉球の文化』(昭和書房、一九四一年)への編者による「琉球と民藝協会(序に代へて)」がある。式場は当時、『月刊民藝』の編集者であった。〔追記〕

** ほかに伊波は、『月刊民藝』一九四〇年一一・一二月合併号に、日本民芸協会「沖縄言語問題に対する意見書」の「意見書資料」の一つとして、「神歌」を執筆している。

追記 方言論争については、沖縄県庁がわ＝翼賛体制推進派、民芸協会がわ＝それへの抵抗派＝沖縄の固有文化擁護派と、大まかに二分する認識が基本的であったが、一九九〇年代以降、そうした枠組を、ことに民芸協会がわについて再検討する論議が進んできている。戸邉秀明「沖縄 屈折する自立」の一「「沖縄方言論争」再考」(小森陽一ら編『岩波講座近代日本の文化史』8「感情・記憶・戦争 1935―55年2」〈岩波書店、二〇〇二年〉)が、研究史をからめて、その問題に焦点をあてている。

立場を民芸協会がわか県当局がわかと単純化すれば、伊波の一連の発言の基調は、いうまでもなく前者にあった。そのことは、すでに関説した「仲村渠考」や「小禄の目白」によっても、たやすく推測できよう。実際、渦中での彼の発言の要点は、「適正な奨励法を」「方言は無暗に弾圧すべからず」という表題に凝縮するようなものであった。

前者で伊波はいう。「標準語の奨励はもとより結構である」、「たゞこの際、私の望みたいのは、この奨励の方法に適正を期すべしといふことである」。それを承けるかたちで後者でいう。「言葉といふものは人間の生活と感情と文化に密接な交渉があるから無暗に弾圧すると心理的に悪影響を及ぼし卑下心を起させて了ふ。(中略)若し方言が悪いならば自然に消滅させるのが一番賢明な策である」。そうして「方言と国語政策」では、沖縄における標準語の普及状況からみて、「琉球語がその使命を全うして消滅する時期も、さう遠くはあるまい」としつつ、つぎのように結論する。「だが標準語の奨励をあせつて、この瀕死の方言の使用を禁止するが如きは、思はざるの甚だしきもので、(中略)この伝統的の言語なくしては、沖縄県人の思考も明確な姿を取つて定着し得なかつた筈だから、如何に特殊なものとは言へ、その思考の母胎を棄避するやうにしむけるのは、賢明な政策ではなからう」。

沖縄県における標準語励行のあらたな段階は、一九三九年四月に始まっていた。あらたな段階というのは、それが国民精神総動員運動の一環と位置づけられ、官製県民運動として提起されたからである。田中俊雄「沖縄県の標準語励行の現況」(『月刊民藝』一九四〇年一一・一二月合併号)は、資料をもってそのありさまをなまなましく伝える。それによると、沖縄県発行「標準語励行県民運動要項」のなかにいう。「時局重大ノ際ニ挙県一致標準語励行ノ大運動ヲ振起スルコトハ国民精神総動員ノ一運動トシテ意義深キモノアリ」。そのように「県民ノ精神動員」として発起された以上、*その運動は県民一人ひとりへのローラー作戦の体をとらなければやまなかった。具体策としての「標準語励行実施状況様式」について、田中はつぎのようにコメントをつける。「その四の項には「数量ヲ以ツテ表示シ得ルモノハ其ノ実況」といふのがあるが、これは毎日の児童の方言使用者の数を、朝あるひは授業終了後、手をあげさせて調査し、これを県学務部におくるのである」。**「一家揃つて標準語」との標語が学校に、「家毎戸毎に標準語」との標語がバスなどに貼付されるまでになったのは(柳宗悦「国語問題に関し沖縄県学務部に答ふるの書」『月刊民藝』一九四〇年三月号)、その必然の成行きであった。民芸協会同人や伊波が、標準語励行に異議申し立てをしたことは、「県民ノ精神動員」への異議申し立てとの性格を、避けがたくもった。

* 新聞で標準語問題を追ってゆくと、その励行に戦争用語がしばしば用いられているのに、気づかざるをえない。「沖縄語を/完全に駆逐」(『大阪朝日新聞』鹿児島・沖縄版一九三七年二月一三日)、「言葉の戦力化運動」(『毎日新聞』沖縄版一九四〇年二月一三日)、「方言を撃砕」(『毎日新聞』鹿児島・沖縄版一九四三年二月二七日)などがそれである。その意味でも標

準語励行は、戦時体制化と表裏一体の施策であった。

＊＊　田中俊雄は『月刊民藝』の編集者の一人で、この論争にもっとも積極的に関わったばかりでなく、節目節目で、「月刊民藝編輯部」の名において論争の動向を整理する文章を書いている。

そのことを前提として、なおわたくしには、伊波が方言論争に消極的だったとの印象を拭いがたい。

論争は、一九四〇年一月三日、沖縄に着いた柳宗悦ら一行が、七日、那覇市公会堂での沖縄観光協会と郷土協会主催の座談会の席上、県の標準語励行に異論を唱えて、警察部長山内隆一と応酬したことに始まり、翌八日、『琉球新報』『沖縄朝日新聞』『沖縄日報』の代表的な三紙が、そのことを大々的に報道するに及んで、一挙に全県的な問題となり、一〇日、県学務部社会教育主事吉田嗣延《しえん》の、柳らにつよく反撥する文章「愛玩県」が出たのを手始めに、ほとんど連日のように諸論相つぐというかたちで繰りひろげられた。そうして県立図書館長島袋全発が、民芸協会の意見に好意的とのゆえに辞職に追いこまれるなど、県下を聳動した。一方、ヤマトのジャーナリズムも、『東京日日新聞』『東京朝日新聞』や『婦人公論』を初め、相ついでこの問題を取りあげるに至った（月刊民藝編輯部「その後の琉球問題」『月刊民藝』一九四〇年五月号〈執筆は田中俊雄〉に詳しい）。

『月刊民藝』ももとより、しきりにこの問題を論じた。登場した論者たちは、柳や田中を初め、東恩納寛惇、長谷川如是閑、柳田国男、河井寛次郎、寿岳文章、保田与重郎*、萩原朔太郎、相馬貞三、清水幾太郎、杉山平助、式場隆三郎、青野季吉らに及ぶ。それだけに伊波の名前が後景にしかみえないのは、かえってきわだつ印象を与える。

＊ 保田は柳らの沖縄行に同行している。

その理由をわたくしは、民芸協会がわの主張への伊波の一種の違和感に求めたい。材料となるのは、「方言は無暗に弾圧すべからず」中の、よく引かれるつぎの文章である。「私は柳氏の態度は真剣であり純真であると思つて居るが啻《た》だ一つ間違つてゐると思ふのは同氏が言葉と民芸を混同してゐることである。成程《なるほど》民芸品は何処の国の物でも直に他に移し植ゑて一般化出来るが方言はさう簡単には普及出来るものではない」、「沖縄語も直ちに一般に流用出来ると思惟したのは柳氏の勘違ひではなからうか。その他の説には悉く《ことごと》同感である」。そこには柳の真摯さへの敬意とともに、その主張への批判が語られている。民芸が、はたして伊波のいうように簡単に移し植えられるものかは疑わしい。とはいえ少なくとも彼にとっては、民芸という普遍化への展望をもちうる分野に立脚する柳が、それを直訳するかたちで琉球語の価値化をはかる(ようにみえた)のは、いささかならず勇み足と受けとめられたのであろう。

実際、民芸協会がわの主張は、すこぶる調子が高い。その中核をなしたと思われる柳の「国語問題に関し沖縄県学務部に答ふるの書」には、つぎのくだりさえある。いわく、「日本に於て現存する各種の地方語のうち、伝統的な純正な和語を最も多量に含有するのは東北の土語と沖縄語とである。就中《なかんずく》後者は其の点に於て寧ろ国宝的価値をすら有するであらう」。この調子の高さは、柳や民芸協会の人びとの国語の「浄化」運動への情熱に連なっていた。いわく、「国民意識の旺盛なる今日、和語への浄化運動は当然起つてゐる。之こそは皇紀二千六百年の光輝ある一大事業とも目す可きであらう。さうして其の際、如何なる地方語が標準語の浄化運動に役立つであらうか。最も重要視されねばならないのは沖縄語である」。

この基調は、日本民芸協会の名で発表された「沖縄言語問題に対する意見書」(『月刊民藝』一九四〇年一一・一二月合併号)では、「われわれはかさねて言明する。沖縄の郷土文化は純日本の文化的存在である」と、より極端化して貫かれることになる。それを承けてさらにいう。「われわれはかさねて一般にむかつて絶叫する。すなはち「沖縄文化を尊敬せよ」と」(傍線の部分は原文ではゴチック)。そのような論理にもとづいて民芸協会は、この年一一月、二千六百年奉祝記念事業として、「琉球工芸文化展覧会」(会場は日本民芸館)、「琉球風物写真展覧会」「日本生活工芸展覧会」(以上の会場は三越)の三部から成る展覧会を開催する。

民芸協会のこうした主張や事業が、「在来のあまりにも幼稚な一般の沖縄観の外部的訂正」をめざしていたことは（「沖縄言語問題に対する意見書」）、疑いない。とはいえ、その論理は、仮りに二千六百年奉祝の点をひとまず措くとしても、純日本的な要素をもっとも色濃く遺すとの角度から、沖縄の尊重を説くにあった。ヤマトへの「浄化」のために、それは不可欠の存在となった。そのとき奇妙な論理が成立する。沖縄の尊重を説けば説くほど、その心は純日本へと傾斜するのである。「全く、この沖縄ほどいまの日本に失なはれた純粋な日本らしい文化を保有してゐる所は他におそらくあり得ない」（月刊民藝編輯部「問題の推移」『月刊民藝』一九四〇年三月号）。その論理を貫こうとするとき、彼らの気持はますます高揚する。「諸氏の中から沖縄口を以て偉大なる文学を生む迄にそれを高揚せしめよ。其の時こそは沖縄の存在は日本全土の注目を集めるであらう。而も世界の人々は翻訳を志して遂に沖縄語を孜々と学ぶ迄に至るであらう」（「国語問題に関し沖縄県学務部に答ふるの書＊」）。一月の沖縄訪問一行のなかに、保田与重郎がいたことの意味は、そう重く考える必要はないと思うが＊＊、彼らの立場は日本浪曼派と紙一重のところにあった。

＊　民芸協会の琉球の〝発見〟と、それに伴う「琉球熱」（式場隆三郎「琉球熱」『月刊民藝』

一九三九年一一月号)は、その延長線上にあった。琉球への関心の在りようを示す基調論文というべき柳宗悦「琉球での仕事」(同上号)は、つぎのようにのべる。「琉球に於ける程、固有の日本がよく保存されてゐる土地を見出すことは出来ないのです」、「近次国民の自覚か甦つて来ました。固有の日本こそは、此の要素に答へる貴い力なのです。此の場合、琉球の存在は重い意味を齎して来るのです」。

＊＊　方言論争に寄せた保田の文章「偶感と希望」(『月刊民藝』一九四〇年三月号)は、短文のうえ傍観者的で、熱のこもった作品とは思えないが、基本的にはつぎのことを主張している。「標準語運動などおそらく経済的政治的又軍事的必要からなされてゐると思ふ。これは現今何より優先権をもつ立場である。しかし言語や心理などの文化問題を考へねば、この優先権立場も危くなるわけであらう」。なお保田は、一月号にも「現代日本文化と民芸」を寄せている。そこで彼は、自分が柳の『工芸の道』から出発したと書き起し、その運動にかえって柳の「精神的貴族」性をみている。またこのときの沖縄行について、彼は同じ年、ほかに「沖縄の印象」「琉球紀行」という二つの文章を書いている(『保田与重郎全集』第一三、一六巻、講談社、一九八六―八七年)。

民芸協会の論議が、このように意気軒昂としたものになればなるほど、伊波は、おそらくそれへの距離感を深めざるをえなかったであろう。まず彼には、二千六百年奉祝という看板が意に染まなかったであろう。つぎに、日本への純化のための沖縄文化の振興との文脈にも、自分の気持から遠いとの感を覚えたであろう。さらに、民芸協会同人たちの意気軒昂ぶりにも、わだかまりをもたずにいなかったであろう。そもそものように琉球語が手段化されること自体に、一種の嫌悪感がともなったかもしれない。琉球語の運命についての伊波の見解は、もっと沈んだものだった。いかにそれに愛着を抱いていたにせよ、琉球語が、彼の表現を藉りれば、「その使命を全うして消滅する」ことは、見きわめられていた（「方言と国語政策」）。その見きわめがあったからこそ、彼は、後世にその資料を遺そうと力を傾けてきたのでもあった。苦渋を湛えずして琉球語の問題を語ることは、彼にはできなかった。

ただ論争が、方言（＝琉球語）抹殺か方言尊重かというかたちをとり、しかも文化問題である以上に政治問題として進行しているさなかに、こうした委曲をつくした論議を繰りひろげることは、おそらく不可能であったろう。いや、〝善意〟の柳たちを背後から撃つことはできなかった。それが、方言論争で伊波を口ごもらせた理由であろう。その意味ではこの論争での、柳らにたいする伊波の距離感は、ただ「言葉と民芸を混同」というよりはるかに大きかった、とわたくしは考える。*

＊『月刊民藝』一九四〇年四月号は、「民芸と民俗学の問題」と題する柳田国男・柳宗悦の対談を掲載し（司会は式場隆三郎）、方言論争を話題にした箇所で、「沖縄県人」比嘉春潮の出

席を求めている(括弧内の表現は表題下の肩書)。そこで他の出席者たちがこもごもに、「私達の言ふのは謂はば地方の文化価値といふものを重く見なければならないといふ立場」(柳)、「とにかくもつと奨励方法の適正をはかるやうに県庁の役人におしへてやらねばいけない」(柳田)、「今度の沖縄の問題でいひたいことは、郷土といふものに目をむける、さうした文化的な方向が沖縄の人々にはまつたくふさがれてゐたといふこと」(式場)と昂然と語っているのにたいし、「充分お話をうけたまはりたい」と迎えられた比嘉は、むしろ口ごもりがちであった。いやそれ以上に、遠慮しながらも柳らへの批判をのべている。「沖縄の言葉の問題にはいろいろ歴史的な関係もござゐまして、なかなか簡単にはゆかないことを今度の問題でも悟りました」、「唯わたしなどの感じたことは、皆さんの琉球語の価値評価が、余り琉球の工芸に良い所があつた為に、言葉に対しても日本語の中に於ける価値評価が少し高過ぎはしなかつたかといふことでした」。沖縄びとの抱える言葉の問題の困難さが、しみじみ伝わってくるような発言で、比嘉の真情であるとともに、そうしたことを伊波とも語りあっていたのかもしれない。

「方言は無暗に弾圧すべからず」のなかの、さきに引用した文章につづけて、伊波はのべている。「私は言語学者の一人として夙《つと》に自分の意見を発表すべきであつたが、四囲の情勢が不快であり今自分の意見を公表すると誤解される虞《おそれ》があつたから控へたのだが、何れ時期を見て私の意見も発表し柳氏にも会つて自分の考へを述べる積りである」。

この文章は、一読しただけでは、声望をもつ伊波が、政治上の争い、ことに県当局と確執を生じるのを顧慮して、発言を控えたと解せられそうである。が、じつはそこで記された「誤解される虞」とは、民芸協会がわへの違和感がつよく出て、県当局に加担したと思われかねないことへの虞れであったに違いない。その意味では、方言論争に発言の少なかったこと自体、彼が沖縄的な文化の根の保持にいかに腐心していたかをものがたるのである。

太平洋戦争下の伊波

そういうなかで一九四一年一二月八日に開始された「大東亜戦争」は、伊波に思わぬ波及効果をもたらした。南方への関心が高まるとともに、彼の書物が売れはじめたのである。四二年六月三〇日には、前述の『沖縄考』初版三〇〇〇部が、創元社から出た。同年一一月二〇日には、『をなり神の島』一〇〇〇部が、楽浪書院から再版された。そうしてその一カ月前に当る一〇月二〇日には、二〇年ぶりに『古琉球』が「改版」と銘打って二五〇〇部、青磁社から刊行された。この「改版」は翌四三年四月二〇日、二刷二〇〇〇部、さらに四四年一月二〇日、三刷二〇〇〇部と版を重ねた。著書の売れない（=読まれない）ことを歎いていた伊波にとって、予期しないなりゆきであったろう。この碩学の作品は、皮肉にも「大日本帝国」の南方制覇作戦の結果として、＊六〇代半ばにして初めて、商業出版の採算に乗ったのである。＊＊もっとも時流に乗るというにはほど遠く、きわめて地味ながら、それでも伊波のささやかな家計を、幾分なりともうるおしたことであろう。

＊　戦時下の琉球研究熱の一例として、『朝日新聞』沖縄版一九四三年一〇月一四日は、島袋源一郎の遺志を継いでの南島研究所開設の計画を伝えている。

＊＊　もっとも『古琉球』改版刊行のいきさつは、時流とは関わりなく、青磁社社長山平太郎の見識による。同書への伊波の序言「改版に際して」によると、それより三、四年前、三版の刊行元郷土研究社の岡村千秋から第四版の勧めがあり、それを承けて新しい構想の稿を岡村のもとへ送っておいたが、彼の急死により頓挫した、たまたまそこへ、山平から『おもろ概説』というべき作品を求められたのがきっかけとなって、陽の目をみることになった、とある。山平が伊波に『おもろ概説』を慫慂したのは、同社から刊行の金田一京助『ユーカラ概説』と対にしようとの意図からであった。青磁社は、おもに文化・歴史関係の作品を出している出版社であった。なお山平に働きかけたのは、折口門下の角川源義《げんよし》であった。角川は、青磁社の経営者米岡来福と同郷の縁で、同社の〝顧問〟となり、編集企画の相談にあずかっていた（「角川源義年譜」『角川源義全集』第五巻、角川書店、一九八八年）。伊波は、「改版に際して」の末尾で、「索引を作製して貰ったり、種々面倒を見て頂いたりした比嘉春潮君」

と並べて、「本書の出版に努力された角川源義君」に謝意を表している。なお、この二人は連名で、伊波に代って「後記」を書いている。それらへの感謝を込めてであろう、伊波は角川に『琉球聖典 おもろさうし選釈』を贈った(角川源義「おもろさうしの島」全集月報1、一九七四年)。また全10の口絵に、「自作オモロ「飛行機」」が「角川源義氏所蔵本より」として掲げられているが、これもそのときのものかもしれない。

改版『古琉球』は、太平洋戦争下での伊波のもっともまとまった著作ということができる。この書物で注目すべきは、伊波がみずからの学問を「沖縄学」とする自意識をもちはじめていたことである。その文字は、外間守善が指摘しているように(『伊波普猷論』)、巻頭の「琉球人の祖先に就いて」への付記のなかに、「最近に於ける私の沖縄学の体系化については、太平洋協会刊行『太平洋圏文化と民族』所収の「南島文化の基調」を一読して頂きたい」として(刊行されず)、さりげなく、しかしきわめて意識的に記されている。激化する戦争下で、みずからの学問に、ひとつのまとまったかたちを与えておきたいとの念が強まったのであったろう。〔追記〕

追記 そののち新城栄徳氏から、折口信夫がすでに一九三五年に、「沖縄学」という表現を口にしていることを教えられた。折口は同年一二月、沖縄を訪れたさいの(三度目の訪沖)談話のなかで、「東京の伊波さんとはしばしば会つてゐますが益々熱心に研究して居られる様です、もう今では沖縄学では世界的な学者といってもいいでせう」と語っている(『新報』同年一一月二二日)。

太平洋戦争下でというさい、伊波の位置を測定する目やすとなるのは、旧版をどのように変えたか、また変えなかったかであろう。A5判で本文四六六頁(ほかに序文、目次など二四頁)にふくれあがった本書は、布張りの美本で、巻をひらくと、扉の上部には横書きに、「改版/古琉球」とあり、その下にエスペラントでの書名が、扉一杯にひろがるように組まれている。彼の、基本的にはゆずらぬ意志を無言のうちに示すとの印象を受ける。

しかし戦時下で出すための改変は避けられなかった。新村出による巻頭の「南嶋を思ひて」はそのままだったが、河上肇の「跋」は削除された。*三版刊行ののち書かれた作品から、「三島問答」「琉球の口承文芸」「音楽家の息のかゝつた琉歌」「仲宗根の豊見親の苦衷」「八重山征伐のアヤゴ」「狩俣のいさめが」「まもや」「ぼすぼう節」「をなり神を歌つた大島のおもり」「祖神について」「琉球和歌史管見」「二位尼の煙管」「迎へほこら」の一三篇が、本論に追加されて、適当と思われる箇所に配置される一方で、「琉球処分は一種の奴隷解放なり」が削除された。追加については、本書を充実させるためとみることができるが、削除には、戦時下に、ことさら薩摩藩の圧制を強調することへの憚りがあったであろう。** また附録として『混効験集』を収めたのは、三版を踏襲しているが、その実質は面目を一新した。諸本を考証して従来の錯簡をただし、「伊波本」と称すべき校訂本を提供したばかりでない。本文の随所に、括弧に入れて、たとえば、「せぢあらとみ　御船之事(十ノ七、十三ノ一七、せぢあらは霊験あらたかの義。とみは鳴響《とよ》み御船の下略)」のように注釈を加えた(漢数字は『おもろ』の番号)。そのうえ「混効験集解題」(もと『国語学大系』方言第二巻、一九三八年七月、所載)を置いている。それらは、滅びゆく琉球語を活字として遺そうとの、言語学者としての伊波の執念を示していた。

* その結果、河上との交際が復活したことについては、後述する。
** そのほか「改版に際して」と「索引」をつけ加え、代りに再版、三版の序を削除している。

改変は、収録作品のさし替えに止まらなかった。伊波の習癖というべきものであったが、各作品にかなり細かく手を入れている。* 字句の修正や、** 新しい自説にもとづく補訂・追記や、時勢を考慮しての削除などが、それであった。

* 「改版に際して」で伊波は、この書物への岡村千秋の尽力について、「章句の取捨はこれを一任して置いた」と書きとめている。しかし実際には伊波自身も、丹念に修正作業にたずさ

わっている。幾篇もの論考の末尾に「昭和十七年七月改稿」のごとき文字のあるのは、その証しである。また比嘉・角川連名の「後記」に、「補訂の稿本を拝見して驚嘆した私たち」とあるのは、伊波の書き入れ原稿というニュアンスをもっている。またすでに金城正篤が指摘しているように、改版所載の初版「自序」(「明治四十四年七月初旬」の日付)では、それまでの「京都の高等学校に入学した頃には、言語学を修めて、琉球の古語を研究してみようといふ気になつてゐた」の傍線の部分が、断りなしに、「史学を修めて、琉球の古代史」と変えられているが(座談会「伊波普猷と現代」〈『新沖文』三一〉での金城の発言)、これは、事実誤認を訂正したものとみることができ、本人ならではの修正である。

＊＊　そのほか表題の改訂が一つある。「歌謡に現はれたる八重山開拓」→「民謡に現はれたる八重山の開拓」。

補訂・追記や削除をそれぞれ一カ所ずつ例示しよう。＊

＊　ほかに削除としては、すでに、藤貞幹の神武天皇伊平屋出自説への関説部分を三二九頁に指摘しておいた。

前者としては、「P音考」末尾へのつぎの追記が目立ったものである。いわく、「PからFへの変遷及びPFの分布については、『南島方言史攷』三三頁―三四頁、四六頁―四七頁に補足しておいたから、参照して頂きたい。とりわけ、十六世紀中葉(弘治十《マ》四《マ》年)に諺文で標記された語音翻訳にPF相半ばし、十五世紀中葉に採録された琉球館訳語に、殆どPになつてゐるのは注目に値しよう。なほ『明史』及び『歴代宝案』に見えてゐる、明初海外へ派遣された琉球使節の名にP音のみ現れてゐるのも留意すべく、それらの資料によつて、南島語でP音のF音に代つたのは、院政時代以後東北よりの侵入者の言葉、即ち所謂「父の言葉」の影響であるやうに思はれる」。このようにして一九〇七年八月稿の「P音考」は、「父の言葉」論に接続させられた。

また削除された例としては、「民謡に現はれたる八重山の開拓」末尾の部分を挙げたい。そこでは、「西表島が無人の境になりつゝあるのは、昭代の一大恨事といはなければならぬ」につづくつぎの部分が、削除された。「もし之をアメリカ人にでも売り飛ばしたら、この風光の明媚なる西表島は忽ちにして香港のやうな所になるであらう。そして石の屏風の辺は立派なる避寒地になるであらう」。「昭和十七年七月改稿」とあるから、そのとき手を入れたのであろう。いうまでもなく、対米戦争下という事情が影を落していた。

この書物の戦争との関わりは、比嘉春潮・角川源義連名の「後記」にもっとも色濃くみられる。本書のために伊波が起草した「改版に際して」には、時局への言及はまったくない。*日付までが、ことさらにというべきか、「昭和十七年　中秋」とあり、戦局よりは名月に想いを馳せている風情さえある。状況の進展への暗黙の拒否の姿勢を推測することができる。** しかし当時は、それでは書物を出しにくかった。時局にとって有用との一言が望ましかった。わたくしは、比嘉と角川が、気乗りしない伊波を察して、その役を買って出たのだろうと思う。こうして二人は、まず『古琉球』の意義を説いたあと、つぎの一節を入れたのであった。「東亜共栄圏が人々の口の端にのぼるやうになつて、さて一時に、国家百年の事業を遂行する基礎作業として南方研究の必要があげつらひされた。大東亜戦争の発生が、その要《イ》り用を人々にいたく感ぜしめた。南進する日本が振返つて、もう一度、飛石のやうに南海にひろごる琉球を見ることの意義が新しく生じたのである。古琉球は、南進する古くして若き日本の縮図なのである。そして南方につながる新しい勢力の足だまりである」。

* 「昭和十七年五月二十日」の日付をもつ『沖縄考』の「小序」にも、時局への言及はまったくない。

** 伊波には、大日本言論報国会その他の国策的諸団体に入会した形跡がない。

著書が発刊・再刊されたにせよ、時局を意に染まぬとする伊波は、積極的に執筆活動に乗りだしたわけではなかった。逆に、公表する文章はめっきり減った。用紙事情の逼迫によるジャーナリズムや学会誌の縮小という事情に加え、彼の姿勢そのものが、出版界になじまなかったせいでもあろう。故郷への深い想いを抱きつつ、むしろその憂慮ゆえに発言を忌避された形跡もある。交際の復活した河上肇あての書簡の一つでのべている。「南島人の不幸な境遇を理解していたゞく便りにもならうかと旧稿「南島に於ける国家意識の夜明け前」の切抜を御目にかけます。結論は所謂日本精神にふれ殖民政策に言及した為に出して貰へず原稿も戻つてこなかつたのです」(一九四四年八月一四日付、全10)。

河上肇との交友

そういうなかで、京都の河上肇との交友は、それまでの中断期の埋めあわせを急ぐかのように、急速に深まっていった。両者の交流がどんなに密であったかは、河上の日記と残っている二人の書簡により確かめられる。出京以後、材料の不足からごく短簡にすぎてきた伊波の「年譜」は、河上との交流の記述でふくれあがるのである。それを摘記すれば、つぎのようになる(『河上肇全集』第二三、二七、二八巻、岩波書店、一九八三―八四年、による)。

一九四三年一月二三日、河上のもとに伊波より寄贈の『沖縄考』が届いた。「何の縁にてこの頃この老人を思ひ出されたるものか、ともかく有り難し」と、河上は日記に記したが、そこには伊波の、『古琉球』の改版にさいし「跋」を削除したことへの詫びの気持も込められていた。二月四日、その旨の挨拶状が、河上のもとに届いている。春にかけてつづいて、『をなり神の島』『日本文化の南漸』が贈られた。五月一三日、河上は『沖縄考』を読了し、彼の学問にあらためて感興をそそられたとみえ、かつて贈られていた『古琉球の政治』を、書庫から探しだして読み、ふかく心を打たれた。「その結論の特に今の時代にとつて極めて痛切なるもののあるを感じ、巻を掩うて歎息すること良《やや》久し」。五月二一、二三、三一日と立てつづけに河上は、伊波に手紙を書き、詳しく感想をのべるとともに、「かうした時機には科学的研究の結果を、それを世間へ発表するについてはその影響をよくよく顧慮しないと、いけないない事かと存じます。折角御自重なさいませ」と書きそえた。

六月五日には、追いかけるように河上のもとに、伊波からの寄贈本『琉球戯曲辞典』、またこのころ改版『古琉球』が届いた。さらに七月一七日には「沖縄の名産桔餅冬瓜漬」が送られてき、返礼に扇子を送ったのにたいし、七月三〇日、伊波の礼状が河上のもとに届いている。その一節に、「O! Jahrhundert! Es ist eine Lust zu leben!（メフンヒトーンの言〔ああ百年！　生こそ歓びだ〕）と言へる時代の来るのを待つのも亦《また》一つの楽みではございませんか」とあり、河上の心を惹いた。

書信や書物だけの往復ではものたりなくなったらしい。一二月二八日、関西旅行の途次、伊波は京都に河上を訪ねた。＊「三十余年目の邂逅なりしも、昨日会ひし友の如く、胸襟を披《ひら》いて語り合ふ。近来の快事」と、河上は記している。

＊ 伊波はこの一九四三年五月にも、大阪へ一週間の旅をし、その地在住の県人から歓待されているが、このときには河上を訪れていない。

年があけて一九四四年にも、一月六日、河上のもとへは、表装した宜湾朝保の書と砂糖、飴が届くなど、密なる交際はつづいた。五月二六日にはレヴィ・ブリュル『未開社会の思惟』(山田吉彦訳)が、六月三日には、デュルケム『宗教生活の原初形態』(岩波文庫)と黒砂糖の贈物が、河上のもとに届いた。河上は、『未開社会の思惟』に魅了されたとみえ、「大衆小説の娯楽本よりもおもしろし」と記し、再読している。河上は、四日、礼状を出すとともに、九日、旧著の『社会問題管見』を贈った。一八日、それへの礼状であろう、伊波の葉書が河上のもとへ届いた。七月二九日にも封書が届いている。

それにしても伊波は、なぜこれらの書物を河上に贈ったのであろう。＊彼がそこに託したメッセージを、正確に読みとったとの自信がないままに、あえてつぎのように推測する。フランス社会学の古典をなすこれらの両書は、いずれも「原始人」の心性にもっとも深く分け入った研究として知られている。なかでも『未開社会の思惟』は、『宗教生活の原初形態』が書名通りもっぱら宗教を対象とする論議になっているのと異なり、知覚・言語・計数法・狩猟・病気・死・神話など心性全般にわたっての考察を繰りひろげる。それらをつうじて、ブリュル自身の言葉を藉りれば、「「原始人」の諸々の制度、習俗、信仰は、我々のそれとは異つて方位づけられた論理前的、神秘的心性を含んでゐる」ことが立証されようとする。こうした主張は、彼らの心性を一つの価値として定立することになる。と同時に、それによって現代人の心性を照射し、(一)現代人の価値が絶対的でないこと、(二)現代人の心性にも原始人のそれの遺存があることの二点で、それを相対化する結果をもたらす。古琉球や原・琉球の人びとの価値観を追ってきた伊波は、デュルケムやブリュルの切り拓いた方法に共鳴し、彼らによって切り拓かれた世界を共有しつつ、現代人の〝驕り〟を衝いたのではないだろうか。**

* 『宗教生活の原初形態』の岩波文庫版は、古野清人訳、上巻＝一九四一年、下巻＝四二年刊。『未開社会の思惟』の山田吉彦訳は、一九三五年、小山書店刊。三九年刊の普及版かもしれない。

** 『未開社会の思惟』への河上の感激は深かったが、そのおもな点は、「人間の意識が彼等の存在を規定するのではなく、むしろ逆に、人間の社会的存在が彼等の意識を規定する」などのブリュルの主張にあった(一九四四年七月二〇日付伊波宛書簡)。

八月八日、河上は写真と葉巻を贈り、一四日、伊波は、それへの礼状をしたため(前掲)、かつて北米旅行のさい吸ったのを思いだしたとして、旧作の「布哇物語」を送るとのべている(ただし掲載誌『犯罪科学』別巻発禁のため返却を希望)。また清の詩人王夢楼の『海天遊草』をも進呈した。この手紙は、一六日に河上のもとへ届いた。さらに九月一〇日、河上のもとに伊波からの寄贈本『布哇労働運動史』が届いている。それに添えた手紙に、「驚くなかれ疎開四十万人、死者尚ほ処を得ず」とあった(同日付河上宛書簡)。

一四日付の手紙に同封されていた伊波の「四十五年前の思出(南島における国家意識の夜明け前)」を、河上は二三日に読んだ。そうしてその一節をつぎのように抜き書きし、また感想を添えた(掲載されなかったこの原稿は、河上の日記のこの箇所にのみ断片を留めている)。

「近世言語学の最高権威で、ジュネーブ大学の教授であつた、フェルディナンド・ソッスュールの遺著『言語学原論』に、「人間が生来持つものは、話されたる言語(言語活動)ではなく、言語——即ち分明なる観念に対応する分明なる記号——の体系を構成する能力である、と言へよう」と見えてゐるが……ブローカーが言つたやうに、言語を話す能力は、吾々の左額第三螺線部の中に先存してゐるので、生後間もなく、周囲で話されてゐる伝統的言語を模倣し始めて、無意識的に習得することが出来る、と云ふことになる。云々」。日本語――日本精神。之は血液、遺伝、人種の問題ではない。

亡びの予感を抱えて

伊波がソシュールを読んで、言語能力を、環境による決定的な影響や支配から切り離し、普遍性へと解き放つ視点を獲得したことを示す一節といえる。それは、血の純粋さと関係させつつ民族の優秀性の槓杆の一つとしようとする日本語論への痛撃であった。河上がそこにわが意をえたとの想いをもったことは、末尾に記された彼の感想が示していよう。

時勢への想い、沖縄への想い、処世の仕方などで、二人はよほど響きあうものを感じたのであろう。「閉戸閑人」を称していた河上にとって、伊波は心慰められる存在であったし、伊波にとっても河上は、暗夜とおぼしき時勢のもとで、心打ちあけうる存在であったであろう。一九四四年七月二〇日付の手紙で、河上は、時局が「深刻の極頂」に達したなかでの、「他人ではなし得ないあなたの大事な学問的事業」の進捗を祈念し、その「お仕事を完成なさるまでは、ぜひ地上の肉体的生存をお保ち下さい」と望み、一方伊波の同年八月一四日の手紙は、葉巻への謝礼もそこそこに、「父」なるヤマトのもとで、「墳墓の地」が陥りつつある悲運への真情を吐露してあますところがない。「二、三日前甥(月城長男普哲)から葉書が参り、食糧関係から県当局が県外疎開を県民に要請したので、第二回疎開民として去五日熊本県の八代に一家族到着したことを知り驚かされましたが、これで郷里の騒動の一端が想像されます。近着の沖縄新報によりますと、全島要塞化して○万かの軍隊が駐在し、十七歳以上の男子は悉《ことごと》く兵役につくやうになつたとのことですが、多分決戦はその線で戦はれませう。私は愛する墳墓の地が、アルサスローレンと運命の類似者にならないことを祈つて居ります」。伊波において、「亡び」の予感はますます深まりつつあった。

そういう状況のもとで発表の機会をえた「琉球女人の被服」(『被服』第一四巻第五号、一九四三年九月、全11)は、モンペという女性の服装の制服化への頂門の一針となっている。そこで伊波は、日露戦争後、女性に和装化が流行しはじめ、そのため幅の広い帯を使用するようになって、「あんな常夏の国で朝から晩まで汗だくになつて喘いでゐるのは、災難といふの外はない」とのべたのち、つぎのように批判する。「最近モンペが流行し、野良仕事などもそれをつけてやらなければならないやうになつてゐるが、これまた帯同様に耐へられないものであらう」。国策の名のもとに画一化が進められ、地域固有の文化が根絶やしされてゆくのに、堪えがたい想いが彼にはいつも湧きでていた。*

＊　太平洋戦争下での作品としてほかに、(一)「おもろ草紙に現れた南蛮貿易」(『国文学解釈と鑑賞』第七巻第五号、一九四二年五月、全6)、(二)「南方文化管見」(『短歌研究』同年七月、巻号不明)、(三)「母の言葉と父の言葉」(『書斎』同年一〇月号、全8)、(四)「琉球の年中行事」(『むらさき』第一〇巻第一号、一九四三年一月)、(五)「南島文化の基調」(太平洋協会編『太平洋圏――民族と文化』下巻収載予定、上巻は一九四四年、河出書房)がある。(一)は、同誌の「特輯・国文学上に於ける南方的性格」に収められている。時局色濃い論考のなかで、そうした言辞皆無の文章となっている。(二)は、琉球人の海洋性を歴史的に概観していた。(三)は、三三九頁で既述のように、「母の言葉」「父の言葉」論の繰りかえしであった。(四)は、特輯「日本の年中行事」に寄せた文章で、「固有のものは殆んど見られなくなつ」たとして、旧琉球藩庁編纂の『年中儀令』によって、「一時代前まで行はれてゐた」年中行事を概観している。(五)は、改版『古琉球』三六頁に参考文献として挙げられているが、実際には刊行されず、原稿も行方不明と全11の「著作目録」にある。

その間、伊波の私生活に変化が起きた。沖縄に取り残されていた妻マウシが、一九四一年旧暦三月三〇日に死去、それからほぼ三年余り後の四四年八月二六日、彼は、真栄田正隆・マカメ夫妻の長女マカト(冬子)との婚姻届を出し、彼女を入籍した。このときまで伊波は、みずからを律してであろう、他人の前では冬子を真栄田と呼んでいたという(比嘉美津子氏談)。そうして、沖縄の運命を気づかう伊波自身の上に、空襲が迫ってきた。

一方、一九四二年ごろ伊波は、金田一京助の推挙で、東亜考古学会*に新しくできた琉球班の中心に据えられ、文部省から研究費を受けることとなった。二〇〇字詰一六枚の鉛筆書きの草稿「報告」(「おもろにみる南島文化の基調」との表題をつけて、全6に収録)は、それを受けるに当っての研究構想であろう。「私に割当てられた問題は、神歌《オモロ》の研究でありますが、『おもろ双紙』の中から、取り分け古代生活をかい間見るべき神歌《オモロ》三十首位を抜出して、考察を試みることにしました」と、その書きだしにある。彼は、その原稿を『おもろ覚書から』と名づけて、第一の「航海と生贄」の項を四三年一一月五日に書いた。** 迫りくる沖縄戦や東京空襲と速度を競うように、ともいえよう。

* 東亜考古学会については、比嘉春潮「年月とともに」に、つぎの記述がある。「島村孝三郎という人が会長で、この人はもと満鉄の役人だったが、学術研究のパトロン的な人で、自分も考古学や民俗学が好きなところから、社会的に顔の利くのを活かして、恵まれない研究を援助するため、文部省から補助金を出させる運動をしたり、また自身で金を出したりもした。琉球班も島村氏の尽力により設けられたもので、文部省から奨励費が出た。対象となったのは、伊波先生のおもろ研究、島袋盛敏君の沖縄語研究、私の民俗と制度ということになり、私は産業制度史料に取り組んでいた」。

** 『おもろ覚書から』の稿は、戦後に書きついで第十一までできあがり遺稿となったが、その後失われた。それとは別に『おもろ覚書』(全6)という稿本が遺されている。その書誌については、比嘉春潮「伊波先生の遺稿――『おもろ覚書』から」(『沖縄文化』第一〇号、一九四九年七月、比嘉第四巻所収)、全6への外間守善・比嘉実「解題」が基礎資料である。

そうして沖縄は、アメリカ軍による一九四五年三月二六日の慶良間諸島上陸、四月一日の沖縄本島上陸をもって地上戦の場となり、六月二三日の日本軍の組織的抵抗の終了まで、凄惨なたたかいに踏みにじられる。そんな状況を知って疎開も考えたらしい。柳田国男の『炭焼日記』同年四月四日の条に、「伊波君島袋君(源七)を伴ひ来る。八代郡の甥の所へゆくといふ。沖縄の惨状を語る。蔵書は高本薬学博士の浦和の家へあづけるといふ」とある。しかしそのまもなく、五月二六日払暁の空襲で、普猷と冬子の夫妻は、中野区塔ノ山二八の住居を焼けだされた。取りあえず杉並区高円寺の山城善光の家に移っていたところを、二九日、捜しにきた比嘉春潮が同区西田町の、焼けのこっていた自宅へ迎えた。*「先生はずいぶん弱っておられた」(「年月とともに」)。それでも、大事にしていた研究資料入りの小かばんが、焼跡の壕から、ぶじ掘りだされると、「大いに元気を回復」したという(比嘉春潮「伊波先生の思い出」『タイムス』一九五八年一〇月六―一六日、比嘉第五巻「日記・他」所収)。

＊　前年の、一九四四年、比嘉は配偶者かなを病いで喪い、その弟と二人で暮していた。同じ

く焼けだされた金城朝永父子二人も、ここに同居していた(朝永夫人芳子は、東京都養育院の保母として、栃木県の塩原で疎開生活を送っていた)。

けれどもそういう状況下でも故郷への想いは尽きなかったらしい。『朝日新聞』一九四五年八月二日には、「永遠に生く沖縄文化/伝承に民俗学者起つ/関係書籍や音盤を蒐集」との記事があって、その地の文物が戦禍によって失われた今日、現存の書籍など文化資料を、都立図書館の仕事として収集し、疎開して永久保存をはかろうとの運動が、柳田国男の主唱で起きたことを伝えている。* その運動の中心人物のなかに伊波の名前もみえる。

＊ その目的を、柳田はつぎのように語っている。「せめて今日判つてゐることだけでも遺して置きたいと思ふ。それに今内地にゐる沖縄出身の人たちは、非常に心を痛めつけられてゐる。今度の計画は一つにはその人々への見舞の気持も含まれてゐる」。なおこの企てには、柳田の蔵書の疎開という意図もあった。比嘉の「年月とともに」につぎの記述がある。「柳田先生は本を疎開することを考えられ、膨大な蔵書の中から特に大切にされていた沖縄関係の本一切とほか若干とを日比谷図書館にあずけられた。(中略)やがてこの本をもとに戦後、沖縄文庫が作られ、現地でもあらかた焼失してしまった文献に代わって研究者の貴重な資料となっている。現在は成城大学に保管されている」。

八月一五日、伊波夫妻と比嘉の三人は、ポツダム宣言受諾という天皇の放送を、「声を呑んで」きいた(「年月とともに」〔追記〕)。

追記　伊波普猷は、戦争にたいし、わたくしの説を含めこれまで通説となっていたように、公的には沈黙を守るという姿勢をとりつづけてきたのだろうか。伊佐眞一は、この点について、『伊波普猷批判序説』(影書房、二〇〇七年四月)で、戦時下の伊波普猷の言論活動について、新しい資料として、彼の筆にかかる論説「決戦場・沖縄本島」(『東京新聞』一九四五年四月三一四日)を発掘するとともに、そこからみえる伊波のこれまで知られていなかった思想的性格を、それを見すごしてきた伊波論究者ともども、痛烈に批判した。彼はさらに、「沖縄の近代とは伊波普猷「決戦場・沖縄本島」」(『新報』二〇〇七年五月二一―二三日朝刊)を書いて、その問題を詳細に論じ、あわせて伊波のその論説の全文を掲げた。伊波の論説の要点は、掲載紙の見出しを藉りれば、「真価発揮の機　日清役には中学生も武装」(上)、「精強なる闘魂　墳墓の地に勇戦を期待す」(下)ということになる。

ここでは、この問題に焦点をしぼった「沖縄の近代とは」を主として対象とすると、伊佐の批判は、わたくしのみるところ、つぎの五点にわたる(伊佐は、伊波批判三点と論究者批判一点の計四点として論じている)。(一)伊波はこの論説を、「戦時体制を推進する政府当局との親和性」ゆえに、「上からの強制動員」の結果としてでなく(つまり強いられてでなく、という意味であろう)、「明確な自主的行動」として著した。(二)伊波の戦争観は、「日清・日露の記憶」に止まっており、時代錯誤そのものでしかなかった。(三)伊波のこうした論は、「突発的な激情にかられたものでなく」、「彼の思想から必然的に流出した信念」であった(もっとも伊佐は一方で、「米軍の機動部隊が、慶良間諸島をへて沖縄本島へ進撃したとき、伊波のなかで「皇国民としての自覚」が一気に全身をつつみ、アメリカへの敵愾心が一挙に点火されたのであった。文中に頻出する「敵」という言葉がそれを如実に物語っていよう」〈傍点は引用者〉とものべている）。（四）このような主張をのべていたにもかかわらず、伊波が、「この後四カ月をへた敗戦直後の十二月〔四カ月は八カ月の誤り〕、沖縄人聯盟の引揚民救済大会で、「無謀な戦争で国民が或はたほれ、或は傷つき家は焼かれ食糧難に悩まされてゐる、特に我が沖縄本島は殆ど灰燼に帰し、われら親兄弟は今どうして暮らしてゐるかその安否さへ確めることは出来ない。更に九州に避難した疎開者や学童の身を思ふとき一体此の責任は誰が負ふのだといひたくなる」」と演説しているのは（本書三九〇頁に引用、原文と小異があるが、表記は伊佐の引用によ る）、「あまりに無節操」である。（五）この論説がこれまで見過ごされてきたのは、「伊波がこうしたものを書くはずがないとの思い込みや予断が、研究者を含む多くの人たちのなかに頑としてあったがため」にほかならない。

（五）に属する一人として、不明を反省するほかなく、また全体の文脈が決戦調で彩られていることはまぎれもないが、そのうえで、あえて伊波の心理をおもんぱかっていえば、彼はおそらく、「墳墓の地」が戦火に踏みにじられようとしていることに、いたたまれなかったのである。伊佐のいう「政府当局との親和性」が具体的に何を意味するのか解しがたいが（「日本国家の最高指導方針に異を唱える反戦・非戦主義者でもなかった」という趣旨なら、その通りというほかないが）、伊波は、そのような「親和性」によってでなく、沖縄の滅却を座視しがたいとの想いに駆られて、その意味で「明確な自主的行動」に及んだ。その場合に、「皇国民としての自覚」という錯誤が彼を大きく包んだことは紛れもなく、またそれに当って、『日本文化の南漸』で到達したような「ヤマトへの傾斜」が基底となっていたでもあろうが(本書三二七頁)、しかしそのなかで伊波の目的は、どこまでも「墳墓の地」を亡びから救うことに向けられており(その点では、押し寄せた米軍は「敵」以外の何者でもなかった)、沖縄戦を「皇国」のための戦い、ましてそれを本土防衛の時間稼ぎとする視点はなかった。その点でわたくしは、「彼は決して学問の世界だけに棲息するノンポリでもな」く、「刻々と厳しい状況へと変化する現実政治に対して傍観者でいることはなかった」という伊佐の伊波観に、彼とは違った意味で同意する。

「琉球・沖縄をいかに生きのびさせるかへの執心だけが、伊波の(「おもろ」に向きあうとい う)こうした作業への没頭を支えていた」、「彼がくる日もくる日も「おもろ」をひねくりまわして倦むを知らなかったようにみえるのは、戦時下であるにも拘らずではなく、沖縄の生存が問われる戦時下であるがゆえにほかならなかった」(本書三四四頁)。その憂憤が極点に達したとき、伊波は、沖縄を生きのびさせるための「皇国民」化の強調という落し穴に嵌ったのである。そこには、父＝ヤマトのもたらした(この場合は、教育力・軍事力を主とする)文化を駆使することにより、母＝琉球・沖縄を護ろうとしている点で、「母の言葉」「父の言葉」の論理(本書三四三―三四四頁)の延長があったといいうるかもしれない。その意味ではむしろ、「皇国民としての自覚」に嵌ったため「敵愾心が点火された」というよりは、郷土が侵されたという事実に「敵愾心が点火された」ため、「皇国民としての自覚」に嵌ったのではないだろうか。

伊佐は、「営々として沖縄のユニークネスを説いてきた者が、「国家(ヤマト)」が危急存亡のイザとなれば、沖縄の個性ははるか後景に退いてしまっている」という。しかし伊波は、文中のどこにも、「ヤマト」のために戦えとはいっていない。終始、彼の念頭を占めたのは、郷土の存亡であった。むしろそのために、被せられた尚武の気風や自分の強さの自覚など「皇国民」化の成果をもって(その限りでは「ユニークネス」は後景に退いているものの)、「墳墓の地に勇戦」するよう期待している。わたくしは、伊波がこの戦争の本質を透視していたというつもりはないが、伊波の心が激したのは、太平洋戦争の緒戦においてでなく、米軍の沖縄上陸においてであった。

蔽いつくしたかにみえる錯誤のなかで、沖縄の滅却に抗するという年来の本願は、その文脈にかすかに片鱗を留めている。この論説で伊波は、「琉球」への固執をみせた。一一〇〇字ほどの文章で、「沖縄」の使用が、「沖縄本島に上陸」「沖縄図書館長をしてゐる時」を含め五度であるのにたいし、「琉球の今日までの概観」「琉球はそれ自身の発達を遂げ」「今日の琉球の基石」「琉球の特殊性」など、「琉球」のそれは一三度に上る。しかも日露戦争のさいの分遣隊長の言葉として、彼が翻案した表現を藉りると、「沖縄人は他府県の者と喧嘩すれば必ず負ける」のにたいし、「琉球人」は、「他府県出身者と同様に精鋭なる皇軍として譲らぬ」存在なのであった。伊波が、「沖縄人」に、劣等感をもつ人間との、また「琉球人」に、主体性をもちえた人間との意味を込めていたことは疑いない。たといその主体性が、皇国民化されたために培われたという転倒性をもつにしても。したがって彼は、「勇猛の気象を持った琉球人が今こそ、その愛する郷土を戦場として奮戦してゐる事を想ふと私も感慨切なるものがある」としたのであった。そこには沖縄守備軍は片鱗だも姿をみせず、伊佐が(二)で指摘するように戦争観の時代錯誤性は明白ながら、伊波は、琉球人が自力で侵入者を撃ち払い、「墳墓の地」を護りぬくことへと関心を集中させていた。

わたくしは、伊波が、故意に「琉球」の文字をもちいたとか、そこに屈しない意図を塗り込んだというつもりはない。しかし亡びの淵にあるという危機感が、伊波をこの事態のなかで急速に「琉球」意識へと吸引し、おのずからにして、「琉球人」としてのアイデンティティの再強化、また「琉球」への思慕の深まりに向わせずには措かなかったのであろうと推測する。「敵は遂にわが沖縄本島に上陸して来た」という状況のなかで、彼の、自分の〝根〟を(「沖縄」にでなく)「琉球」に置く意識は研ぎ澄まされた。

それだからこそ敗戦後に、郷土を破壊しその人びとをさすらいびとへと突き落した状況に直面すると、「此の責任は誰が負ふのだ」との恨みが口を衝いて出た。もっともそのことは、思想家・言論人としての責任を解除するものではなく、伊佐が指摘するように「あまりに無節操」の観を呈し、少なくとも伊波は、明示的に自己点検を行うべきであった。

以上、伊佐の論説に啓発されつつ、そこから考えたことの概略を記した。

八　亡びのあとで

敗戦と沖縄人聯盟

敗戦と知って、ひとときの虚脱感は免れえなかったであろう。また住まいを失ったことの重さも、あらためて実感したにちがいない。破壊されてしまった故郷への痛惜の念は、もとより強かった。とはいえ、それらとともに七〇歳の伊波普猷を包んだのは、生きながらえ得て「おもろ」研究をつづけられるという歓びであったろう。彼を想うこと深い比嘉春潮は、沖縄人運動の組織化のため身辺にわかに慌しさを増すなかで(後述)、師の気を引きたてようと、毎朝、「おもろ」の読みあわせをするという、心くばりをみせた。それも助走台の役割を果したものか、伊波の仕事の再開は速かった。

『おもろ覚書――琉球古代社会の片影』として遺された本文二〇〇字詰三三五枚、附録二〇〇字詰五九枚の原稿への再着手は、九月早々ではなかったかと思われる。それは、「目次」として、「凡例に代へて(『おもろさうし』の事)」「緒言―をなり神考」「一　神女と山籠り」「二　家長的母権制の名残」「三　きみよし考」「附録　クワイニャをめぐって」との構成をもち、そのまえに表紙ふうに、右上に著者名、真中に書名、左下に「――発行」とまで入れ、定稿然とした原稿であるが、最初に脱稿した「きみよし考」の末尾には、「昭和二十年九月十八日稿」と記され、さらに付記のかたちで、「この一篇は、東京空襲の酣《たけなわ》なる時、絶筆のつもりで執筆して、終戦後に脱稿したもの」との一句が書き留められている。

以来、附録、各章と書きつがれ、最後の「緒言」は「昭和二十一年九月一日稿」となっている。伊波にとっての、日本の降伏後一年間のおもな仕事であった。が、この稿を収めた全6の解題者外間守善・比嘉実が指摘しているように、いずれも旧稿の増補・改訂を多く出るものではなかった。そうして伊波の願望にもかかわらず、敗戦後の状況のなかで、この稿は出版されないままにおわった。*そのことが、伊波夫妻を無収入の位置においた。**比嘉の、師への深い敬意と献身と、食料品買出しを含めての活動が、彼らの生活を支えた。幾人ものひとが出たり入ったりする雑居生活のなかで、比嘉自身「身の置きどころがない感じ」に苦しみながら(「年月とともに」)、もとより彼は語らないものの、伊波には「南向きの八畳」を提供していたらしくみえる(「伊波会長と一問一答　聯盟に関する二、三の問題に就て」『自由沖縄』第九号、一九四六年八月、全11)。

＊　一九四六年一〇月九日付仲宗根政善宛書簡では、この稿の脱稿を伝え、「出版者もきまつて」いると書いている(全10)。

＊＊　伊波にわずかながらも定収入が入るようになったのは、一九四六年九月、千代田女子専門学校などの講師の職が復活してからであろう(同年一〇月九日付伊波普哲宛書簡に、「私も健康を取戻して一ケ月前から学校にもいつてゐる」とある。全11)。

そういう苦境のなかにいて、しかも敗戦後にヤマト在住の沖縄人の苦境は、伊波に、書斎のひととして終始することを許さなかった。

ヤマトに定住していた人びとが、故郷を喪い、またその地との音信が絶えたばかりではなかった。九州には四万人の沖縄からの疎開者がいた(ほかに台湾に二万人)。彼らは、県の命令のままに、ほとんど着のみ着のままにヤマトへ渡り、しかも故郷と切り離されてしまい、音信も送金もとだえたまま、事実上放置された。さらに沖縄出身の引揚者、復員兵も、故郷へ帰るすべを失った。そのうえ沖縄戦の敗北について、沖縄人スパイ説がとびかい、精神上物質上の迫害を招いた。そうしてそんな境遇の彼らが、故郷の人びとの安否を気づかい、何か援助をと腐心するのであった。

そうした苦境を為政者たちに認識させ、早急に援助を促し、帰郷への手だてを講じさせるための声をあげる必要性が、彼らのなかで痛感された。その役割はおのずから、沖縄出身でかつて社会運動に携っていた人びとや社会的な関心をもつ研究者たちに降りかかってきた。比嘉春潮と松本三益が軸になって奔走し、一一月一一日、沖縄人聯盟が結成されたのは、その結果としてである。そのとき、だれもが認める坐りのいい象徴は伊波を措いてなかった。引きだされて、比屋根安定、大浜信泉《のぶもと》、永丘智太郎、比嘉春潮とともに結成発起人となった彼は、創立大会でそれら四人とともに総務委員に選ばれ、しかも代表総務委員となった。幹事には仲原善徳、松本三益、山城善光が選ばれ、事務所は比嘉の自宅に置かれた。翌年二月二四日、この聯盟の全国組織大会が開かれ、伊波は会長となる。その間の経緯は、比嘉の「年月とともに」に詳しく、また基本資料として、「宮里栄輝資料」(沖縄県立図書館史料編集室蔵、以下「宮里資料」と略称)、「沖縄人聯盟資料」(一九四五年一一月起、沖縄県立図書館比嘉春潮文庫、以下「聯盟資料」と略称、そのコピー版は那覇市史編集室蔵)がある。

この運動には、時代の転換にともない、沖縄人の立場から民主化を担おうとの意識も込められていた。具体的には、県出身の門閥家、政・財・官界有力者たちに代って、在ヤマト沖縄人に影響力を及ぼそうとする狙いである。

沖縄陥落後の戦争末期、それら有力者たちは、貴族院議員伊江朝助《いえちょうじょ》を会長とし、「沖縄県人ノ総決死結集」「郷土奪還」を掲げて、報国沖縄協会を組織している。実際の事業は、疎開者、戦災孤児、被災学生の救済にあった(「報国沖縄協会規約」、「聯盟資料」)。この協会は、戦後まもなくの一〇月、改組して財団法人沖縄協会となり、各省庁の後援をえて、引揚民の援護などに乗りだそうとしていた。沖縄人聯盟は、在ヤマト沖縄人組織化の主導権を、協会から奪うことをめざした。

「聯盟資料」によると、最初は「沖縄新生協会(仮称)」として発起され、そこに第二次、第三次……案として、「沖縄救会」「沖縄救済(援)委員会」「沖縄民主同盟」と書き込まれ、それらがいずれも消されて、「沖縄人聯盟」に落ちついたことがわかる(創立総会で決定、と一一月一八日付「沖縄人聯盟代表伊波普猷」名義の「御通知」にある)。沖縄協会からいかに自己を弁別するかに腐心した跡を辿ることができるとともに、その目的として救済と民主が自覚されてきたことも窺える。「昭和二十年十一月」の日付をもつ「沖縄人聯盟設立の趣旨」は、避難民、離職の男女徴用工員、引揚民、復員軍人等から成るヤマト在住の沖縄人が、「帰るに故郷なく、頼るに扶養者なき」状態に追いこまれ、しかも「郷里現存の同胞とは相互の聯絡を絶たれ」たうえ、「内外幾十万の同胞は(中略)生死の岐を彷徨しつゝあ」るとのべ、それらを解決するには「全同胞を打って一丸とする民主的組織の力」による他なく、その点「救援事業を行ふ施設機関に過ぎ」ない沖縄協会と異なるとの論点を打ちだしている。

こうして設立された沖縄人聯盟の「規約」は、全一八条より成る。そのなかで第一、三、四条が、実質的にこの組織の性格を規定している。すなわち第二条では、「沖縄出身者相互ノ聯絡及救援ヲ図ルト共ニ民主々義ニ依ル沖縄再建設ニ貢献スル」ことを目的とした。つづく第三条は、そのための事業としてつぎの五項目を掲げた。(一)「沖縄諸島ヘノ通信、救援物資ノ蒐集又ハ其ノ送付ノ斡旋」、(二)「避難民又ハ引揚民ノ帰島ノ斡旋」、(三)「沖縄諸島現存者ノ調査」、(四)「沖縄戦ノ実相ニ関スル調査」、(五)「其他本聯盟ノ目的達成ニ資スル一切ノ事業」。この事業は、ヤマト在住沖縄人の救済を主目的とした協会の方針と明らかに異なり、故郷への帰島を初め沖縄とのあいだに連絡をつけることを多く謳っていた。そうして第四条では、会員の資格をつぎのように定めた。「前条ノ目的ニ賛同スル者ヲ以テ組織ス　但シ軍国主義者既成政治家極端ナル国家主義者ヲ除ク」(「沖縄人聯盟規約」、「聯盟資料」)。この条は、紛れもなく沖縄協会を標的としていた。*

＊　それだけに聯盟は協会に改組を迫ったらしい。「昭和二十一年一月十九日」付の協会の文書「会員総会終了通知ノ件」によれば、新任役員として、理事長に実業家の翁長良保、専務理事に聯盟の永丘智太郎、理事に比嘉良篤、瀬長良直、比嘉春潮、比屋根安定、仲原善忠、伊元富爾、監事に久高将吉、高良憲福、顧問に伊江朝助、伊波普猷、漢那憲和が就任したと

あり(相談役・評議員名簿は省略)、聯盟派が協会に進出している(「聯盟資料」)。「年月とともに」には、聯盟が全国組織に拡大してから、一時、協会を併合したかたちになったとある。なお聯盟の創立総会は、丸ビル六階の沖縄協会の事務所を借りて行われた。

沖縄人聯盟の最初の仕事というべきは、創立総会の決議にしたがっての、一一月二二日のマッカーサー司令部への請願であった。一一月一八日付の伊波名義の「御通知」は、「請願の熱意を表示する為成るべく多数で訪問致したい」と、会員の参加を呼びかけている。“A Petition to the Supreme Commander of the Allied Powers”と題されたその請願は、沖縄人を、今次大戦でもっとも手ひどく惨禍を被った人びとと位置づけたのち、(一)高齢者、女性、子ども全員の沖縄への帰島、(二)本土、沖縄、南洋群島、ハワイ在住沖縄人間の通信や救済物質送付の促進、(三)沖縄事情調査のため一〇人の本土在住沖縄人の沖縄への派遣の三項目を要請し、そのあとに沖縄人の歴史と現状についての記述を添えていた(「聯盟資料」)。帰郷の希望や沖縄事情の調査を端的に訴えたその内容といい、日本政府をとびこえて(請願書には、政府はわれわれを放置しているとの文言がある)総司令部に直接にしかもできるだけ多数で訴えるというその方法といい、協会と截然と異なる性格を示すものであった。* もっとも伊波自身が、この請願書を総司令部に持参したかどうかは、明らかでない。

＊　この請願は総司令部に受けとめられた。一九四六年一月二日付の、日本政府あて「沖縄人の帰還」という覚書があり、つぎのことを指令している。「日本帝国政府ハ琉球避難民ノ困《ママ》窮者ニ対シ、直チニ、適当ナル食糧、家屋、医料、寝具並ニ衣類ヲ支給スベシ」（「沖縄人連盟の（伊波普猷）請願による指令」、那覇市史編集室蔵）。

こうした性格規定や方法は、聯盟内では非急進派とみられる比屋根安定や大浜信泉を、聯盟から離れさせた。また、「宮里資料」＊は、当時聯盟九州本部会長を務めていた宮里栄輝が、寄贈した聯盟関係の資料であるが、そのなかにはつぎのような書簡があって、聯盟への反感を窺わせる。「朝鮮人の真似事を以って、多数県人を救援せんと、するが如きは、我等の組《ママ》みし難きところに候」。しかしその一方で、帰島は、県当局によって離島を余儀なくされた人びとにとって、夢寐《むび》にも忘れがたい切願であった。宮里に宛てられた書簡の多くは、こもごもその希望を伝えている。一例を挙げれば、「只今の事情では足が浮いて何もちゆうぶらりです。此処に来て居る者に聞いて見ると、一人として沖縄帰りを希望して居る者ばかりです＊＊」。しかもそんな身の上でいて、「沖縄の事とし言へば、（中略）御互に血を分けた肉身を置いて居ります故、一日でも気のならない日は有りません」との、もう一つの焦慮を抱えていた＊＊＊。聯盟は、日本政府や占領軍という聳立する壁にぶつからざるをえないそのような問題を、直接に提起したため、人びとの期待をかちえて、大衆組織になることができたといえる。

＊　聯盟関係以外の「宮里資料」は、那覇市史編集室に寄贈されているが、そこにもわずかに聯盟関係資料がある。

＊＊　「希望しない者はいない」の意味であろう。

＊＊＊　以上二通の書簡は、発信者名を伏せた。

少年のころ経世家たらんと志した老書生にとって、それは、政治に直接に関わる運動体の長となる最初の機会であった。一二月九日、聯盟主催の「引揚民救済沖縄県人大会」が、教育会館で開かれたさい、代表として挨拶している。さすがに、核心を捉えたうえ伊波自身の痛憤が伝わってくるような演説である。「無謀な戦争で国民が或はたほれ、或は傷つき家は焼かれ食料難に悩まされてゐる、特に吾が沖縄本島は殆ど灰燼に帰し、吾等の親兄弟は今どうして暮してゐるか、その安否さへ確めることは出来ない。更に九州に避難した疎開者や学童の身を思ふ時、一体此の責任は誰が負ふのだといひたくなる。(中略)連《ママ》盟は斯かる実状を広く国民に訴へ積極的救援策を促すと共に、沖縄本島との通信連絡、帰郷出郷の自由等をマッカーサー司令部に請願し、更に実現の暁には民主主義に依る沖縄再建設に貢献することを目的として結成された次第である」(『自由沖縄』第二号、一九四六年一月一日、全10)。こうのべて活発な討議を促している。

しかし内部のさまざまの方向を調整しつつ、官庁や業者を相手に現実的な成果をかちとってゆく組織のリーダーとなるには、伊波は、あまりに長く「おもろ」の世界に生きてきたひとであった。そのうえ老齢でもあった。彼は逆に、思惑や策謀によってもみくちゃにされてしまう。

伊波よりははるかに実質的にこの聯盟とその運動に関わった比嘉においても、同様であった。『年月とともに』は、露骨な非難を極力避けながらも、困窮する同郷人を救いたい、戦禍にあえぐ故郷の再建を助力したいとの、彼の無私の初心が、書生的な理想論として踏みにじられてゆく無念さを、蔽うべくもなく伝えている。外部には、元社会運動家たちの活動をよろこばず、共産党的とか独立運動派とかと難くせをつける人びとがいた。内部では、運動の急進化に否定的な意見が表面化し、すでに述べたように大浜が去り、比屋根も会合に出なくなった。しかも思想上の分裂だけでは止まらなかった。聯盟は、沖縄県人救済の窓口として、さまざまの援助物資の配給を受けていたため、それを利権にしようとする主導権争いが起き、またそれら物資を横流しして運動資金を作っているとの類の中傷が、みだれとぶに至った。比嘉的な無私の精神の空中分解であった。

創立には情熱をそそいだ比嘉も、それを感じ、聯盟の発足後はやばやとみずからの役割を機関紙の編集と発行に限定したが、ほどなく、聯盟の乱脈な運営が伊波に累を及ぼすことを憂えざるをえなくなった。「困ったことになったと思ったのは、政府にしろ、米軍にしろ、申請を出す時にの《ママ》聯盟の最高責任者は会長たる伊波先生である。(中略)場合によっては横領罪にも問われそうなことが横行していた」(「年月とともに」)。こうして比嘉は、伊波に勧めて健康問題を理由とする会長辞任の届を書面のかたちで作り、彼自身も機関紙名義人辞任の届をこしらえて、それらを聯盟本部に送り、一九四六年一二月二二日の大会で、伊波辞任届を代読した。*

＊　次期の会長には、仲原善忠が選ばれている。

現実への出撃は、一年で撤退を余儀なくされた。その間、伊波自身も、中傷や内紛の数々を見聞し、考えるところも少なくなかったであろう。が、会長として、公式の場合は毅然たる態度で応対した。一九四六年六月下旬、『自由沖縄』記者が彼を訪ねての一問一答はそのことを窺わせる(「伊波会長と一問一答」)。

そのとき記者は、三つの点で伊波の見解を訊している。(一)最近、奄美大島出身者も参加したので、名称を南西諸島聯盟と改めるほうがよいとの説があるが、どうか、(二)聯盟は共産党が牛耳っているとの説があるが、どうか、(三)聯盟は沖縄の独立運動をしているとの説があるが、どうか、の三点である。それらへの伊波の答えは、つぎのとおりであった。(一)「南西諸島といふのは本土中心に附けた便宜的な称呼に過ぎない」。

(二)「戦犯的性格や経歴の為めに聯盟に参加しない一部の連中が自分等に都合がわるいからといつて聯盟にケチをつける為めのデマだらう」。(三)「当面喫緊の問題は本土在住沖縄人の救援である。沖縄帰属の問題は聯合国の方で決定するのであり、将来郷里在住沖縄人の一般投票に問ふことになるかも知れないが、それは吾々こちらにゐる人々の現在の問題ではない」。苦しげな点があるにせよ、彼には、聯盟が、沖縄人の、沖縄人による、沖縄人のための組織として作られたとの初心にたいする確信があり、「大衆的」「民主的」組織として発展することへの希望が、ひと一倍強かったのであったろう。

そういう確信と希望は、伊波の辞任の挨拶にも読みとれる。そこで彼はいう。「沖縄人の運命は沖縄人自らの力で切り拓く外なく、斯くてわが聯盟は結成されたのでありました」、「今や帰還問題其他聯盟の企画したところは着々と実現され既に一段落ついたかに見えます。今後聯盟は本土在住同胞の生活の安定を図るとともに日本の民主化に貢献し更に郷土沖縄の復興と徹底的民主化を援助すべく内外の同胞が堅く団結し密に連絡し、真の民主々義団体として行動し発展せんことを期待するものであります」(「今後の発展期待　伊波前会長のメッセージ」『自由沖縄』第一二号、一九四七年一月二五日、全10、ここでは「聯盟資料」の自筆原稿による。同誌所載とのあいだに小異がある)。それは、運命をみずから切り拓こうとの呼びかけであるとともに、民主化を呼号する団体に止まらず、それ自体民主的団体にならねばならぬとの、期待ないし苦言の表明であった。同時に辞任の直前、会長として伊波が、各出版社に、沖縄へ図書の寄贈をと懇請しているのは、いかにも彼らしい着眼と行為であった（「灰墟沖縄へ図書を!!　出版界の義挙を懇請」『自由沖縄』第一一号、一九四六年一二月二五日、全11）。*

＊「聯盟」という表記は、漸次「連盟」に移行する。

研究継続への思いと急逝

沖縄人聯盟の会長を務めながらも、伊波の素志はもとより研究の継続にあった。愛弟子というべき仲宗根政善あての書簡（前掲の一九四六年一〇月九日付）では、堰を切ったように、その計画を語っている。「『おもろ覚書から——古代生活の片影』（括弧内の注は省略）を脱稿しましたが、その次には『琉球史概説（日本史の縮図）』を書くことにしてゐます。東都の雑誌などに書いた論文をまとめて『琉球文化の名残』（或はおもろ研究其他とするかも知れません）として出さうかと考へてゐます。右の三書は出版者もきまってゐます。それから改訂おもろ選釈も出さうかと考へてゐます。これは全然書き直さなければなりません。私は、只今比嘉春潮君の厚意で不自由なく気持ちよく暮してゐ〔ま〕すから、多分研究を大成することができませう」。*

＊ もっとも三、四年来、脚部に神経痛を患っていたという（比嘉春潮「伊波先生のこと」『自由沖縄』第一八号、一九四七年一一月二五日）。

ヤマトのがわでも沖縄学再興への動きが、柳田国男によっていちはやく起された。比嘉春潮、島袋源七の助力を求めて、彼の編になる『沖縄文化叢説』が、その成果の第一陣として、一九四七年一二月二〇日、中央公論社から刊行される。同年四月の日付をもつ柳田の「編纂者の言葉」は、なぜいま沖縄についての学問かをものがたって余すところがない。「このたびの戦乱によつて、中断せられた色々の学問の中でも、取分け再興のむつかしい一つは、南の島々の文化史の研究である」。こう説き起して彼は、その理由として、既往の研究者たちがすでに年老い、嗣《つ》いで起つ人びととの連絡が取りにくく、しかも沖縄諸島の遺物典籍が散佚毀損したことを挙げ、「この恢復の事業に対し、何等かの寄与をなし得」ようというのが、その素志とのべた。幣原坦、東恩納寛惇、折口信夫、仲原善忠らと並んで、伊波も「ウルマは沖縄の古称なりや」の一文を寄稿している。戦後の沖縄で、新聞や商店などの名称に使われはじめた名称「うるま」が、本来ヤマトびとによる他称であり、その使用を「余りかんばしくない」とした論考である。＊

＊ 「うるま」の流行は、「琉球」「沖縄」等々の名称に代る自己認識へと動きだした当時の人心を、それなりに反映している。

けれども伊波普猷の肉体的生命は、「昭和二十一年十一月廿八日」との日付をもつこの論考につづいて、『琉球史概説』を『沖縄歴史物語(日本の縮図)』との表題のもと書きおえた段階で、刊行をみずに尽きてしまうことになる。一九四七年七月九日、本文を擱筆して一カ月余のちの八月一三日、彼は脳溢血で急逝する。数え年七二歳であった。看とった比嘉春潮によると、前日まで何ともなかったのに、当日の朝、足が立たなくなり、舌も回らなくなった、医師の来診を乞うたが、しばらくして鼾をかいて眠り、午後二時二五分そのまま息を引きとったという(「伊波先生の思い出」および「年譜」)。

密葬ののち、一〇月一七日、沖縄人連盟の連盟葬が、港区芝の青松寺で盛大に営まれた。同月二五日には、追悼講演会が国学院大学講堂で開かれ、柳田国男「学者の後」、折口信夫「沖縄学の過去及将来」、金田一京助「伊波君の追悼」の、それぞれ彼を偲ぶ講演があり、また席上、沖縄芸能保存会による三味線の演奏、組踊の素読があった(『沖縄新民報』第四八号、一九四七年一一月五日、ほか)。『自由沖縄』第一八号(一九四七年一一月二五日)は、「伊波普ゆう氏をおもう 追悼特輯」を組み、柳田国男「伊波君の業蹟(談)」、比嘉春潮「伊波先生のこと」、新垣淑明《にいがきよしあき》「伊波普ゆう先生のことども」、宮良当壮「琉球学の創始者伊波普ゆう先生」を載せた。そのなかで比嘉は、「先生のおもろに対する打込み方は異常なもので、おもろと生死をともにしたといふてもよい位」とのべ、新垣は、小学生時代以来の伊波への心酔を語りながら、一世の学者を遇するに世の中いなわれわれ沖縄人は、あまりに冷淡であったのではないか、との激情に及んだ。その号には、伊波の発意にかかる沖縄への書籍送付がいよいよ実現し、総司令部の許可をえて、一一月一〇日、書籍五万冊が鉛筆七万本とともに芝浦港で船積みされたと報じられている。『沖縄歴史物語』は、その一カ月後の一一月二五日、東京港区芝田村町の沖縄青年同盟中央事務局から刊行された。それより先の八月三〇日、ハワイでの追悼会が、ホノルルのマカレー東本願寺で開かれ、比嘉静観の追悼の辞、玉代勢《たまよせ》法雲の懐旧談があった。つづいて翌一九四八年二月二二日、ホノルル版の『沖縄歴史物語』が、「著者　故伊波普猷／発行所　マカレー東本願寺／印刷所　布哇タイムス社」の奥付をもって刊行された。

突然、夫を喪った冬子は、呆然とし狼狽した。それでも当座は心を張りつめていたものの、百箇日を過ぎたころから、「急に優しくなったり、時に意地悪くなったりで、心の不安定」を露出する日々をしばらくつづけた（真栄田トシ「叔母の想い出／思いのままに生きた叔母」、伊波冬子遺稿集刊行会編『白菊の花・伊波冬子遺稿集　忍冬その詩・短歌・随想』若夏社、一九八四年）。

そんななかで、心の打撃を詩歌へと昇華させる途をみいだしはじめた。普猷の在世中は抑えられていた歌人忍冬の復活ともいえる。思い返されるのは普猷と暮した日々、愛の勝利者との歓び以上に、周りを傷つけなければならなかった業の認識があった。抑えつけられていたそれらが、亡きひとへの思慕を火種として、このとき胸中から溢れでた。『白菊の花』から作品二、三を引く。

愛撫の記憶

私はずいぶんあの人に苦労をかけたものである
人を傷めなければならなかった私の愛は
自らの鞭に呻吟し
他人には歪められ
いちばん身近かなあの人を悲しませた
ああ今では悔まれる
あの人のやうに素直に全ては負けてゐればよかったのに
私は世間の批難に心をふるはせながら
それに反撥し心を固くしてゐた
そういふ時あの人は憐れみと切ないほどの
愛情のこもった目なざしで私を見守った

私を愛撫してくれたその日(一九四九年、表記原文のまま)

なき人のみ霊2

二十年は束の間なりき相思ふいのちの果のかくもさびしき
生き残るいのちみにくゝむさぼりていつまで生きむわが身なるべき
わが恋は君をはふりぬわが酬い君をころしきいまし悔しも
世のそしりわれをめぐれりしかすがに安きおもひのなしといはなくに(年月不明)*

＊　折口信夫は、冬子の詩境・歌境がひらけるのを温く見まもった。「伊波冬子刀自の詩」一九四九年、『折口信夫全集』第二八巻)、「ねくらそふの現実」(同年、同全集第二七巻)に、冬子の詩歌への言及がある。前者にいう。「夫が死んで、その思慕の情が、僅かに詩の上に、彼女のかくれた才能を伸して来た」。この文章は、『表現』第二巻第二号(角川書店、一九四九年二月)に、前引の詩「愛撫の記憶」を含む冬子の作品「培ふもの」への作者紹介として載せられた。彼女の詩の同誌への掲載は、折口の友情によるものであろう。

孤独な冬子に生活苦が襲ってきた。一九五五年、仲宗根政善が戦後はじめて出京して訪ねると、彼女は小さな会社の留守番をして暮していた。普猷の遺骨はまだ築地の本願寺に預けられたままで、その位牌だけが狭苦しい宿直室にあった(『白菊の花』への「序」)。

一面ではそういう窮状が伝えられ、他面では復帰運動のなかで日本人としての自覚を高めようとしてであろう、普猷の十三回忌に当る一九五九年の春、沖縄では伊波普猷先生顕彰会が発起され、沖縄・ヤマト・ハワイの各地にわたっての募金活動が開始された。*おもな目的は、遺骨を故郷に迎えて浦添の地に墓と顕彰碑を建立し、あわせて遺族援護費を得ることであった(『伊波普猷先生顕彰趣意書』一九五九年五月)。しかし運動が具体化してまもなくの八月一〇日に遺骨は、一三日の十三回忌にあわせ、冬子に捧持されてアメリカ軍政下の沖縄へ戻った(『タイムス』および『新報』同年八月一一日)。募金活動は引きつづき行われ、二年後の六一年八月一三日の命日、遺骨は、顕彰碑とともに竣工した墓に納められた(『伊波普猷先生顕彰会事業報告書』一九六一年)。

* 「伊波普ゆう先生顕彰発起趣意書」には、伊波の仕事が「無気退嬰に流れていた沖縄人に始めて日本人としてのはっきりした自覚と誇りを与え」たとするとともに、「御遺骨はまだ東京築地本願寺に安置されたままであり、葬るに御墓もなく」と記されていた(『伊波普猷先生顕彰趣意書』)。寄付金のおもな部分は、墓と顕彰碑の建立費および遺族援護費にあてられた。

心細い境遇の冬子は、仮住居ののち、かつて伊波の弟子として組合教会の仲間だった山田有功*とその夫人以都子宅の一棟で過すことになったが(金城芳子『なはをんな一代記』)、

『伊波普猷全集』を刊行中の一九七五年一一月一三日、数え年七九歳で生涯を終えた。風雪に耐えてきたその晩年、「たしなみのあるよそおいで、その痩身の姿は道行く人々の眼をひいた」という(仲宗根政善「序」)。

＊ 一八九三―一九七五年。小学校訓導から出発し、旧制中学校教諭・校長を経て、琉球大学教授として倫理学・教育学を講じた。なお二一八頁参照。

『沖縄歴史物語』

伊波の絶筆となった『沖縄歴史物語』は、よく知られているように、伊波が、一九二八年のハワイ訪問のさい準備した『沖縄よ何処へ』を基として執筆された書物であり、その『沖縄よ何処へ』は、「孤島苦の琉球」を基としていた。沖縄をみる彼の眼は、琉球・沖縄の基本的な特性を「孤島苦」と捉えつつ、そのゆくえを探ろうとの問いを湛えていたということができる。

旧著の『沖縄よ何処へ』を下敷きにしながらも、『沖縄歴史物語』は、もとよりそれと同一でない。[*]「一九四七年六月十三日」の日付をもつ「小序」で、伊波は、沖縄が「日米の決戦場となり、遂に世界史上未曽有の大惨害を蒙るに至つた」こと、「わけてもその文化財の見る影もないまでに破壊し去られた」ことを痛歎しながら、「島惑ひ」した人間として、「せめてその文化のあゆみを略述して、故郷を偲ぶよすがにしたい」と、モチーフを明らかにし、本文を「上世史」「中世史」「近世史」の三篇から構成した。これは、『沖縄よ何処へ』が、そのような大枠を設定せず、全体が一七に区切られていたのと、趣きを異にする。「上世史」は、開闢から佐敷の小按司(尚巴志)の出現まで、「中世史」は、尚巴志による第一尚氏王朝の成立から、島津の琉球征服の前まで、そうして「近世史」は、島津による征服から一九四七年当時までを対象とした。

＊ 中扉に「本書は東亜考古学会の支援による神歌研究の余蔭になつたもの」との謝辞がある。東京版は、沖縄出身の画家南風原朝光《はえばるちょうこう》の装幀に成り、裏表紙に「OKINAWA/AS IT WAS AND IS:/―AN EPITOME OF JAPAN―/BY/FUYIU IFA/PUBLISHED/BY/OKINAWA SEINEN DOMEI/1947」との英文表記がある。本文巻頭に、「われわれは歴史によつておしつぶされてゐる――グルモン」との一句を掲げ、「附録」として、「クワイニャをめぐつて――沖縄文芸史考」を収める。ホノルル版は、玉代勢法雲の「後記」によると、「初めから布哇で出版する目的で執筆されたもの」で、その原稿が東京の比嘉春潮からハワイの比嘉静観へ送られたのが、八月二二日、つづいて二六日には伊波の訃音に接し、三一日の追悼会の席上その刊行が決議され、玉代勢が実務を引き受けて、原稿への振仮名つけ、校正などを一切行ったという(そのためホノルル版は総振り仮名)。原稿は二部作成されたものか。両版を対比するに、本文は同一だが、「凡例」の記述に小異があり、その相違点は第三

者が筆写してできたものとは思われない。またホノルル版には「附録」として、「クワイニャをめぐつて」のほか、「奈翁と英艦長との琉球問答――セントヘレナに於ける一八一七年八月十三日の昼過ぎ」、「軍艦購入一件――薩藩秘史」の二論考を収める。両版ともに、口絵として同一の「著者の近影」を載せるが、ホノルル版にはそこに、「マッカーサー司令部沖縄占領報告中の『沖縄史概説』を読む」との説明が添えられている(書冊の体裁からみて、あるいは、戦時中のアメリカ合衆国の軍政研究の所産、“Civil Affairs Handbook Ryukyu (Loochoo) Islands” 1944.『琉球列島民政の手引』ではなかったかとも思われる)。

この書物で伊波は、上世史・中世史の部分では、「凡例」で「書きおろした」とみずからいうとおり、『日本文化の南漸』を初めとするその後の研究を、各所に取り入れ、かなりの改変を加えている。しかし「近世史は殆んど旧稿そのまゝ」というのは、必ずしも事実ではない。とりわけ二つの点で面目をあらたにしている。

一つは、一六〇九年―一九四七年を、「近世史」と銘打って一つの時期としたことであった。かつて著者には、琉球処分をもって「奴隷解放」とする史観があった。しかしすでにみたように『沖縄よ何処へ』では、その画期性は大いに薄められていた。そこでの彼の認識は、ほぼつぎのようであった。沖縄人は、与えられた自由を謳歌するどころか、かえってそれにとまどい、結果として「否応なしに、新制度の中へ引摺りこまれて了つた」。島津支配が琉球をドレイ状態に陥らせたのち、琉球処分は一見解放のごとくみえながら、しかし新しい時代の政治・経済も、奈良原県政—ソテツ地獄にみられるように、強権と破滅によって特徴づけられた。島津時代が、「自分の国でありながら、自分で支配することが出来なかつた」時代であったとすれば、その意味で県政時代への移行は、転換でなく、延長でしかなかった。それを承けて伊波は、『沖縄歴史物語』では、その後の歴史をも、そうした状況の延長線上に描きだし、これを「近世史」と一括したのである。

そのうえで著者は、ソテツ地獄からの復興計画の進行中に、日本が軍国主義の政策をとり戦争に突入したことを、「沖縄に取つて非常に不幸」であったとして、その後の歴史を概観する。まずいう。「これらの戦争の経過中、沖縄人はその孤島苦を忘れたる者の如く、本土人と協力して、しかも「愛国心は羅馬《ローマ》をさるに従つて強し」の観を呈してゐた」。にもかかわらずヤマトは、そうした〝けなげさ〟に応えることなく、沖縄を踏みにじったと痛憤する。(一)「国語政策の行き過ぎ」、(二)「統制の美名の下に、官僚と海軍将校と御用商人との三角関係の結ばれたこと」、(三)戦場とされ十万人の戦死者餓死者を出したうえ、文化財も「見る影もないまでに破壊し去られたこと」を、例として挙げた。しかもそのあと、「日本政府の管轄から引きはなされて、米国の軍政の下に置かれ」たとするのが、「近世史」と銘打たれた部分で示された歴史的概観であった。

それを一貫するのは、沖縄が、その運命を自己決定しえない境位に置かれた、つまり他者によってその運命を左右されつづけてきた、との特徴づけである。そのことが、沖縄の「近世史」を「中世史」以前と決定的に分つ要素であり、その「近世史」はいまも続いているという認識を、伊波は打ちだしたわけであった。とともに彼は、沖縄のそうした悲境への顚落の契機を、もはや一島津の侵寇に求めない。もっと当時の日本の体制全体に起因するものとみる。「翻《ひるがへ》つて日本々土を眺めると、その帝国主義的気分は、豊臣秀吉に至つてクライマックスに達し島津氏も頻りに南島経略を劃策しつゝあつた」*(この一句は『沖縄よ何処へ』にはない)。そのような「帝国主義」こそ、沖縄にとっての元凶との想いが横溢している。そうしてこの想いが、つぎにのべる「地球上で帝国主義が終りを告げる時」という一句への、伏線をなした。

＊『沖縄歴史物語』の目次は、伊波が「内容」と表現しているように、細目目次であるが、この箇所の表記はつぎのようになっている。「(「中世史」の末尾の部分)日本に於ける帝国主義的気分の高潮―沖縄を狙ふもの―(「近世史」に入って)豊臣秀吉の朝鮮侵入―その余波沖縄に及ぶ―島津氏の琉球入りの口実―薩軍の沖縄侵入―沖縄の敗戦」。

いま一つは、沖縄の現状と未来を語った部分、つまり沖縄の帰属問題を論じた箇所であった。この問題を公然と論議することは、日本の、膨張主義的なあらたな領土要求として、ポツダム宣言の領土条項に触れるおそれがあるとみなされ、禁断の行為に近かった。伊波がこの書物をおそらく執筆中の六月五日にも、外相芦田均が外国人記者団との会見で、沖縄と千島の返還を希望するむね語ったことが、新聞に報道され(『朝日新聞』一九四七年六月七日ほか)、中国からの、「琉球は古来中国の領土」とする反撥を招いていた(七月二日の衆議院でも、社会党代議士加藤勘十がこの問題を質問している)。それだけにこの問題についての伊波の記述は、慎重の上にも慎重に、暗喩を散りばめたかたちとなっている。しかしそのなかから彼の真意を読みとることはできる。

そこで伊波はまず、ヨーロッパや沖縄の戦跡を視察してきたという米国宗教聯盟の書記長ホプキンスの、「今度の大戦で世界中で最も多く戦禍を蒙つた所は沖縄で、復興の最も遅れてゐる所も沖縄だ」との発言を紹介する(沖縄人聯盟で開いた座談会の席上での発言という)。そのように沖縄の戦禍の深刻さを、第三者の発言によって訴えたうえ、「なほホプキンス氏は、沖縄の帰属問題に関する最近の米国の輿論、取りわけ有識者の意見にも触れたが、こゝに引用するの自由を有しないのは遺憾*」とのべ、被占領国民としてこの問題を公然と論議できない境遇にあることを確認する。

＊「有識者」とわざわざことわっている点からみると、その意見は、現状つまり日本からの

分離統治の延長線上にでなく、将来における日本への復帰を是とするものではなかったか。「引用するの自由を有しない」との一句とあわせ、そのように考えられる。

ついで伊波は、前記の芦田発言を紹介し、「東京沖縄有識階級の一部の意見に似通ったところ」のあるこの声明は、たちまち中国がわの反響を呼び起したといい、それを「いはゞ藪をつゝいて蛇を出したやうなもの」と評価する。いわずもがなの発言でかえって不利な状況を作りだしたとのニュアンスが、そこには込められている。

さらに伊波は、この問題についてのマッカーサーの見解にいい及ぶ。彼は、マッカーサーの、来日した米国新聞人一行を、六月二七日午餐に招いての談話中に、「沖縄諸島はわれ〳〵の天然の国境である。米国が沖縄を保有することにつき、日本人に反対があるとは思へない。なぜなら、沖縄人は日本人ではなく、また日本人は戦争を放棄したからである」云々とあるのを引用し、「恐らく芦田声明に対して間接に応へたもの」と推測する。それが、沖縄人・日本人異民族説をおもな根拠としつつ、[*]アメリカ合衆国による沖縄保有への決意の表明であったことは、いうを俟たない。

＊　アメリカの軍政研究が両者の亀裂を拡大し活用する基調をもった点については、大田昌秀「占領下の沖縄」（『岩波講座日本歴史』23「現代」2、一九七七年）を参照。

それにつづけて伊波は、このマッカーサー談話に、「正に『御教条』の第一章を聯想させるもので、しかもその中には沖縄人の行くべき方向を示唆したところがある」との注釈をつけ加える。必ずしも文意の明晰な文章ではない。が、後段は、伊波が、でなく、マッカーサーが、それを「沖縄人の行くべき方向」と考えた、つまり沖縄の日本からの分離・独立を示唆しているとの指摘であろう。

前段の『御教条』とは、いうまでもなく蔡温が編纂して琉球の人びとの心得を説いた著作である。伊波の敬慕措くあたわざる大政治家蔡温の、経世家としての見識を示した『御教条』の第一章には、「御国元」(＝薩摩)の支配を受けて以来、政治もよくなり風俗も改まって、万民ひとしく安心して生活できるようになったから、その「御厚恩」を忘れてはならないとのくだりがある。伊波は、この言こそ「沖縄の孤島苦を道破した言葉」としてきた。その持論を、『沖縄歴史物語』でも、つぎのように引き写している。「彼はその同胞が他日奴隷から解放されることを予期して、解放された暁、死骸として発見されないやうに、生かして置く方法を講ぜざるを得なかつた」。とするとき伊波は、ここで『御教条』に託して、目下アメリカの施政権下に置かれるのはやむをえないにせよ、他日その状態から解放されたとき、「死骸として発見されないやう」呼びかけていることになる。

それは、沖縄が日本の一部となっていて、そこからの恒久的な分離はありえないとの、伊波の信念の表明でもあった。この書物の、琉球処分を叙述した箇所に、こんな話が書かれている。処分官として乗りこんだ松田道之《みちゆき》と折衝の役に当った旧三司官の浦添《うらそえ》親方は、ある日帰宅して、こう語ったという。「日本は勃興したばかりで、清朝は降り坂であるから、後者の武力に訴へて沖縄を救済することは出来さうもないのに、衆皆之を空頼みにしてゐるが、こんなことは七十年位もたつて、日本の行詰る時期を待たなければ実現されまい」。この言葉を書きつけたのち伊波は、「七十年後の今日日本の国語政策が成功して、国民精神が高潮し、しかも日本からの解放を喜ぶ黒党の一人も生き残つてゐないのは、流石の浦添も夢想しなかつたであらう」(傍点は原文、ただしホノルル版には、前段の部分の傍点はない)との感想をつけ加えている。浦添親方の予言した琉球処分ほぼ七〇年後の「日本の行詰」りの時期に、彼の予言と異なり、沖縄の人心が日本を離れないことを、伊波は語っているといわなければならぬ。

そういう気持を抱きながらも、伊波は、それを希望としてのべるだけで押しつけようとはしない。「子孫に対して斯くありたいと希望することは出来ても、斯くあるべしと命令することは出来ない」。そこには、目下の情勢からいって、沖縄人は、「自分の運命を自分で決定することの出来ない境遇におかれてゐる」との事情もあった。しかしそれだけではない。今後どのような変化が起きるかもしれないにせよ、「すべては後に来たる者の意志に委ねるほか道がない」とするのである。「近世史」をつうじて沖縄は、その運命の決定を他者の手に委ねるとの境遇に置かれてきた、いまあらたにそういう境遇が始まっている、その選択がどうであれ、みずからの運命を当事者が決定する状況をつくりだすべく途を拓いておこうというのが、この書物をつうじてみえてくる伊波の切願であった。

それは一面では、きびしい自制を必要とする見解であった。前引の「伊波会長と一問一答」のなかで、沖縄帰属の問題について、「将来郷里在住沖縄人の一般投票に問ふことになるかも知れないが、それは吾々こちらにゐる人々の現在の問題ではない」と答えていた。そこには、自己やその周囲を、(一)すでに年長者の範疇に入るもの、(二)沖縄を離れヤマトにいるものとの二重の意味で、当事者から外し、したがっていかに善意からであれ、指導・啓発等々という名の干渉を慎むべきだとの決意が秘められていた。これは、長老の影響力のつよくなりがちの沖縄人社会に、体質の改革を促す言葉であった。同時にそこには、未来への決定権を若い世代に手渡しするとき、彼らはきっとその負托に応えるような選択をするであろうとの信頼と、自分たちはそうした未来は読み切れないとの諦念とがあった。そのように、長く奪われてきた自己決定権をもつに至るとき、沖縄は、喪失から回復への途を歩むであろうし、そのとき隷従の時代としての「近世史」からの別離が可能となるであろうと、たぶん伊波は考えたのであったろう。

それは、もっとも苛烈な状況に陥った沖縄を凝視すればこそ、浮上してきた想念であった。それだけに、沖縄に未来あらしめるためには、沖縄をしてかくも苛烈な状況に陥らせた根源を消滅させせなければならぬ。伊波の言を藉りれば、「帝国主義」(秀吉の帝国主義、大日本帝国の帝国主義等々の)がそれであった。こうして彼は、『沖縄歴史物語』を、生涯なじんだ「おもろ」の表現を用いながら、あの印象深いつぎの一句で結ぶこととなる。「地球上で帝国主義が終りを告げる時、沖縄人は「にが世」から解放されて、「あま世」を楽しみ十分にその個性を生かして、世界の文化に貢献することが出来る、との一言を附記して筆を擱《お》く」*。

そののち半世紀近い歳月を経過して、沖縄は、奪われている境遇から、どこまで自己を回復しえたであろうか。

＊ この一句は、あまりに印象的な表現であるがゆえに、独り歩きをしがちで、わたくし自身もそこにだけ関心を集中させてきた。が、伊波は、この一句に至る前提として、自己決定の問題に深くこだわっている。そのこだわりの結果として、この一句が彼の脳裏から引きだされたと、いまは解釈したい。

あとがき

編集部の中川和夫氏から、思想家を取りあげて一冊をとのお話をいただいたのは、たしか一九八四年である。そのころわたくしは、まだ『戦後沖縄の思想像』(朝日新聞社、一九八七年)を苦吟中であったが、いずれそこでの課題を遡らせたいと考え、伊波普猷に魅かれていたために、この人物を選んだ。わたくしの構想を聞きとった氏は、「沖縄の淵」という表題を考えだしてくれた。以来、この表題を暗夜の灯として、覚束ない歩みをつづけて今日に至った。その間の氏の忍耐と激励と助言とに謹んで感謝する。「伊波普猷とその時代」との副題は、表題を受けてわたくしがつけた。

この仕事についても、多くの方々の御援助をいただいた。なかでも比嘉実氏、宮城保氏、伊佐眞一氏の御厚情は、ちょっと言葉にあらわしがたい。さまざまの疑問に答えられたばかりか、かずかずの新しい資料をも提供して下さった。また、伊波の家族関係についてはは嶺井百合子氏、伊波稲子氏、さらに比嘉美津子氏に、彼のハワイ滞在中の動静については崎原貢氏・比嘉武信氏に、それぞれお教えを受けた。池宮正治氏は、比嘉実氏をつうじて、新おもろ学派関係の資料を、比屋根照夫氏は伊波についての御自身の論考を、我部政男氏は御所蔵の伊波関係記事のコピーを恵まれた。野間伸次氏は、伊波の優生学への関心について注意を喚起して下さった。「伊波文書」の閲覧については琉球大学附属図書館の、「伊波普猷資料」の閲覧については法政大学沖縄文化研究所の、『自由沖縄』などの閲覧については那覇市史編集室の、「宮里栄輝資料」などの閲覧につい ては沖縄県立図書館史料編集室の、数種の県下発行新聞コピーの閲覧については沖縄県議会史編さん室の、それぞれ御高配に与った。そのさい名嘉正八郎氏、与世田兼秀氏、大城康洋氏、田港朝和氏の御厚意をいただいた。文献の収集では、とくに天久斉氏におせわになった。以上の方々および諸機関に心からお礼申しあげる。

それでも書き終えたいま、伊波普猷について不明の点、事実認定が甘くなった点を、少なからず残してしまったと感じる。〝隈〟が残ってしまった。そこには、わたくし自身の非力に加えて、戦禍による資料の湮滅も影を落としている。

また伊波を中心に、できれば沖縄学の群像をも配したいとの当初の夢は、結局達せられなかった。伊波を追うのに精一杯で、他の人びとを洗い直すのは力に余る作業と、痛感させられたからである。

なおこの主題について、早稲田大学より一九八八年度の特定課題研究助成を受けた。

ようやく報告できることを喜びとしたい。

一九九二年七月一五日

鹿野政直

補　記

補記1（50頁）

そののち、東京帝国大学を卒業するに当っての卒業論文が、今井修による題名紹介を機縁として、伊佐眞一によって発見された。「琉球語の音韻組織並に名詞代名詞数詞係結に就いて」と題する論文である（「伊波普猷の卒論発見」『新報』二〇一〇年七月二五日記事参照）。伊佐は、その発見をもとに、東大卒業までの伊波の足跡を徹底的に洗い直し、『新報』に二〇一〇年から一四年にかけ一四〇回に亘って連載のうえ、それに手を入れて、『沖縄と日本《ヤマト》の間で　伊波普猷・帝大卒論への道』上中下（琉球新報社、二〇一六年）に纏めた。その間、氏は、『新報』の掲載号を逐一お送りくださったばかりでなく、卒業論文のコピー、および前記の大著まで恵まれた。そのご厚意には、ただ感謝のほかはない。

精緻な論考を読むにつれ、わたくしは、みずからの叙述が大まかに過ぎることを痛感せずにはいられなかった。その一つ一つの論点に言及することはもはや出来ない。ここでは、卒業論文での論究が示す伊波の立ち位置について、圧縮してのべることとしたい。

わたくしの見るところこの論文は、琉球人の祖先をアマベ族（その意味では、本拠から追われたとはいえ日本人)とする伊波が、琉球語に、日本語の祖語の遺存を見ようとするとともに、琉球語が、文字としての日本語＝かな(そうして漢字)を受けいれることにより、いかに変容を迫られていったかを解明し(ようとし)た研究である。モチーフは前者にあるのに、探究の力点は後者に置かれているとの感が深い。その探究を彼は、『おもろさうし』を初めとする琉球・日本・朝鮮の文献や前近代以降の研究成果を材料に、それと音韻を突きあわせるというかたちで進めた。

主題とする音韻からのアプローチは、琉球語を母語(伊波は「自国語」といっている)とするひとならではの精彩を放つ。日本や中国との交渉が開けるにともない、「この頃(ほぼ一四世紀頃をさす)に至りて琉球人は、日本の文字を借りて自国語を写すことを学び」という一句に、伊波にとって、日常語としての琉球語の音韻がまず在って、文字はその音韻に仮りに被せられた記号だという想いがよく表われている。

当然、音韻と文字とのあいだには、ギャップがあった。かなまたは漢字を受容することにより、琉球語は、ほとんど避けがたく、文字に音韻を沿わせてゆくこととなった。「そも日本語と琉球語との音韻の上には、可なりの差異あるが故に、仮名を借りて自国語を写し出せし当時は、多少の困難に蓬隅《ママ》せしといへども、時の移るにしたがひて、不完全ながら之を写す方法の確定せしことハ、おもろ及び金石文を見ても知るべし」。それは、日本が琉球の(言葉の)原形に浸透してゆく過程(とともに、琉球が和文の習得を通して琉球文を樹立してゆく過程）にほかならなかった。

それだけに、一六〇九年の島津の琉球征服は、伊波にとって、その原形に痛打を与えたという点で無念な事件であった。彼は、「琉球的文化は二百九十七年前に於ける島津氏の琉球征伐によりて悉く破壊せられぬ」としたうえ、『混効験集』の表現を用いて、原形への追慕の念を「みせゝるの言葉」と表明している。

原形と変容の総体をいかに明示するかという問題への、伊波の腐心は、音韻のローマ字表記に端的に示されている。言語学では通有の方法ながら、それによって彼は、文字＝かなによって覆われるまえの琉球の言葉の、と同時に、かなによって変容してゆく琉球の言葉の、可能なかぎりの全貌を写しだそうとした。復元に当って琉球語を地域的に、首里語（沖縄語）・国頭語・（奄美）大島語・宮古語・八重山語などに分けたうえ、それぞれの地域での変化をこまかく把握してゆくのは、彼の、聴く力の鋭さとともに収集力の高さをものがたる。

とはいえ、音韻の組織と変化の考察に当って、基準とされているのは日本語であり、異質性・類似性ともに琉球語は、その基準からの距離として測られている。その意味では、伊波は、母語としての琉球語の構造、その独自性の解明に取り組みながら（取り組みを通して）、日本語との同祖性の証明に踏み込んでいったことになる。この独自性と同祖性のあいだの軋みの自覚化が、そののちの彼の思想展開の機軸となる。わたくしとしては、意識が言葉を産みだしてゆく過程への伊波の、随所に見られる考察・推断も面白かった。

補記2（143頁）

もっともワシントンが、そのように「精神的の奴隷解放を絶叫する」存在であったかについては、ほぼ同時代人としてのW・E・B・デュボイスは、彼を、「南部と北部と黒人のあいだの妥協者」と批判している（『黒人のたましい』木島始・鮫島重俊・黄寅秀訳、岩波文庫、一九九二年、原著“*THE SOULS OF BLACK FOLK*”は一九〇三年刊）。ワシントンの同時期の著作“*The Future of The American Negro*”（一九〇二年）を読んだが、タスキーギ専門学校での実践に示されるように、教育をつうじて黒人を、産業社会に適合する市民に育成しようとする信念の書と思った。

補記3（296頁）

新おもろ学派については、そののち、末次智『世礼国男と沖縄学の時代　琉球古典の探究者たち』（森話社、二〇一七年）が刊行された。そこに集った世礼国男・島袋全発・比嘉盛章・宮城真治や、その影響を受けた小野重朗についての、新資料をも提示しての研究である。この学派が、一九三〇年代初頭の郷土研究推進の気運の中で、東京での伊波を意識しつつ、ほかならぬ郷土沖縄で生まれたこと、主張する読みかたには、琉球音楽を踏まえた歌謡としての詠みかたの蘊蓄が投影されていたことなどを、明らかにしているとわたくしは読んだ。

付　歴史との邂逅――「日毒」という言葉

八重洋一郎（談）

「日毒」の詩人　八重洋一郎について（鹿野政直）

もう二年半前になるが、『季刊　未来』での「オキナワをめぐる思想のラディックスを問う」と題するリレー連載の五回目の執筆者として、八重洋一郎の名前を見出したとき、思いがけぬ場所での出会いとの感があった。「南西諸島防衛構想とは何か――辺境から見た安倍政権の生態」と題されていたその論説は、歴史を顧み世界の現況を見渡しつつ、政権が進める防衛構想での石垣島の位置を、中国を誘い出すための「生き餌」と断じ、「辺境はその敏感な恐怖の故に中央の鈍感な自己陶酔者を底の底まで透視する」と結ばれていた（五八一号、二〇一五年秋、のち、仲宗根勇・仲里効編『沖縄思想のラディックス』未来社、二〇一七年、所収）。

それまでわたくしは、この詩人の、さほど熱心な読者とはいいかねる人間であった。ただ、一九七二年五月一五日という沖縄の復帰の日にぶち当てて刊行した最初の詩集『素描』(世塩社)の、「あとがき」の結びの一句は、深く印象に留まっていた。「かかる天下り的強権的策略的乞食的政治現象とは根本的に無関係に(つまり徹底的に対立して)われわれという生命は営まれていくのである」。一九四二年に石垣島に生を享けた彼は、故郷を脱出同然に出て哲学を専攻し、六〇年代を東京で過ごした決算として、八重山を冠する筆名をもって(本名は糸数用一)、復帰への断固たる拒否の表明に至ったことになる。

そんな八重洋一郎にとって、「生命」の営みとは、とみずからの奥底を探る気息をもって、「あとがき」にこう書きつけている。「南海の明るい風景と苛酷無惨な歴史の重圧の中で生れ育った私に、存在というものの意味根拠を問い糺したい要求は熾烈なものがあった」。脱出したにも拘らず、あるいは脱出したゆえに、無惨な歴史とそのなかでひたすら耐えた人びとの姿は、彼のなかにとぐろを巻いていた。そういうみずからの根＝「存在の意味」を探ろう、こころのこうした反芻を起点として、この詩集になったとよみとれる。

存在を問うことに出発した八重洋一郎は、そののち詩業を重ね、一九九八年、不在となっていた故家を守るため帰郷する。帰郷したのちに、学生時代の、「日本人か」と迫られた経験を反芻しながら書いている。そういういたぶりにたいして、「私がここで生きているという当り前の事実だけでたくさんだ」と激しく反撥しながら、「生きるとはどういうことなのかを徹底的に問いつめようと全力をあげ」、「煩悶苦悶、七転八倒した」、「その時だ、私の耳の奥底でさざ波の音《ね》が鳴ったのは。静かに深くゆっくりと、くりかえしくりかえしいつまでもいつまでも」(『若夏の独奏《ソロ》　南の海で魂のさざ波に耳澄ませて』以文社、二〇〇四年)。

そんなみずからの生が確かめられるような故郷への帰還であった。その故郷を場とし、かつ少年時の記憶を甦らせながら、八重は、思念を、詩やエッセイのかたちをとってつぎつぎに結晶させていった。それらの作品が繰りひろげる世界は、彼の家に籠もるさまざまの物語から、宇宙に及ぶ。しかし基調をなすのは、みずからの根をなすこの小さな島への、また島人たちへの、共苦・共生の想い以外の何ものでもなかったように見える。島の風光は明るく、島の歴史は暗い。島にみずからを貼りつけた人間として、八重は、その矛盾を引き受けて、ことばを発することにより、いちばん底から歴史を突破しようとする。「あとからあとから覆い被さってくる歴史、いかなる歴史をも合理化せず正当化せず、いかなる事実をも合理化せず正当化せず、あらゆる価値、あらゆる神話を解剖し、個々それぞれの生命の様態をすべて裸かにし、在るがままを在るがままに感受し、この存在という虚無をある行方定かならぬ方向への弾機《バネ》とすること、言うならば私の「賭け」はそこにしかないであろう」(『白い声』澪標、二〇一〇年、の「あとがき」)。

八重洋一郎が歯ぎしりをもって対面するように八重山の歴史は、重圧のもとでの呻吟の一色に染め上げられていた。琉球王朝のもとでの人頭税、住民の半ば近くを流し去った明和の大津波、はびこったマラリア、しかもそれは、人頭税にともなう新村開拓と第二次人戦下の軍命による有病地への疎開により、人びとのいのちを奪ったものであった。

もっとも八重は、「島人」一般へとみずからを潜りこませるような位置にはいなかった。道を通ると農民たちに、「「ウーッ」と低くつぶやいて道ばたによけ合掌」されるような「ユカラピトウ(士族)」の一族であった。島が政治社会として形成されようとするころ、「支配の側に立つ一人となり得」、「それから五百年、われらの血族は連綿として、直接的労働の味を知らない」(以上、『記憶とさざ波』世塩社、一九七七年)。そう意識することが、彼をいっそう、歴史の重圧という問題への感受性を研ぎ澄まさせた。彼の詩業は、故郷への、そうした陰影をもつこだわりを根底に、歴史の爆破への意志の結晶であった。

書き出しに戻ると、南西諸島防衛構想は、そんな八重洋一郎の頭上に降りかかってきた、島をふたたび戦火にさらすことを厭わない軍事計画であった。東京の政府は、緊張を作りだしながら、人も無げに石垣を紛争の場としようとする。なかでも山桜作戦(この命名もすさまじいが)は、〝敵〟の上陸に一旦撤退したのち逆上陸するという構想に立つもので、住民を二重に戦いのただ中にさらすことを当然の前提としていた。

そのことは、「圧搾装置」としての「歴史」(『しらはえ』以文社、二〇〇五年)を、八重に甦らせた。琉球王国からヤマト世への世替りのさなか、八重山の「ユカラピトウ」としての彼の高祖父、曽祖父たちは、王府滅亡により「琉毒」から逃れられると思ったが、姿を変えたもっと悪性の鴆毒《ちんどく》=「日毒」が流れ込んできたむね、書き残していた。そのことばが、現実感をもって浮上し、重圧としてこだわりぬいてきた「歴史」を一挙に見返す力をもつと、彼に確信させたのである。「慶長の薩摩の侵入時にはさすがになかったが　明治の／琉球処分の前後からは確実にひそかにひそかに／ささやかれていた／言葉　私は／高祖父の書簡でそれを発見する　そして／曽祖父の書簡でまたそれを発見する／大東亜戦争　太平洋戦争／三百万の日本人を死に追いやり／二千万のアジア人をなぶり殺し　それを／みな忘れるという／意志　意識的記憶喪失／そのおぞましさ　えげつなさ　そのどす黒い／狂気の恐怖　そして私は／確認する／まさしくこれこそ今の日本の闇黒をまるごと表象する一語／「日毒」」(「日毒」、詩集『日毒』コールサック社、二〇一七年、所収)。

八重は、こうした噴き出る怒り、それに発するひりつくような笑い、作戦のまととされた地に住む血が凍るような恐怖などを、一篇一篇の詩作品としてゆき、それらの結晶として二〇一六年、長詩「山桜」(後掲)に至る。そこでは、米国の野望と、日本のそれとの共謀の実態を、直線的な語彙を駆使してあばきだし、踏み躙られている人間としての立場から、「ここは人間の住む島だ」と叫びつつ、〝美しい〟日本という国の実像を浮び上がらせた。

わたくしは、この詩に、存在を歯牙にもかけられない立場に追い込まれている地の人びとの、みずからの存在回復への凝縮された叫びを聴く想いがした。「琉毒」「日毒」というその言葉は、五〇〇〇年の歴史を透視する重さをもっていた。

そのとき、みずからの存在を問うた先人としての、伊波普猷が浮び上がるのを感じた。二〇世紀の初頭に、伊波が打ち立てていった沖縄学は、貶められつつある沖縄の回復に向け、その時点における存在への問い・存在からの問いであった。一世紀をへて二一世紀初頭における存在への問い・存在からの問いは、「琉毒」「日毒」という立ち位置を固めて、八重山から沖縄学をも刺し貫くかたちで提起されていると思った。生き抜くためにあれほど日本のなかの沖縄ないし琉球を探り続けた伊波に代わるように、歴史を背負いつつ歴史を爆破することを意識し、そうしてその意識が、日本と対峙する沖縄に凝り固まるのでなく、〝辺隅〟の地八重山から、まさに〝辺隅〟であるがゆえに、琉球をも相対化しつつ、日本をトータルに撃つ思索として、ここに発酵しつつある。同時にそれは、(後掲の八重の談話に見えるように)さらに日本を超えて、いのちの視点から世界に、さらにその生成と消滅までを視野に入れる射程をもって、宇宙に繋がるという文明論を湛えている。

その八重洋一郎の「日毒」ということばに込めた思念とは何か。ここには八重山で伺ったその談話から、「日毒」の原点とそのことばを発した詩人の「覚悟」が端的に窺える部分を掲げ、『沖縄の淵』を相対化し、いまを根底から変える思想の発芽をともに感受することとしたい。

詩集『日毒』を出版して以来、いろいろな反応がありました。
まず一番目に、無返答ですね。知らんふりをしている方がたくさんいらっしゃいました。それから二番目に、親しかった人たちがだんだん疎遠になっていく。私はこれまでこのような詩を書いたことがなく、これらの人々は戸惑っていると思われます。三番目、衝撃を受けた、と言ってくださる方。こういう方は、たくさんいらっしゃいました。そして、日本人であることによって自分も日毒を流す側にあったのではないか、と。しかし、なるべくならこんなことには触れたくない、と言う方もいらっしゃいました。

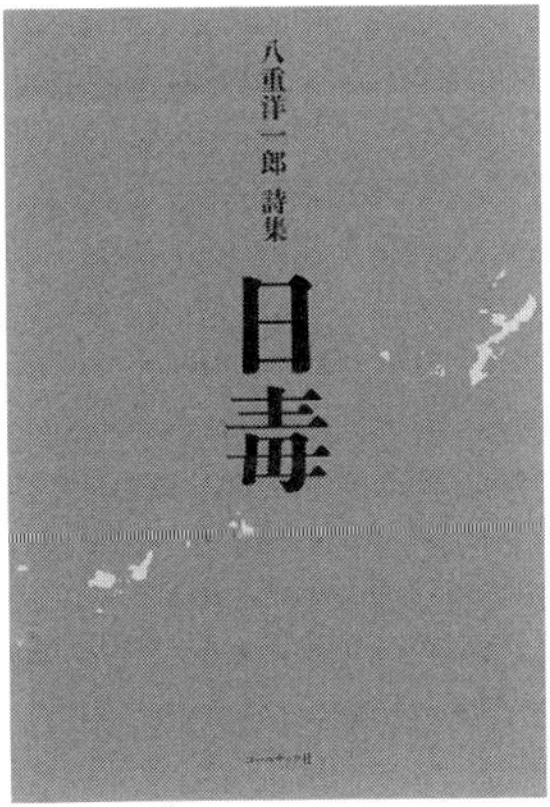

詩集『日毒』
(コールサック社, 2017年)

そんな中で、真正面からこちらの問題提起を受けとめ、何かしなければ、と激励してくださる方もいらっしゃいました。その一人として鹿野さんは、一体、この「日毒」という言葉を発しているのはどんな者だろう、日毒の具体的な現場を探りたいと、八重山まで来られました。

その前に、伊波普猷を巡って、ひと言ふた言申し上げたい。まず、エピソードみたいなものにちょっと触れたいと思います。私の父は明治三四年、一九〇一年生まれです。小学校を卒業する際、自分の父親に中学への進学を懇願しましたが、答えは、ならぬ、わが家は貧乏だ、おまえは師範学校に行きなさい、と言われた。それで高等科二年まで出て、師範学校に進学したそうです。しかし、師範に進学できたのも非常に幸運だったんですね、この八重山という社会では。

ところが明治九(光緒二)年、一八七六年生まれの伊波は、私の父よりも二五歳年上ですから、親の世代です。伊波さんは中学校を卒業してから、第三高等学校、三高へ入るまでに三年ほど浪人しています。そして、東大言語学科を三一歳で卒業するまで、学資に困った様子は全然ありません。その豊かさ、そのあまりの貧富の差が、私には非常に目につきます。すなわち、伊波は沖縄社会においては当初から極め付きのエリートだったのです。

さて、伊波の名前は私たちの周囲では、「伊波文学士」としてよく知られていました。それは親戚のおばあさんのつれあいである大山永本《えいほん》氏が東京留学時代、伊波さんと親しく往来していたからです。大山永本は早稲田大学の前身である東京専門学校を出て帰郷し、政治家を志し県会議員にもなったりしましたが、三〇代前半で早世しました。これについては、伊波の『をなり神の島』の中に、O君の話として、二人でマクタ遊びを見に行ったことが書かれています。

たったこれだけですが、そのおばあさんは、自分の夫が沖縄で一番偉い学者と友達であったことを誇りとして、よく伊波文学士の話を出しました。彼の長男、明治四一年生まれの大山永太郎氏(元・琉球高等裁判所判事、弁護士)は、沖縄一中時代、短期間ですが伊波家に厄介になっていた、下宿したといわれていますね。伊波さんの家はものすごく大きなお家だったらしく、弟さんとか、家族がいっぱいいらしたようです。

ところで、私は伊波さんの著作を、身を入れて読んだことはない。それは、彼の日琉同祖論や権力の南漸論、それから、『沖縄歴史物語(日本の縮図)』の結論を、著作を読むより先に、観念的に知ってしまったから、だろうと思います。彼は、自分が日琉同祖論や南漸論を述べたのは、琉球人がノイローゼにかからないために、異民族による支配ではなく同胞の一部により支配されていたと考えるほうが少しは気持が軽くなるのではないか、と思ったからで、一種の方法として唱えたのである、というような発言をしています。これは、鹿野さんの『沖縄の淵』によると、比嘉春潮の日記に書いてあった、とありますね。これは、歴史の事実とは離れた一種のイデオロギーである。果たして、かかる言説が学者として許されるであろうか。というよりも、そのような意識で、果たして沖縄を救うことができるか。

そして、最後にあの有名な言葉が来ます。「地球上で帝国主義が終りを告げる時、沖縄人は「にが世」から解放されて、「あま世」を楽しみ十分にその個性を生かして、世界の文化に貢献することが出来る、との一言を附記して筆を擱く」と書いてあります。あまりにもご都合主義であるような感じがしてなりません。そして、事実は沖縄戦の敗北、アメリカによる占領支配、そして現在の日本の保守勢力による圧政が続いています。もちろん、私は彼の思想的戦略や、彼の琉球史、彼の生涯を見晴らすことのできる、後の世代の地点に立っているわけで、彼と同時代であったらどうか。疑問を持ちながらも、彼の思考、そのイデオロギー、立場に引き込まれていったかもしれない。それは大いにあり得ることだと思っています。

さて、具体的にいうと、八重山、つまり先島諸島と沖縄本島の歴史的感受性は全く異なる。那覇から宮古に至るまで大体三〇〇キロ近く、石垣までは四〇〇キロ以上ありますね。海洋が横たわっています。この距離の意味は非常に大きい。例えば、南漸論は、あるいは沖縄の権力に限っては成立する可能性はなきにしもあらず、と思ったりもします。

第一尚氏は、沖縄本島の北にある伊平屋《いへや》島から逃げていって、沖縄南部の佐敷《さしき》から勃興したんですよね。第二尚氏は伊是名《いぜな》島から逃げて、第一尚氏の中に入り込んで、最後に宮廷革命を起こして権力を簒奪したわけです。あるいは北方から南へやって来たかもしれない、という理論も、一応は成り立つかもしれない、と私は考えています。

ところが、沖縄の庶民、特に八重山のわれわれにとっては、以上のことは決して成り立たない。それは日頃の日常感覚が、常に南方からの風光に晒されているからであり、南方からの潮流、海流に洗われているからです。われわれの顔や体格、生活習慣などが南方の人々とよく似ています。八重山の中心的祭祀、アカマタとか、マユンガナスとか、ミルクとか、アンガマとか、それも全く南方系です。一目ですぐ分かります。

八重山は第二尚氏、三代目尚真《しょうしん》王によって西暦一五〇〇年に征服されました。その際、オヤケアカハチという人物が果敢に戦いましたが、敗北しました。そして、敗戦以後は首里王府の植民地的存在となりました。さらに西暦一六〇九年、慶長の薩摩の侵略によって、八重山はいわば二重植民地となってしまいました。

八重山、宮古への支配を象徴する人頭税は、一六三七年から一九〇二年まで、実に二六五年間も続いています。一九〇二年というと明治三五年ですよね。首里王府の厳しい支配を示す、翁長親方《おながうえーかた》の「八重山島規模帳《きもちょう》」を見てみましょう。

これは、王府の八重山統治の基本姿勢を示しています。全文四一五条ありますが、その抜粋を、『老いて学べば――竹原孫恭遺稿集』（糸数用一編、竹原房発行、一九八四年）で見てみましょう。これは学者の解説ではなく、一民間人が規模帳を読んだ報告であり、生活感がよく出ていると思います。面白いところを少し読んでみます。

耕作すること、畑を耕すのをどういうふうにやったかというと、「村の出口に小屋を構えて、毎日一人ひとり帳簿と引合せによって、田畑へ追出し、係りの筆者並びに世持《よもち》・田ぶさ人共は後追いをして作業の監督に念を入れるように定められてい」た。これが建前なんです。なまける者がいるので、こういうことはやるなっていう、これが翁長親方の規模帳の目的なんですね。

また、「農事は年貢・衣食を作りだす元で、いたって大切な事であり」と書いてあります。農業は農民が食べるためじゃなくて、年貢や衣食を作りだす元である。これがもうはっきりしています。

それから、「人頭税のころを生きぬいて来られたある老婦人が人頭税の厳しさについて次のような証言をして下さった」。人頭税、何しろ明治三五年まで続いていますから。それを知っている人がいたわけですね。「御用布座で反布——タンプと読むのでしょうか——の検査を見たことがある。横につるした竹竿に一反ずつ掛けて、反布を一方の端から順々に布地や模様をくわしく調べ、悪い所があれば、たちどころにその部分をはさみで切断された。織手の女達はその側で息を詰め、祈るような気持でじっと見つめていた。その時、もし役人ににらまれ、「検査を通してやるから、ティンカイ　ンカイ、シィバリユ　シーミシリ」と、命ぜられたとしても」、これはどういうことかというと、天に向かって小便をしてみせろって言ったんですよね。誰一人それを拒む人はいなかったであろう、と言われて。それぐらい、「人頭税がいかに苛酷であり、百姓は生涯を納税のために、いかにあえぎ苦しまねばならなかったかを十分に知ることができる」と思います。

もう少し読みますと、人口増殖について、「百姓等の中で年ごろになっても結婚していない者が多い。又他村の者との結婚については正女(課税対象になる十五歳から五十歳までの女)が減少するとの理由で、女方の村役人が反対しているようでどうかと思う。今後年ごろの者は、きっと役人の指図で縁組をさせ、又他村への婚姻についても互に相談して結婚させるよう中し渡せ」。要するに、子どもが欲しいわけですよね、権力としては。人数が増えてほしい。

にもかかわらず、「妊婦がわざわざ流産したり又は赤子を埋殺する者もあり」と書いてある。これは日常茶飯事だったらしいです。どういうふうにやったかと思うと、恐ろしい話がいっぱいあります。大きなシャコガイがありますね、あれをかぶせたとかね。それから、生まれてきたら熱湯をかけたとか、埋めたとか、そういう話がいろいろある。

そういうことはやめさせるように、と書いてあります。

「女が懐胎すれば、その年から御用布上納を差免じ、出産後も二カ年の間は御用布の調方を差免ずる」。こんなありがたいことがあるのに隠している。しかも、子どもをどんどん間引きすると。これはけしからん、ということですね。

それから、家については「材木は樫木を使ってはならぬ」。これはきっちりした家を作ってはいけない、ということですよね。

人頭税がいかに苛酷であり、百姓は生涯、納税のためにいかにあえぎ苦しまねばならなったかが、お分かりになると思います。蔡温《さいおん》(具志頭親方文若《ぐしちゃんぶんじゃく》)は沖縄本島では大政治家とされていますが、八重山にとっては悪魔のような存在なわけです。

下って、先島《さきしま》分島問題では、このような圧政下にあった八重山が、さらに明治政府によって中国との取引材料にされた。それへの怒りです。そして、それが現在の安倍政権によって引き継がれ、無責任な横暴となっています。この政権は、そういうことについて何の反省もしないし何もやらない。そういう歴史も全然知らない。だから私どもは怒り心頭に発している次第です。

これから、詩集『日毒』について話してみたいと思います。

まず私がこの「日毒」という言葉に出会ったのは今から三五年前、(原稿の段階から言えばほぼ四〇年前)、私のつれあいの父親である竹原孫恭の著書『城間船中国漂流顚末《ぐすくません》――八重山・一下級士族の生涯よりみた琉球処分前後』(竹原房発行、一九八二年)においてです。

この本は父が玻名城《はなしろ》泰雄さん(書家、当時石垣市立八重山博物館長)から古文書の読み方を習い、自宅にあったたくさんの文書を読み始めて、びっくりしたのがその執筆の動機となっております。この本の装幀は総合美術デザイナーの潮平正道さん、また漂流経路を追跡してくださったのは石垣島地方気象台勤務(後、南大東島地方気象台長)の正木譲さんです。

さてその時私は「イヴィー　バガダーウシュマイダーヤ　大和《ヤマト》バドゥ「日毒」デドゥアンキオーレーラャンラー」(なんと私たちの先祖は大和を「日毒」と呼んでおられたのだなぁ)と激しいショックを受けました。当事者の感覚がストレートに伝わってきたのです。しかしそれは一話題(一点)にすぎず、それだけで詩を書くことはできません。

それから、自分が本当に小さかった頃、例えば祖母がお米を、ソーギ(竹で編んだ半径三〇センチほどの平たい皿状の民具)を縦に揺らしながらアーラ(籾殻)やクグミ(屑米)、ツヌブサー(穀象虫)などを取っている、私はその傍にちょこっと座っていたわけですが、そういうときにぶつぶつ私に語ったことを思い出したりしました。

それによると自分の父親はミーナーヤーに入れられて毎日引き出されては叩かれていた。その弁当を持っていくのが自分の役目だったというのです。そして「父親《シュー》ヤ正《ショウ》ヌネーナーナリ　気《キィ》ヌ狂《フ》レーッテ　一声《ピトゥクイ》ンザン出《イダ》サナーナリリィ　ウヌママーラショーッタ」(父親は正気をなくしてしまって気が狂れて一声さえも発せずにそのまま亡くなってしまった)、と続けるのです。ミーナーヤーとは格子穴のついた家、つまり座敷牢のことです。今の登野城《とのしろ》小学校の敷地にあったようです。

私は自分がおぼろに覚えているそのことが一体どういうことなのかといろいろ考えましたが、まったく解りませんでした。

ところが四、五年前から琉球処分前後の研究がすすみ、琉球王国最後の王尚泰《しょうたい》の側仕(おつきの者)であった喜舎場朝賢《きしゃばちょうけん》の『琉球見聞録』などが分析され、当時の様子が少しずつ解ってきました。なおこの見聞録は書かれてから三五年も篋底《きょうてい》に秘されていたということです。これは、伊波普猷がそうしたんですね、きっと。当時そのまま発表されると危険があったのでしょう。

それによると、首里のほとんどの士族は「反日」でどうしようもなく、それで明治政府は主な反日派の人々に拷問を加えて、そのうめき声が巷にあふれていたというのです。

私は八重山でもそのようなことがあったかもしれないと思うようになりました。「日毒」と書かれた色紙が埋められていたという話もまんざら嘘ではないと考え始めました。何しろみんなヒソヒソ話、ウワサ話です。決定的な確証はありません。しかし状況を考えていくと、その言い伝えは本当であるとしか思えなくなりました。

さて詩に出てくる「紙綴《かみつづれ》」ですが、その発見のいきさつは次のとおりです。

私は東京から帰郷してやがて二〇年になりますが、帰郷して四、五年経った頃、自分が幼かった時、一番座の床の間に掛けられていた掛軸がどこかにしまわれているはずだと懸命に家探しをしたことがあります。掛軸はやっと見付かり、その上、幅三〇センチほどで長さはいろいろの、いくつもの巻物が出てきました。それらの中に、今度の「紙綴」があったのです。それは詩に書いてあるよりはもう少し厳しいもので、例えば当時の頭――カシラ、普通はカサと言っていますが八重山の役人の最高職です――など四、五名の連署が記されています。なぜその巻物が私の家に伝えられているか、それは当時私の先祖が「総横目」という役職についていたからのようです。目付みたいなものをやっていたらしいんですね。おそらく王府へ秘密裡に文書を送ったりしていたのでしょう。それは詩にも書いたように「写し」であったようです。

以上は昔話ですが、日毒という言葉、祖母の話、巻物と、「点」から「線」になり「線」から「面」になっていることが分かります。それで自分の属している同人誌「イリプス」――これは楕円という意味です――、「詩と思想」の年鑑などに作品を少しずつ発表してきました。

さて去年(二〇一六年)の一一月一日、於茂登《おもと》公民館の広場で「石垣島への自衛隊配備反対」の集会が持たれました。その際、高宮節さんが大きな写真のパネルを何枚も持参展示されました。それに大田静男さんのコメントがあり「キャンプ・コートニーではこんな訓練をしている、SOS」と書かれていました。米軍兵士がわれらの郷土の地図を軍靴で踏みつけながら何かをしゃべっている写真です。

それを見た私は激しい怒りに駆られ、帰宅後すぐペンを執り詩を書き始めました。これまで私が感じていたいろいろなことがその写真によってまざまざと立証されているように思い、ペンを走らせ続けました。三日ほどで書き了えました。それを清書してコピーをとり何人かの人に読んで貰いました。新垣重雄さんからはどこかに民謡を入れられないか、との感想があり、また川上博久さんからは、日本の右翼勢力をさえ騙した昭和天皇の「ずるさ」についても、もう少し言葉を入れた方がよいとの意見を頂きました。それで子守唄ふうに自分で創作した民謡を入れたり、昭和天皇がGHQに沖縄の長期占領を希望すると伝えたあの「天皇メッセージ」に関連した言葉を重ねてリズムを整えました。そうして出来た詩「山桜」の一部を紹介します。

山桜
――敷島の大和心を人問はば朝日に匂ふ山桜花――

沖縄島中部
平和市《うるま》にある米軍キャンプ・コートニーの一場面
床には部屋いっぱいに石垣島　西表島　宮古島　その他辺りの島々の
大きな地図が広げられ
ぐるりを米軍海兵隊　日本自衛隊幹部が
あの迷彩色の軍服に身を固めらんらんと眼を光らせて取りまいている
指揮官とおぼしき丈《たけ》高い一人がピッタリ履いた軍靴を鳴らし　地図の上を
何かを説明しながら得意然と鋭い動きであちらこちら歩いている
日米共同方面隊ヤマザクラ　YS-71 の演習の戦闘予行
（中略）

徹底的に自発的対米従属国家サクラ咲く美しい日本国
アメリカという騎士に乗られてよく走る馬
鞭打たれれば打たれるほど勢いつけてよく走る馬　しかしその狡さは親分勝《まさ》り
己《おの》れは決して損しないその原則をたちまちコピー　日本式沖合作戦をひねり出す
それは簡単　それこそ
与那国島　石垣島　宮古島　沖縄島　奄美島　旧琉球域
今はその名も南西諸島　日本ではあるが
日本ではない場所　ここを沖合と苦もなく即決
(こんなところは　戦争以外に使う価値ない)
(住民たちが死のぅが生きようが　そんなことは知ったことか)　そしてそれを
うやうやしく米軍にたてまつる
七十年経ってもまるであの天皇メッセージそっくりそのまま
日毒ここに極まれり
(その腹中はどんなに他人を犠牲にしても　自分だけは生き残る)
(血の色の大輪咲かせ己れだけは生き残る)
日毒ここに極まれり

（中略）

指揮官よ　ぐるりの幹部よ
見えないか　君らが踏むたび足もとの地図から血が噴きあがる
振るう鞭から火炎《ほのお》があがる
血塗《ちぬ》られた地図から叫びが燃える
（我らの郷土を軍靴で踏むな！）
ここは人間の住む島だ
家族がいる　子供がいる　老人がいる　仔犬がじゃれる　鳥が鳴く
団欒がある　生活がある　労働がある
ここはやさしい平和《うるま》の島だ
見えないか　人々が懸命に生きている姿が
聞こえないか　深い感情の奥底から湧きあがる歌々を

（後略）

この「山桜」を書き了えた時、私はこれで詩集ができると直感したのです。つまり平面をさらに立体化できたと思ったのです。すなわちX軸、Y軸、Z軸ができ、そのZ軸は地下にまで潜っているのだから強固な構造を持った詩集が可能である、言ってみれば、様々な詩を書くことによってここに「日毒」が析出されていると考えたのです。

　そのような時にコールサック社の鈴木比佐雄代表から「詩集を出されたらいかがですか」とのお誘いがあったので、私の詩集の表題は「日毒」といい、表紙のデザインはまっ赤な血の色にしたいが、それでもお引き受けくださいますかと尋ねたら、「いや、私は大丈夫です」との御返事だったので、ただちに出版の準備に入った次第です。

　以上が大まかな出版までの経緯です。ですから私が「日毒」という言葉に出会ってから三五年経って詩集が出来上がったことになります。そしてこの詩集には第一尚氏の尚徳王、第二尚氏の尚円王(金丸)の時代から、ついこの間のオスプレイ墜落に至るまでの約五五〇年間の沖縄の歴史が視野に入っていることになります。

　ところでなぜわれわれは歴史をふり返るのか。それは現実があまりにも理不尽だからです。「日毒」という言葉は本来ならば、とうの昔に歴史の彼方に消え去っているべき言葉です。それが今なお生々しいリアリティーを持っている。そして歴史をふり返ればふり返るほど現在の日毒性がいよいよ明らかになるのです。われわれ沖縄、そしてその辺境たる八重山には様々な歴史の問題点、そしてまさに今現在の重大な問題点が幾重にも集積しています。これは悲劇ですが、これが現実です。われわれはその現実をよく見つめ、よく経験し、よく考える。これが歴史への反逆のバネとなる。われわれは一見悲劇の中にいますが、悲劇の中に居ればこそ解ることが多々あるのです。それらの経験を糧にわれわれは次第に強くなり、次第にたくましい知恵もついてきます。様々な問題の集積点におればこそ、それに反撃する全く新しい手段、方法を発想することができるのです。問題の集積点こそ全く新しい価値の創造原点となり得るのです。

それにはわれわれはまず深い様々な試行錯誤の中からそれを結晶化したヴィジョンを探り出さねばなりません。例えば一九世紀前半にドイツで徹底的に沈思黙考し『意志と表象としての世界』を著したあの孤独な哲学者ショーペンハウエルは言いました。「この世で価値あることは世界を征服することではなく、世界を超越することである」と。

それがどういうことであるかはよく解りませんが、これはひとつの大いなるヴィジョンであります。そのヴィジョンを達成するよう努力を続ける。われわれの場合で言えば日毒を全身に浴び、それをよく分析しその経験から様々な方法を編み出し、日毒と対抗し日毒を粉砕し、あるいは解毒、無毒化し、なんとしてでもわれわれの自由を創造していくということです。

そしてわれわれは何の保証もない創造の最尖端に立っているのだという覚悟を持ち全エネルギー、全努力をそれに集中する。例えば詩を書く場合、その詩語の一つ一つが鋭利な刃物よりも深く突き刺さる能力を備え、また詩の一篇一篇が爆薬を秘めている、そんな詩を書かなければならない。私はそのような思いで詩を書いています。
実際にこんな詩を書くのはなかなか困難ですが、あきらめないことが大切だと思います。重い重い荷物を担いでいるわれわれこそが歴史を、そして世界を切り開いていくことができるのです。あきらめないことが大切です。

ここで、この詩集の原点となった「詩」を一篇朗読させていただきます。

人々

ある日の新聞の小さな記事
一人の人物の帰還の物語である
ハワイから位牌となって帰ってきたその人物
はるばるとその昔　出発したのは中国(当時清国)福州の琉球館へ向けてであった
時は光緒二年(明治九年・西暦一八七六年)　さよう
日国　明治政府が軍隊何百人かを派遣して琉球国を劫奪しようとしていた

正にその頃である
彼は琉球国の存亡を担って中国清朝政府へ
琉球救出の嘆願に趣いた紫巾《しきん》官であった

ここにもう一人の人物がいる　彼は光緒八年(明治十五年・西暦一八八二年)旧暦五月与那国から石垣への帰島の際　暴風雨に遭遇　航路を大きく外れかろうじて中国大陸に漂着　その沿岸を漂流　やがて中国官憲の保護指示のもと福州琉球館へたどりついた八重山の一下級士族である

もう一人の人物がいる　琉球王府派遣の国費留学生として北京国子監に学んだが祖国の危難を憂い嘆き　今は琉球館に悶々として日々を送迎しているのである

さらにもう一人の人物がいる
日国　琉球侵入以来　各島々は如何になったか　その変貌を琉球館の人々へ注進しようと台風の為の漂着と偽って来閩《らいびん》した八重山島の役人である
閩とは大河閩江が流れる福州の別称　その琉球館には四十余名の憂憤の人々が寄寓

滞在　彼らは異郷の地にあって祖国を患《うれ》うる一念から互いに敬愛尊重相和し　身分
を問わず上は紫巾官から下は無役の軽輩まで一致協同していたのである

さて　八重山からの報告を聞き　彼らは書く
「…光緒五年日人が琉球に侵入し国王とその世子を虜にして連れ去り国を廃して県
となし…只いま島の役人が　君民日毒に遭い困窮の様を目撃　心痛のあまり危険を
冒して訴えに来閩…」

資料をあさりつつ　今　私の視線は
あの与那国からの中国沿岸漂流者　琉球館に於いて両先島分島問題等々の情報に接
し憤激の志士と化した一八重山人がいずれ後の為にと何処かに隠匿して持ち帰った
清朝列憲への「泣懇嘆願書」(控)その文言
就中「日毒」の一語に吸い着けられて離れられない

沖縄、そして八重山は、強者の欲望によって収奪されてきた。現在、沖縄には世界の欲望が集積しています。特に日本国の無責任、欲望がはなはだしい。今、考えてみると、日本は敗戦後たった七年で独立を回復しました。米軍による占領時代は電光石火のごとき短時間で終わったのです。実はそれは、米国による中国、朝鮮、ソ連などを除いた単独講和であり、沖縄を切り捨てて米軍に委ねる、という身勝手な出来事であったのです。これは、サンフランシスコ講和条約ですね、一九五一年調印。

また、同時に締結された日米安保条約による見えない占領の継続でもあった。沖縄の場合は見える占領で、七〇年過ぎてもそれがいつ終わるか見当もつかない。やがて、天皇メッセージの存在が明らかになり、歴代保守政権による意図的な沖縄犠牲、そして、巧みに誘導される全国民的規模に及ぶ構造的沖縄差別の構築。そして、現政権による辺野古、高江などにおける米軍基地の建設。南西諸島防衛構想と称しての、その強圧的自衛隊配備問題等々、数え上げればその数は増え続け、日毒のありさまがいよいよ鮮明になります。

歴史上、強者によって滅亡させられた国は数限りなくあり、われわれの現在は例外ではない、と考えています。油断すれば滅ぼされてしまうのです。そして、その襲い来る世界の欲望に対抗し、自らの存在を守り、いかにしてでも自らの主張を発揮しなければならない、と考えています。誰かがわれわれを保護することはありません。決して滅ぼされてはならない、自分が生きていることの意味も無にしてはならない、その意味を貫かねばならない、と考えています。つまり、歴史に対する反抗です。

伊波普猷は「われわれは歴史によつておしつぶされてゐる」というグールモンの言葉を、著書の巻頭に掲げたそうです。初めの頃はニーチェの「汝の立つ所を深く掘れ、其処には泉あり」ということを書いてあったそうですが、最後はこの「歴史によつておしつぶされてゐる」に変えたそうです。

このニーチェの詩は「ひるむな」という詩なんですよね。「おまえの立っている所を深く掘れ、その下には泉がある。陰鬱な男たちにはさけばしておこう、下にあるのはいつだって地獄」という詩で。泉、ペーレーっていうのと、地獄、ヘレというのは、韻を踏んでいます。だから本当は、最後まで引用したほうが良かったんじゃないかな、といつも思うんです。


永遠とは何か。私たちは永遠が何であるかよく分かりません。私が目指すのはそれを感ずる感受性そのものを創造する、ということでもあります。現代社会の現状認識をここで、やぼったいですが読み上げます。「文明はその全知性をあげて、次々に新兵器を発明してきた。その頂点が核兵器である。もし第三次世界大戦が勃発すれば、人類は、いや、地球そのものが滅亡する恐れがある。こんなこともわれわれ沖縄は実感せざるを得ない」、ここを非常に強調したいわけです。

何しろ現に、沖縄からベトナムやイラクへ出撃した。出撃地点、発射地点は被弾する可能性が最大です。人間はこれまで育ててきた、戦争につながる一切の価値観を捨てなければならない。この戦争がいかに人間の根底と結びついていたとしても、それを否定しなければならない。他人への支配欲、世界制覇の夢、その頂点における酩酊、自己陶酔、民族陶酔、資本酩酊。日常的な生活に移しますと、英雄、豪傑、武勲、闘志、忠誠、等々、これらを否定すると、人間は貧弱な哀れな存在となるかもしれない。しかし、その貧弱なところから、哀れなところから、最も低いところから、今度は全く別の新しい価値観をもって、全く別の新しい方向へ向かって生き始めなければならない。これまでの価値観を守って核戦争を引き起こし滅亡するか、あるいはこれまでの価値観を捨てて生き延びるか。いずれにせよ、人類は人類を超えなければならないところに来ている。これが私の覚悟のようなものです。

（二〇一七年一一月二九日、石垣市立図書館にて）

伊波普猷略年譜

西暦	年号	年齢	事項
一八七二	同治一一（明治五）		旧九月、日本政府、琉球国を琉球藩とする。
一八七六	光緒　二（明治九）	一	旧二月二〇日、父普済・母マツルの長男として、琉球藩那覇西村に生れる。伊波家は富裕な士族。唐名は魚培元。雅号は物外。
一八七九	光緒　五（明治一二）	四	四月、日本政府、琉球藩を沖縄県とする。
一八八六	明治一九	一一	三月、沖縄県師範学校附属小学校に入学。「大和口《やまとぐち》」と出会う。
一八九一	二四	一六	四月、沖縄県尋常中学校に入学。在学中、教師の下国良之助・田島利三郎から、深い影響を受ける。のち田島からは、おもろ資料を贈られる。
一八九三	二六	一八	九月、『琉球新報』創刊。
一八九四	二七	一九	五月、京阪地方への修学旅行で、つよい刺戟を受ける。八月、日清戦争始まる（—九五・四）。学校で射撃練習などを行う。「慷慨家」で通っていたという。
一八九五	二八	二〇	一〇月、校長排斥のストライキに参加し、一一月、首謀者の一人として、退学処分を受ける。
一八九六	二九	二一	夏、出京し、精神的に彷徨しつつも、上級学校への進学をめざす。

一九〇〇	明治三三	二五	この頃より、「琉球だより」などの文章を発表し始める。九月、第三高等学校第一部文科に入学(〇三年七月卒業)。
一九〇三	三六	二八	九月、東京帝国大学文科大学言語学科に入学。
一九〇四	三七	二九	二月、日露戦争始まる(—〇五・九)。
一九〇六	三九	三一	七月、卒業論文「琉球語の音韻組織並に名詞代名詞数詞係結に就いて」を書いて、同大学を卒業、県下最初の文学士となる。同月、帰郷。 ＊この年よりほぼ一九一〇年代を通じて、琉球史を初め、声音学・キリスト教・民族衛生などについての講演活動、資料収集活動に努める。またエスペラント研究会を立ち上げる。その活動は、全県下にわたるとともに、とくに子ども・女性・青年・教員への啓蒙に力を注ぐ。
一九〇七	四〇	三二	三月、八重山を訪れ、その古謡に感動する。
一九〇九	四二	三四	八月八日、長男凞死去。妻マウシとの婚姻年月日は不明。
一九一〇	四三	三五	五—六月、旧県吏(内地人)の沖縄人劣等視論に、激しく反論する。 九月、沖縄県立図書館長に嘱託(それに先立ち、図書館調査のため各県へ出張、独自の見識を培う)。翌年、開館式。 八月、韓国併合。
一九一一	四四	三六	一月、大逆事件の判決、死刑執行。 四月、河上肇、来沖し、親交を結ぶ。 一二月一〇日、『古琉球』(沖縄公論社)刊。同書三冊を、柳田国男に贈る。
一九一二	四五	三七	三月、沖縄県に衆議院議員選挙法施行(宮古・八重山両郡は、一九二〇年)。

一九一四	大正三	三九	二月、糖尿病、腎臓病で病床にふす。
一九一六	五	四一	七月、『琉球の五偉人』(真境名安興と共著、小沢書店)刊。九月、『古琉球』再版(糖業研究会出版部)、監修『琉球語便覧』(糖業研究会出版部)刊。
一九一八	七	四三	一月、鹿児島県大島郡教育会の招きにより、奄美大島で、「沖縄島を中心とする南島史」と題して講演。
一九一九	八	四四	五月五日、二男誕生、柳田にちなみ、国男と名づける。 一〇月、『沖縄女性史』(真境名安興と共著、小沢書店)刊。
一九二一	一〇	四六	一月、来沖した柳田国男と初めて会い、深い交友関係が始まる。 七月、来沖した折口信夫と会い、肝胆相照す友となる。 *この年ごろ、ソテツ地獄が沖縄を襲う。
一九二二	一一	四七	三月、柳田の勧めにより、「炉辺叢書」の一冊として、『古琉球の政治』(郷土研究社)、四月、『古琉球』第三版(郷土研究社)刊。
一九二四	一三	四九	五月、「琉球民族の精神分析　県民性の新解釈」を発表。 一二月、図書館長を辞任。 同月、『琉球聖典　おもろさうし選釈　オモロに現はれたる古琉球の文化』(石塚書店)刊。
一九二五	一四	五〇	二月、東京へ移住し、年来、恋愛関係にあった真栄田冬子(マカト)と、小石川区戸崎町で、同居生活に入る。 三月、柳田・折口らによる激励会が開かれる。その後、学会・研究会・講演会に、相ついで出席するようになる。とともに、民俗・言語を中心

一九二六	大正一五	五一	に、成果を専門誌などに報告。 同月、アイヌの青年違星滝次郎の話に感激する。 三—九月、柳田らの尽力により、『校訂おもろさうし』全三冊(郷土研究社)刊。 ＊この頃から、「南島」の語を頻用しはじめる。 一〇月、『琉球古今記』(刀江書院)刊。 同月、『孤島苦の琉球史』(春陽堂)刊。
一九二八	昭和三	五三	九月—二九年二月、実業之布哇社の招きにより、ハワイを訪れ、諸島内の各地で講演、その後カリフォルニアとメキシコを巡って帰国。『沖縄よ何処へ』を持参。
一九三一	六	五六	七月、『南島史考(琉球を中心としたる)』刊。九月、「満洲事変」始まる(—三三年五月)。
一九三二	七	五七	翌年にかけて、新おもろ学派による批判に遭い、ショックを受ける。
一九三三	八	五八	東京市中野区塔ノ山に転居。
一九三四	九	五九	一一月、『南島方言史攷』(楽浪書院)刊。
一九三五	一〇	六〇	八月、柳田国男還暦記念日本民俗学講習会で、「南島稲作行事採集談」と題して講演。
一九三六	一一	六一	二月、沖縄と東京で、還暦祝賀会が開かれる。それを機に、翌年七月、記念論文集『南島論叢』が、沖縄日報社より刊行。
一九三七	一二	六二	七月七日、日中戦争(「シナ事変」)始まる。

一九三八	一三	六三	八月、『をなり神の島』(楽浪書院)刊。
一九三九	一四	六四	一〇月、『日本文化の南漸　をなり神の島続篇』(楽浪書院)刊。
一九四〇	一五	六五	一月、県学務部の標準語励行県民運動にたいし、来沖した日本民芸協会の人びとが批判したのをきっかけに、方言論争が起きる。「適正な奨励法を」など、短い談話や文章を発表。
一九四一	一六	六六	旧三月三〇日、妻マウシ死去。 一二月八日、太平洋戦争始まる(—四五・八・一五)。
一九四二	一七	六七	六月、『沖縄考』(創元社)刊。 一〇月、『古琉球』改版(青磁社)刊。
一九四三	一八	六八	一月、河上肇との交友が復活し、急速に深まる。
一九四四	一九	六九	八月二六日、真栄田マカト(冬子)との婚姻届を出す。
一九四五	二〇	七〇	米軍は、三月二六日慶良間諸島に、ついで四月一日沖縄島に上陸して、沖縄戦を開始(—九・七)、沖縄における日本政府の全権限を停止する。そのなかで、疎開を考え始める。 四月三—四日、「決戦場・沖縄本島」を『東京新聞』に掲載。 五月二六日、空襲で焼け出され、比嘉春潮宅に迎えられる。 八月一五日、天皇のポツダム宣言受諾の放送を、声を呑んで聞く。 九月、戦後最初の仕事『おもろ覚書　琉球古代社会の片影』に取り掛かる(四六・九脱稿)。 一一月、沖縄人聯盟(のち連盟)結成、その代表総務委員(のち会長)とな

一九四七	昭和二二	七二	る(四六・一二辞任)。七月九日、『沖縄歴史物語(日本の縮図)』を脱稿。八月一三日、比嘉宅で脳溢血により死去。八月三〇日、ハワイで追悼会、一〇月一七日、沖縄人連盟の連盟葬、同月二五日、追悼講演会(講演者＝柳田国男・折口信夫・金田一京助)。一一月、『沖縄歴史物語(日本の縮図)』(沖縄青年同盟中央事務局)刊、翌年二月、同書のホノルル版(マカレー東本願寺)刊。
一九六一	三六		八月一三日、伊波普猷先生顕彰会により、浦添城址に伊波普猷顕彰碑が竣工、遺骨はその地の墓に納められる。
一九七四	四九		四月―一九七六年一〇月、服部四郎・仲宗根政善・外間守善編『伊波普猷全集』全一一巻(平凡社)刊。
一九七五	五〇		一一月二二日、伊波冬子死去。
一九七六	五一		沖縄全域にわたって、伊波普猷生誕百年記念事業が繰りひろげられる。

- 年齢は、数え年によった。
- 項目は、本文との照合を考え、いくらか角度をつけた。
- 最も精細な年譜として、比屋根照夫『近代日本と伊波普猷』(三一書房、一九八一年)所収の「伊波普猷年譜」がある。真に労作というべく、とくに家族関係の事項は、もっぱら同書の記述に拠った。深く感謝する。

現代文庫版へのあとがき

いま伊波普猷を考える意味は何だろうか。

伊波はおよそ百年前、琉球→沖縄が、政治的経済的文化的に日本に圧服され吸収されていったとき、人びとに、自己喪失からの回復を呼びかけたひとであった。疑いもなく超エリートであったが、ふるさとが蔑視に曝されるなかで、いかに誇りを回復させるか、生き延びさせるかという課題をみずから引き受け、存在への問い・存在からの問いを発しつづけた。思索は曲折をきわめたが、命運をみずから決める存在をという宿志は、古典『おもろさうし』を基盤とする沖縄学の樹立を通じて動くことがなかった。

七一年前の遺著『沖縄歴史物語』で、伊波は、島津侵寇以後の時代を、隷従をしいられた時代としての「近世史」と一括する史眼を示し、「地球上で帝国主義が終りを告げる時、沖縄人は「にが世」から解放されて、「あま世」を楽しむことができるという、希望を表明した。その願いはいまも達せられていない。どころか、圧服はいっそう加速されつつある。その意味では、「近世史」はいまも持続している。

だがその半面として、人びとは、その後の米軍の統治、さらに施政権返還後の日本政府の統治にたいして、不当に課せられている基地問題を軸に、さまざまな要求・抵抗・不服従という意思を、個別的集団的に表明するという経験を重ねてきた。それは、思想が発酵する環境を決定的に変えた。とすれば、沖縄の、いまを捉え返し将来を見はるかす思想は、どのように打ち出されているだろうか。

そういう思想的営為の確かなしるし(あるいはその一つ)を、わたくしは八重洋一郎に見る想いがした。彼は近年、詩集『日毒』によって、日本の詩壇を震撼させた八重山の詩人である。表出したそのことばには、いのちへの深い思念が根を張っている。「付」として八重洋一郎のことばを示すことにより、伊波普猷を相対化する構成にしたいと思った。それは、あらたな沖縄学への途といってもいいかもしれないし、もはや沖縄学の域を超えるものかもしれない。

そんな気持に駆られての、伺ってお話を聴きたいという願いを、八重さんは寛大にも聞き届けられ、昨年一一月、四〇年ぶりの八重山行となった。思いもかけず氏は、草稿と資料まで整えて談話を準備しておられ、行をともにした三人のヤマトからの来訪者(編集部の入江仰さん・堀場清子とわたくし)は、一時間余にわたってまずそのお話を伺えるという幸運にあずかった(二〇一七年一一月二九日午後、石垣市立図書館会議室)。今回、掲載を許されたご厚意に深く感謝するとともに、その全容を示すことができなかった非礼を、またの機会を期しつつお詫びする。

本書の初版が刊行されたのは一九九三年、いまから四半世紀前である。そののち現在に至る間に、二〇〇八年、『鹿野政直思想史論集』第四巻として出していただいた。そのさいには、初版刊行後に明らかにされた諸事実について、「追記」というかたちで本文中に組み込んだ。以来さらに一〇年が経ち、伊佐眞一による伊波普猷の卒業論文発見を初めとするその後の動向については、三つに絞って、「補記」というかたちで巻末にまとめた。同時に、本文中に新たに小見出しをつけ、また巻末に略年譜を作成・収録した。

刊行にあらゆる努力を惜しまれなかった入江仰さんに、謹んで御礼申しあげる。

二〇一八年六月二〇日

鹿野政直

本書は一九九三年三月、岩波書店から刊行され、のち『鹿野政直思想史論集』第四巻「沖縄Ⅱ　滅却に抗して」(岩波書店、二〇〇八年二月)に収録された。

沖縄の淵——伊波普猷とその時代

2018年8月17日　第1刷発行

著　者　鹿野政直《かのまさなお》

発行者　岡本　厚

発行所　株式会社　岩波書店
〒101-8002 東京都千代田区一ツ橋 2-5-5

案内 03-5210-4000　営業部 03-5210-4111
現代文庫編集部 03-5210-4136
http://www.iwanami.co.jp/

印刷・精興社　製本・中永製本

ISBN 978-4-00-600386-9　　Printed in Japan

岩波現代文庫の発足に際して

新しい世紀が目前に迫っている。しかし二〇世紀は、戦争、貧困、差別と抑圧、民族間の憎悪等に対して本質的な解決策を見いだすことができなかったばかりか、文明の名による自然破壊は人類の存続を脅かすまでに拡大した。一方、第二次大戦後より半世紀余の間、ひたすら追い求めてきた物質的豊かさが必ずしも真の幸福に直結せず、むしろ社会のありかたを歪め、人間精神の荒廃をもたらすという逆説を、われわれは人類史上はじめて痛切に体験した。

それゆえ先人たちが第二次世界大戦後の諸問題といかに取り組み、思考し、解決を模索したかの軌跡を読みとくことは、今日の緊急の課題であるにとどまらず、将来にわたって必須の知的営為となるはずである。幸いわれわれの前には、この時代の様ざまな葛藤から生まれた、人文、社会、自然諸科学をはじめ、文学作品、ヒューマン・ドキュメントにいたる広範な分野のすぐれた成果の蓄積が存在する。

岩波現代文庫は、これらの学問的、文芸的な達成を、日本人の思索に切実な影響を与えた諸外国の著作とともに、厳選して収録し、次代に手渡していこうという目的をもって発刊される。いまや、次々に生起する大小の悲喜劇に対してわれわれは傍観者であることは許されない。一人ひとりが生活と思想を再構築すべき時である。

岩波現代文庫は、戦後日本人の知的自叙伝ともいうべき書物群であり、現状に甘んずることなく困難な事態に正対して、持続的に思考し、未来を拓こうとする同時代人の糧となるであろう。

（二〇〇〇年一月）